BIBLIOTHÈQUE DE FANTAISIE.

GÉRARD DE NERVAL

LORELY

SOUVENIRS D'ALLEMAGNE

Ornés d'une jolie gravure.

> À Jules Janin.
> Sensations d'un voyageur enthousiaste.
> Souvenirs de Thuringe.
> Scènes de la vie allemande.
> Léo Burckart. — Rhin et Flandres.

PARIS
D. GIRAUD ET J. DAGNEAU, LIBRAIRES-ÉDITEURS
7, RUE VIVIENNE, PREMIER 7
Maison du Coq d'or.

1862

LORELY

SOUVENIRS D'ALLEMAGNE

OUVRAGES DU MÊME AUTEUR :

VOYAGE EN ORIENT. — Les Femmes du Caire. — Les Nuits du Rhamazan. — 2 vol. in-18.

FAUST. — Les poëtes allemands. — 1 vol. in-18.

LES ILLUMINÉS. — Raoul Spifame. — L'abbé de Bucquoy. — Restif de la Bretone. — Cazotte. — Cagliostro. — Quintus Aucler. — 1 vol. in-18.

THÉATRE. — Le Chariot d'enfant. — L'imagier de Harlem (avec Méry). — 2 vol. in-18.

Imp. de Gustave GRATIOT, rue Mazarine, 30.

Lorely

LA FÉE DU RHIN

LORELY

SOUVENIRS D'ALLEMAGNE

PAR

GÉRARD DE NERVAL

—

A Jules Janin.
Sensations d'un voyageur enthousiaste.
Souvenirs de Thuringe.
Scènes de la vie allemande.
Léo Burckart. — Rhin et Flandres.

—

PARIS
D. GIRAUD ET J. DAGNEAU, LIBRAIRES-ÉDITEURS
7, RUE VIVIENNE, AU PREMIER, 7
Maison du Coq d'or.

—

1852

Zu einem Bilde der H. Marie

Lieblich und zierlich
Ruhig und hold
Sind Ihr die Treuen
Sicher — wie Gold

A JULES JANIN.

Cologne, 21 juin.

Vous la connaissez comme moi, mon ami, cette Lorely ou *Lorelei*, — la fée du Rhin, — dont les pieds rosés s'appuient sans glisser sur les rochers humides de Baccarach, près de Coblentz. Vous l'avez aperçue sans doute avec sa tête au col flexible qui se dresse sur son corps penché. Sa coiffe de velours grenat, à retroussis de drap d'or, brille au loin comme la crête sanglante du vieux dragon de l'Éden.

Sa longue chevelure blonde tombe à sa droite sur ses blanches épaules, comme un fleuve d'or qui s'épancherait dans les eaux verdâtres du fleuve. Son genou plié relève l'envers chamarré de sa robe de brocard, et ne laisse paraître que certains plis obscurs de l'étoffe verte qui se colle à ses flancs.

Son bras gauche entoure négligemment la mandore des vieux Minnesængers de Thuringe, et entre ses beaux seins, aimantés de rose, étincelle le ruban pailleté qui retient faiblement les plis de lin de sa tunique. Son sourire est doué d'une grâce invincible et sa bouche entr'ouverte laisse échapper les chants de l'antique syrène.

Je l'avais aperçue déjà dans la nuit, sur cette rive où la vigne verdoie et jaunit tour à tour, relevée au loin par la sombre couleur des sapins et par la pierre rouge de ces châteaux et de ces forts, dont les balistes des Romains, les engins de guerre de Frédéric Barberousse et les canons de Louis XIV ont édenté les vieilles murailles.

Hé bien, mon ami, cette fée radieuse des brouillards, cette ondine fatale comme toutes les *nixes* du Nord qu'a chantées Henri Heine, elle me fait signe toujours : elle m'attire encore une fois !

Je devrais me méfier pourtant de sa grâce trompeuse, — car son nom même signifie en même temps charme et mensonge ; et une fois déjà je me suis trouvé jeté sur la rive, brisé dans mes espoirs et dans mes amours, et bien tristement réveillé d'un songe heureux qui promettait d'être éternel.

On m'avait cru mort de ce naufrage, et l'amitié, d'abord inquiète, m'a conféré d'avance des honneurs que je ne me rappelle qu'en rougissant, mais dont plus tard peut-être je me croirai plus digne.

Voici ce que vous écriviez, il y a environ dix ans, — et cela n'est pas sans rapport avec certaines parties du livre que je publie aujourd'hui. Permettez-moi donc de citer quelques lignes de cette biographie anticipée, que j'ai eu le bonheur de lire autrement que des *yeux de l'âme*.

Alas! poor Yorick!...

« Ceux qui l'ont connu pourraient dire au besoin toute la grâce et toute l'innocence de ce gentil esprit qui tenait si bien sa place parmi les beaux esprits contemporains. Il avait à peine trente ans, et il s'était fait, en grand silence, une renommée honnête et loyale, qui ne pouvait que grandir. C'était tout simplement, mais dans la plus loyale acception de ce mot-là : *la poésie*, un poëte, un rêveur, un de ces jeunes gens sans fiel, sans ambition, sans envie, à qui pas un bourgeois ne voudrait donner en mariage même sa fille borgne et bossue ; en le voyant passer le nez au vent, le sourire sur la lèvre, l'imagination éveillée, l'œil à demi-fermé, l'homme sage, ce qu'on appelle des hommes sages, se dit à lui même : — Quel bonheur que je ne sois pas fait ainsi !

« Il vivait au jour le jour, acceptant avec reconnaissance, avec amour, chacune des belles heures de la jeunesse, tombées du sein de Dieu. Il avait été riche un instant, mais par goût, par passion, par instinct, il n'avait pas cessé de mener la vie des plus pauvres diables. Seulement il avait obéi plus que jamais au caprice, à la fantaisie, à ce merveilleux vagabondage dont ceux-là qui l'ignorent disent tant de mal. Au lieu d'acheter avec son argent de la terre, une maison, un impôt à payer, des droits et des devoirs, des soucis, des peines et l'estime de ses voisins les électeurs[1], il avait acheté des morceaux de toiles peintes, des fragments de bois vermoulu, toutes sortes de souvenirs des temps passés, un grand lit de chêne sculpté de haut en bas; mais le lit acheté et payé, il n'avait plus eu assez d'argent pour acheter de quoi le garnir, et il s'était couché, non pas dans son lit, mais à côté de son lit, sur un matelas d'emprunt. Après quoi, toute sa fortune s'en était allée pièce à pièce, comme s'en allait son esprit, causerie par causerie, bons mots par bons mots; mais une causerie innocente, mais des bons mots sans malice et qui ne blessaient personne. Il se réveillait en causant le matin, comme l'oiseau se réveille en chantant, et en voilà pour jusqu'au soir. Chante donc, pauvre oiseau sur la branche; chante et ne songe pas à l'hiver ; — laisse les soucis de l'hiver à la fourmi qui rampe à tes pieds.

« Il serait impossible d'expliquer comment cet enfant, car, à tout prendre, c'était un enfant, savait tant de choses sans avoir rien étudié, sinon au ha-

---

[1] Électeur en 1830, — électeur *de naissance*, et il ne s'en est jamais vanté...., mais il ne s'est guère permis la vie des pauvres diables qu'à ses moments de loisir. — Éd.

sard, par les temps pluvieux, quand il était seul, l'hiver, au coin du feu. Toujours est-il qu'il était très versé dans les sciences littéraires. Il avait deviné l'antiquité, pour ainsi dire, et jamais il ne s'est permis de blasphème contre les vieux dieux du vieil Olympe; au contraire, il les glorifiait en mainte circonstance, les reconnaissant tout haut pour les vrais dieux, et disant son *meâ culpâ* de toutes ses hérésies poétiques. Car en même temps qu'il célébrait Homère et Virgile, comme on raconte ses visions dans la nuit, comme on raconte un beau songe d'été, il allait tout droit à Shakspeare, à Goëthe surtout, si bien qu'un beau matin, en se frottant les yeux, il découvrit qu'il savait la langue allemande dans tous ses mystères, et qu'il lisait couramment le drame du docteur Faust. Vous jugez de son étonnement et du nôtre. Il s'était couché la veille presque Athénien, il se relevait le lendemain un Allemand de la vieille roche. Il acceptait non-seulement le premier, mais encore le second Faust; et cependant nous autres, nous lui disions que c'était bien assez du premier. Bien plus, il a traduit les deux Faust, il les a commentés, il les a expliqués à sa manière; il voulait en faire un livre classique, disait-il. Souvent il s'arrêtait en pleine campagne, prêtant l'oreille, et dans ces lointains lumineux que lui seul il pouvait découvrir, vous eussiez dit qu'il allait dominer tous les bruits, tous les mur-

mures, toutes les imprécations, toutes les prières, venus à travers les bouillonnements du fleuve, de l'autre côté du Rhin.

« Si jeune encore, comme vous voyez, il avait eu toutes les fantaisies, il avait obéi à tous les caprices. Vous lui pouviez appliquer toutes les douces et folles histoires qui se passent, dit-on, dans l'atelier et dans la mansarde, tous les joyeux petits drames du grenier où l'on est si bien à vingt ans, et encore c'eût été vous tenir un peu en deçà de la vérité. Pas un jeune homme, plus que lui, n'a été facile à se lier avec ce qui était jeune et beau et poétique ; l'amitié lui poussait comme à d'autres l'amour, par folles bouffées ; il s'enivrait du génie de ses amis comme en s'enivre de la beauté de sa maîtresse ! Silence ! ne l'interrogez pas ! où va-t-il ? Dieu le sait. A quoi rêve-t-il ? que veut-il ? quelle est la grande idée qui l'occupe à cette heure ? Respectez sa méditation, je vous prie, il est tout occupé du roman ou du poëme et des rêves de ses amis de la veille. Il arrange dans sa tête ces turbulentes amours ; il dispose tous ces événements amoncelés ; il donne à chacun son rêve, son langage, sa joie ou sa douleur.—Eh bien ! Ernest, qu'as-tu fait ? Moi j'ai tué cette nuit cette pauvre enfant de quinze ans, dont tu m'as conté l'histoire. Mon cœur saigne encore, mon ami, mais il le fallait ; cette enfant n'avait plus qu'à mourir !
— Et toi, cher Auguste, qu'as-tu fait de ton jeune

héros que nous avons laissé dans la bataille philosophique? Si j'étais à ta place, je le rappellerais de l'Université, et je lui donnerais une maîtresse. Telles étaient les grandes occupations de sa vie : marier, élever, accorder entre eux toutes sortes de beaux jeunes gens, tout frais éclos de l'imagination de ses voisins; il se passionnait pour les livres d'autrui bien plus que pour ses propres livres; quoi qu'il fît, il était tout prêt à tout quitter pour vous suivre. — Tu as une fantaisie, je vais me promener avec elle, bras dessus, bras dessous, pendant que tu resteras à la maison à te réjouir; et quand il avait bien promené votre poésie, çà et là, dans les sentiers que lui seul il connaissait, au bout de huit jours, il vous la ramenait calme, reposée, la tête couronnée de fleurs, le cœur bien épris, les pieds lavés dans la rosée du matin, la joue animée au soleil de midi. Ceci fait, il revenait tranquillement à sa propre fantaisie qu'il avait abandonnée, sans trop de façon, sur le bord du chemin. Cher et doux bohémien de la prose et des vers! admirable vagabond dans le royaume de la poésie! braconnier sur les terres d'autrui! Mais il abandonnait à qui les voulait prendre les beaux faisans dorés qu'il avait tués!

« Une fois il voulut voir l'Allemagne, qui a toujours été son grand rêve. Il part; il arrive à Vienne par un beau jour pour la science, par le carnaval officiel et gigantesque qui se fait là-bas. Lui alors il fut tout étonné et tout émerveillé de sa découverte. Quoi! une ville en Europe où l'on danse toute la nuit, où l'on boit tout le jour, où l'on fume le reste du temps de l'excellent tabac. Quoi! une ville que rien n'agite, ni les regrets du passé, ni l'ambition du jour présent, ni les inquiétudes du lendemain! une ville où les femmes sont belles sans art, où les philosophes parlent comme des poëtes, où les poëtes pensent comme des philosophes, où personne n'est insulté, pas même l'empereur, où chacun se découvre devant la gloire, où rien n'est bruyant, excepté la joie et le bonheur! Voilà une merveilleuse découverte. Notre ami ne chercha pas autre chose. Il disait que son voyage avait assez rapporté. Son enthousiasme fut si grand et si calme qu'il en fut parlé à M. de Metternich. M. de Metternich voulut le voir et le fit inviter à sa maison pour tel jour. Il répondit à l'envoyé de son altesse qu'il était bien fâché, mais que justement ce jour-là il allait entendre Strauss qui jouait avec tout son orchestre une valse formidable de Liszt, et que le lendemain il devait se trouver au concert de madame Pleyel, qu'il devait conduire lui-même au piano, mais que le surlendemain il serait tout entier aux ordres de son altesse. En conséquence, il ne fut qu'au bout d'un mois chez le prince. Il entra doucement sans se faire annoncer; il se plaça dans un angle obscur,

regardant toutes choses et surtout les belles dames;
il prêta l'oreille sans mot dire à l'élégante et spirituelle conversation qui se faisait autour de lui; il
n'eut de contradiction pour personne, — il ne se
vanta ni des chevaux qu'il n'avait pas, — ni de ses
maisons imaginaires, — ni de son blason, — ni de
ses amitiés illustres; — il se donna bien de garde
de mal parler des quelques hommes d'élite dont la
France s'honore encore à bon droit. — Bref, il en
dit si peu et il écouta si bien, que M. de Metternich
demandait à la fin de la soirée quel était ce jeune
homme blond, bien élevé, si calme, au sourire si
intelligent et si bienveillant à la fois, et quand on
lui eut répondu : — C'est un homme de lettres
français, monseigneur! M. de Metternich, tout étonné, ne pouvait pas revenir d'une admiration qui allait jusqu'à la stupeur.

« Ainsi il serait resté à Vienne toute sa vie peut-être, mais les circonstances changèrent, et il revint
après quelques mois de l'Allemagne en donnant toutes
sortes de louanges à cette vie paisible, studieuse et
cependant enthousiaste et amoureuse, qu'il avait
partagée. Le sentiment de l'ordre, uni à la passion,
lui était venu en voyant réunis tout à la fois tant de
calme et tant de poésie. Il avait bien mieux fait que
de découvrir dans la poussière des bibliothèques
quelques vieux livres tout moisis qui n'intéressent
personne; il avait découvert comment la jeune Al-

lemagne, si fougueuse et si terrible, initiée à toutes les sociétés secrètes, qui s'en va le poignard à la main, marchant incessamment sur les traces sanglantes du jeune Sand, quand elle a enfin jeté au dehors toute sa fougue révolutionnaire, s'en revient docilement à l'obéissance, à l'autorité, à la famille. — Double phénomène qui a sauvé l'Allemagne et qui la sauve encore aujourd'hui.

Toujours est-il que notre ami se mit à songer sérieusement à ce curieux miracle, dont pas une nation moderne ne lui offrait l'analogie, à toute cette turbulence et à tout ce sang-froid, et que de cette pensée-là, longtemps méditée, résulta un drame, un beau drame sérieux, solennel, complet. Mais vous ne sauriez croire quel fut l'étonnement universel quand on apprit que ce rêveur, ce vagabond charmant, cet amoureux sans fin et sans cesse, écrivait quoi? Un drame! lui un drame, un drame où l'on parle tout haut, où l'on aime tout haut, un drame tout rempli de trahisons, de sang, de vengeances, de révoltes? Allons donc, vous êtes dans une grave erreur, mon pauvre homme. Moi qui vous parle, pas plus tard qu'hier, j'ai rencontré Gérard dans la forêt de Saint-Germain, à cheval sur un âne qui allait au pas. Il ne songeait guère à arranger des coups de théâtre, je vous jure ; il regardait tout à la fois le soleil qui se couchait et la lune qui se levait, et il disait à celui-là : — Bonjour, monsieur!

— A celle-là : — Bonne nuit, madame! Pendant ce temps l'âne heureux broutait le cytise en fleurs.

« Et comme il avait dit, il devait faire. Tout en souriant à son aise, tout en vagabondant selon sa coutume, et sans quitter les frais sentiers non frayés qu'il savait découvrir, même au milieu des turbulences contemporaines, il vint à bout de son drame. Rien ne lui coûta pour arriver à son but solennel. Il avait disposé sa fable d'une main ferme, il avait écrit son dialogue d'un style éloquent et passionné ; il n'avait reculé devant pas un des mystères du carbonarisme allemand, seulement il les avait expliqués et commentés avec sa bienveillance accoutumée. Voilà tout son drame tout fait. Alors il se met à le lire, il se met à pleurer, il se met à trembler, tout comme fera le parterre plus tard. Il se passionne pour l'héroïne qu'il a faite si belle et si touchante ; il prend en main la défense de son jeune homme, condamné à l'assassinat par le fanatisme ; il prête l'oreille au fond de toutes ces émotions souterraines pour savoir s'il n'entendra pas retentir quelques accents égarés de la muse belliqueuse de Kœrner. Si bien qu'il recula le premier devant son œuvre. Une fois achevée, il la laissa là parmi ses vieilles lames ébréchées, ses vieux fauteuils sans dossiers, ses vieilles tables boiteuses, tous ces vieux lambeaux entassés çà et là avec tant d'amour, et que déjà recouvrait l'araignée de son transparent et frêle linceul. Ce ne fut qu'à force de sollicitations et de prières, que le théâtre put obtenir ce drame, intitulé *Léo Burckart*. Il ne voulait pas qu'on le jouât. Il disait que cela lui brisait le cœur de voir les enfants de sa création exposés sur un théâtre, et il se lamentait sur la perte de l'idéal. De l'huile, disait-il, pour remplacer le soleil ! Des paravents, pour remplacer la verdure ; la première venue qui usurpe le nom de ma chaste jeune fille, et pour mon héros un grand gaillard en chapeau gris qu'il faut aller chercher à l'estaminet voisin ! Bref, toutes les peines que se donnent les inventeurs ordinaires pour mettre leurs inventions au grand jour, il se les donnait, lui, pour garder les siennes en réserve. Le jour de la première représentation de *Léo Burckart*, il a pleuré. — Au moins, disait-il, si j'avais été sifflé, j'aurais emporté ces pauvres êtres dans mon manteau ; eux et moi, nous serions partis à pied pour l'Allemagne, et une fois là, nous aurions récité en chœur le *super flumina Babylonis!* Il avait ainsi à son service toutes sortes de paraboles et de consolations ; il savait ainsi animer toutes choses, et leur prêter mille discours pleins de grâce et de charme ; mais il faudrait avoir dans l'esprit un peu de la poésie qu'il avait dans le cœur, pour vous les raconter.

« Je vous demande pardon si je vous écris, un peu au hasard, cette heureuse et modeste biographie ;

mais je vous l'écris comme elle s'est faite, au jour le jour, sans art, sans préparation aucune, sans une mauvaise passion, sans un seul instant d'ambition ou d'envie. Un enfant bien né, et naturellement bien élevé, qui serait enfermé dans quelque beau jardin des hauteurs de Florence, au milieu des fleurs, et tenant sous ses yeux tous les chefs-d'œuvre amoncelés, n'aurait pas de plus honnêtes émotions et de plus saints ravissements que le jeune homme dont je vous parle. Seulement il faisait naître les fleurs sur son passage, c'est-à-dire qu'il en voyait partout; et, quant aux chefs-d'œuvre, il avait la vue perçante, il en savait découvrir sur la terre et dans le ciel. Il devinait leur profil imposant dans les nuages, il s'asseyait à leur ombre; il savait si bien les décrire qu'il vous les montrait lui-même souvent plus beaux que vous ne les eussiez vus de vos yeux. Tel il était; et si bien que pas un de ceux qui l'ont connu ne se refuserait à ajouter quelque parole amie à cet éloge. »

Cet éloge, qui traversa l'Europe et ma chère Allemagne, — jusqu'en cette froide Silésie, où reposent les cendres de ma mère, jusqu'à cette Bérésina glacée où mon père lutta contre la mort, voyant périr autour de lui les braves soldats ses compagnons, — m'avait rempli tour à tour de joie et de mélancolie. Quand j'ai traversé de nouveau les vieilles forêts de pins et de chênes et les cités bienveillantes où m'attendaient des amis inconnus, je ne pouvais parvenir à leur persuader que j'étais moi-même. On disait : « Il est mort, quel dommage ! une vive intelligence, bonne surtout, sympathique à notre Allemagne, comme à une seconde mère, — et que nous apprécions seulement depuis son dernier instant illustré par Jules Janin... Et vous qui passez parmi nous, pourquoi dérobez-vous la seule chose qu'il ait laissée après lui, un peu de gloire autour d'un nom. Nous les connaissons trop ces aventuriers de France, qui se font passer pour des poëtes vivants ou morts, et s'introduisent ainsi dans nos cercles et dans nos salons ! » Voilà ce que m'avaient valu les douze colonnes du *Journal des Débats*, seul toléré par les chancelleries ; — et dans les villes où j'étais connu personnellement, on ne m'accueillait pas sans quelque crainte en songeant aux vieilles légendes germaniques de vampires et de morts-fiancés. Vous jugez s'il était possible que, là même, quelque *bourgeois* m'accordât sa fille *borgne* ou *bossue*. C'est la conviction de cette impossibilité qui m'a poussé vers l'Orient.

Je serais toutefois plus Allemand encore que vous ne pensez si j'avais intitulé la présente épître : *Lettre d'un mort*, ou *Extrait des papiers d'un défunt*, d'après l'exemple du prince Puckler Muskau.

C'est pourtant ce prince fantasque et désormais

médiatisé, qui m'avait donné l'idée de parcourir l'Afrique et l'Asie. Je l'ai vu un jour passer à Vienne, dans une calèche que le monde suivait. Lui, aussi, avait été cru mort, ce qui donna sujet à une foule de panégyriques et commença sa réputation ; — par le fait, il avait traversé deux fois le lac funeste de *Karon*, dans la province égyptienne du Fayoum. Il ramenait d'Égypte une Abyssinienne cuivrée qu'on voyait assise sur le siége de sa voiture à côté du cocher. La pauvre enfant frissonnait sous son *habbarah* quadrillé, en traversant la foule élégante, sur les glacis et les boulevards de la porte de Carinthie, et contemplait avec tristesse le drap de neige qui couvrait les gazons et les longues allées d'ormes poudrés à blanc.

Cette promenade a été un des grands divertissements de la société viennoise, et je ne sais si le regard éclatant de l'Abyssinienne ne fut pas encore pour moi un des coups d'œil vainqueurs de la trompeuse Lorely. Depuis ce jour je ne fis que rêver à l'Orient, comme vous l'avez dit dans la suite de votre article, et je me promenais tous les soirs pensif le long de ce Danube orageux qui touche au Rhin par ses sources et par ses bouches vaseuses aux flots qui vont vers le Bosphore.

Alors j'ai tout quitté, Vienne et ses délices, et cette société qui vivait encore en plein dix-huitième siècle, et qui ne prévoyait ni sa révolution sanglante, — ni les révoltes de ces magyars chamarrés de velours et d'or, avec leurs boutons d'opale et leurs ordres de diamants, qui vivaient si familièrement avec nous, artistes ou poëtes, — adorant madame Pleyel, admirant Listz et Bériot. Je vous adressais alors les récits de nos fêtes, de nos amitiés, de nos amours, et certaines considérations sur le Tokay et le Johannisberg, qui vous ont fait croire que j'étais dans l'intimité de M. de Metternich. Ici se trouve une erreur dans votre article biographique. J'ai rencontré bien des fois ce diplomate célèbre, mais je ne me suis jamais rendu chez lui. Peut-être m'a-t-il adressé quelque phrase polie, peut-être l'ai-je complimenté sur ses vignes du Danube et du Rhin, voilà tout. Il est des instants où les extrêmes se rapprochent sur le terrain banal des convenances....

Finissons ce bavardage, et louons encore une fois ce joyeux Rhin, qui touche maintenant à Paris, et qui sépare en les embrassant ses deux rives amies. Oublions la mort, oublions le passé, et ne nous méfions pas désormais de cette belle *aux regards irrésistibles* que nous n'admirons plus avec les yeux de la première jeunesse !

SENSATIONS

D'UN VOYAGEUR ENTHOUSIASTE

I

DU RHIN AU MEIN.

I. Strasbourg.

Vous comprenez que la première idée du Parisien qui descend de voiture à Strasbourg est de demander à voir le Rhin ; il s'informe, il se hâte, il fredonne avec ardeur le refrain semi-germanique d'Alphonse Karr : « Au Rhin ! au Rhin ! c'est là que sont nos vignes ! » Mais bientôt il apprend avec stupeur que le Rhin est encore à une lieue de la ville. Quoi ! le Rhin ne baigne pas les murs de Strasbourg, le pied de sa vieille cathédrale ?... Hélas ! non. Le Rhin à Strasbourg et la mer à Bordeaux sont deux grandes erreurs du Parisien sédentaire. Mais, tout moulu qu'on est du voyage, le moyen de rester une heure à Strasbourg sans avoir vu le Rhin ? Alors on traverse la moitié de la ville, et l'on s'aperçoit à peine que son pavé de cailloux est plus rude et plus raboteux encore que l'inégal pavé du Mans, qui cahotait si durement la charrette du *Roman comique*. On marche longtemps encore à travers les diverses fortifications, puis on suit une chaussée d'une demi-lieue, et quand on a vu disparaître enfin derrière soi la ville tout entière, qui n'est plus indiquée à l'horizon que par le doigt de pierre de son clocher, quand on a traversé un premier bras du Rhin, large comme la Seine, et une île verte de peupliers et de bouleaux, alors on voit couler à ses pieds le grand fleuve, rapide et frémissant, et portant dans ses lames grisâtres une tempête éternelle. Mais de l'autre côté, là-bas à l'horizon, au bout du pont mouvant de soixante bateaux, savez-vous ce qu'il y a?... Il y a l'Allemagne! la terre de Gœthe et de Schiller, le pays d'Hoffmann; la vieille Allemagne, notre mère à tous!... Teutonia.

N'est-ce pas là de quoi hésiter avant de poser le pied sur ce pont qui serpente, et dont chaque barque est un anneau; l'Allemagne au bout? Et voilà encore une illusion, encore un rêve, encore une vision lumineuse qui va disparaître sans retour de ce bel univers magique que nous avait créé la poésie!... Là, tout se trouvait réuni, et tout plus beau, tout plus grand, plus riche et plus vrai peut-être que les œuvres de la nature et de l'art. Le microcosmos du docteur Faust nous apparaît à tous au sortir du berceau; mais, à chaque pas que nous faisons dans le monde réel, ce monde fantastique perd un de ses astres, une de ses couleurs, une de ses régions fabuleuses. Ainsi, pour moi, déjà bien des contrées du monde se sont réalisées, et le souvenir qu'elles m'ont laissé est loin d'égaler les splendeurs du rêve qu'elles m'ont fait perdre. Mais qui pourrait se retenir pourtant de briser encore une de ces portes enchantées, derrière lesquelles il n'y a souvent qu'une prosaïque nature, un horizon décoloré? N'imagine-t-on pas, quand on va passer la frontière d'un pays, qu'il va tout à coup éclater devant vous dans toute la splendeur de son sol, de ses arts et de son génie?... Il n'en est pas ainsi, et chaque nation ne se découvre à l'étranger qu'avec lenteur et réserve, laissant tomber ses voiles un à un comme une pudique épousée.

Tout en songeant à cela, nous avons traversé le Rhin; nous voici sur le rivage et sur la frontière germanique. Rien ne change encore; nous avons laissé des douaniers là-bas, et nous en retrouvons ici; seulement ceux de France parlaient allemand, ceux de Bade parlent français; c'est naturel. Kehl est aussi une petite ville toute française, comme toutes les villes étrangères qu'avoisinent nos frontières. Si nous voulons observer une ville allemande, retournons à Strasbourg.

Aussi bien il n'existe à Kehl que des débitants de tabac. Vous avez là du tabac de tous les pays, et même du tabac français *vraie régie*, façon de Paris, passé en contrebande sans doute, et beaucoup meilleur que tous les autres ; les étiquettes sont très variées et très séduisantes, mais les boîtes ne recèlent que de ce même *caporal*, autrement nommé *chiffonnier*. Il n'y a donc point de contrebande à faire, et il faut bien repasser, pur de tout crime, devant les douanes des deux pays.

Mais, pour votre retour, les douaniers vous demandent deux kreutzers (prononcez kritch); vous donnez deux sous, et l'on vous rend une charmante petite médaille ornée du portrait du grand-duc de Bade, et représentant la valeur d'un kreutzer. Vous avez donc fait une première fois connaissance avec la monnaie allemande ; puissiez-vous vous en tenir là!

La seconde idée du Parisien, après avoir vu le Rhin et foulé la terre allemande, se formule tout d'abord devant ses yeux quand il se retourne vers la France, car les rocs dentelés du clocher de Strasbourg, comme dit Victor Hugo, n'ont pas un instant quitté l'horizon. Seulement les jambes du voyageur frémissent quand il songe qu'il a bien une lieue à faire en ligne horizontale, mais que du pied de l'église il aura presque une lieue encore en ligne perpendiculaire. A l'aspect d'un clocher pareil, on peut dire que Strasbourg est une ville plus haute que large ; en revanche, ce clocher est le seul qui s'élance de l'uniforme dentelure des toits; nul autre édifice n'ose même monter plus haut que le premier étage de la cathédrale, dont le vaisseau, surmonté de son mât sublime, semble flotter paisiblement sur une mer peu agitée.

En rentrant dans la ville, on traverse la citadelle aux portes sculptées, où luit encore le soleil de Louis XIV, *nec pluribus impar*. La place contient un village complet, à moitié militaire, à moitié civil. Dans Strasbourg, après avoir passé la seconde porte, on suit longtemps les grilles de l'arsenal, qui déploie une ostentation de canons vraiment formidable pour l'étranger qui entre en France. Il y a là peut-être six cents pièces de toutes dimensions, écurées comme des chaudrons, et des amas de boulets à paver toute la ville. Mais hâtons-nous vers la cathédrale, car le jour commence à baisser.

Je fais ici une tournée de flâneur et non des descriptions régulières. Pardonnez-moi de rendre compte de Strasbourg comme d'un vaudeville. Je n'ai ici nulle mission artistique ou littéraire, je n'inspecte pas les monuments, je n'étudie aucun système pénitentiaire, je ne me livre à aucune considération d'histoire ni de statistique, et je regrette seulement de n'être pas arrivé à Strasbourg dans la saison du jambon, de la *sauercraüt* et du foie gras. Je me refuse donc à toute description de la cathédrale : chacun en connaît les gravures, et quant à moi, jamais un monument dont j'ai vu la gravure ne me surprend à voir ; mais ce que la gravure ne peut rendre, c'est la couleur étrange de cet édifice, bâti de cette pierre rouge et dure dont sont faites les plus belles maisons de l'Alsace. En vieillissant, cette pierre prend une teinte noirâtre, qui domine aujourd'hui dans toutes les parties saillantes et découpées de la cathédrale.

Je ne vous dirai ni l'âge ni la taille de cette église, que vous trouverez dans tous les itinéraires possibles ; mais j'ai vu le clocher de Rouen et celui d'Anvers avant celui de Strasbourg, et je trouve sans préférence que ce sont là trois beaux clochers. Que dis-je ? celui de la cathédrale de Rouen n'est qu'une flèche, encore est-elle démolie, et figurée seulement aujourd'hui en fer creux ; le parallèle ne peut donc s'établir qu'avec le clocher d'Anvers. Ce dernier est d'un gothique plus grandiose, plus hardi, plus efflorescent. On distingue dans le clocher de Strasbourg une minutie de détails fatigante. Toutes ces aiguilles et ces dentelures régulières semblent appartenir à une cristallisation gigantesque. Quatre escaliers déroulent leurs banderoles le long du cône principal, et l'ascension dans cette cage de pierre, dont les rampes, les arêtes et les découpures à jour n'ont guère en général que la grosseur du bras, veut une certaine hardiesse que tous les curieux n'ont pas. Pourtant la pierre est dure comme du fer, et l'escalier de la plus haute flèche ne tremble point, comme celui d'Anvers, où les pierres mal scellées font jouer leurs crampons de fer d'une manière inquiétante.

De la dernière plate-forme, le panorama qui se déroule est fort beau ; d'un côté les Vosges, de l'autre les montagnes de la forêt Noire, les unes et les autres boisées de chênes et de pins ; le Rhin dans un cours de vingt lieues, les premières masses touffues de la forêt des Ardennes, et puis un damier de plaines les plus vertes et les plus fraîches du monde, où serpente l'Ille, petite rivière qui traverse deux fois Strasbourg. A vos pieds, la ville répand inégalement ses masses de maisons dans l'enceinte régulière de ses fossés et de ses murs. L'aspect est monotone et ne rappelle nullement les villes de Flandre, dont les maisons peintes, sculptées et quelquefois dorées, dentellent l'horizon avec une fantaisie tout orientale. Les grands carrés des casernes, des arsenaux et des places principales, jettent seuls un peu de variété dans ce fouillis de toits revêtus d'une brique terreuse et troués presque tous de trois ou quatre étages de lucarnes. On ne rencontre d'ailleurs aucune ville remarquable sur cette immense étendue de pays ; mais comme il y a dans les belvéders quelque chose qu'on n'aperçoit jamais que quand le temps est très pur, le cicérone prétend qu'on peut voir à de certains beaux jours le vieux château de Baden sur sa montagne de pins.

A Fourvières, de même, on prétend qu'il est pos-

1.

sible de distinguer les Alpes ; à Anvers, Rotterdam ; au phare d'Ostende, les côtes d'Angleterre. Tout cela n'est rien : à Rome, on vous jure que vous pourrez, du haut de la boule d'or de Saint-Pierre, voir à l'horizon les deux mers qui baignent les États romains. Il y a partout des nuages complaisants qui se prêtent d'ailleurs à de pareilles illusions.

Tout l'extérieur de l'église est restauré avec un soin extrême ; chaque statue est à sa place ; pas une arête n'est ébréchée, pas une côte n'est rompue ; les deux portes latérales sont des chefs-d'œuvre de sculpture et d'architecture ; l'une est mauresque, l'autre est byzantine, et chacune est bien préférable à l'immense façade, plus imposante par sa masse, qu'originale par les détails. Quant à l'intérieur, le badigeon y règne avec ferveur, comme vous pensez bien ; tout clergé possible tenant à habiter avant tout une église bien propre et bien close. Les vitraux sont, en général, réparés selon ce principe, et répandent çà et là de grandes plaques de clarté qui sont les marques de cette intelligente restauration ; le xviiie siècle avait commencé l'œuvre en faisant disparaître l'abside gothique sous une décoration en style pompadour, que l'on doit, ainsi que les bâtiments de l'archevêché, au cardinal de Rohan.

Mais j'ai promis de ne point décrire, et je vais me replonger en liberté dans les rues tortueuses de la ville. Le premier aspect en est assez triste, puis on s'y accoutume, et l'on découvre des points de vue charmants à certaines heures du jour. Les quais de l'Ille surtout en fournissent de fort agréables. L'Ille, avec ses eaux vertes et calmes, embarrassées partout de ponts, de moulins, de charpentes soutenant des maisons qui surplombent, ressemble, dans les beaux jours d'été, à cette partie du Tibre qui traverse les plus pauvres quartiers de Rome. Le faubourg de Saverne fait surtout l'effet du quartier des Transtevères. Pour si haute que soit ma comparaison, je sais qu'elle n'est pas l'éloge de l'administration municipale; mais, pourquoi le cacher? Strasbourg est une ville mal tenue; elle a, dans ce sens même, un parfum de moyen âge beaucoup trop prononcé. Le marché à la viande a été reconstruit et assaini depuis quelques années; mais on rencontre encore derrière de vastes espaces pleins de mares et de gravois, où les animaux indépendants trouvent à vivre sans rien faire. Près de là, il y a toute une rue de juifs, comme au moyen âge; puis les plus infâmes complications de ruelles, de passages, d'impasses, serpentent, fourmillent, croupissent, dans l'espace contenu entre la place d'Armes et le quai des Tanneurs, qui est une rue. Du reste, en accusant la ville de sa négligence à l'égard de tout ce quartier, nous devons dire qu'elle apporte des soins particuliers à l'embellissement des rues qui avoisinent la résidence des autorités : la place d'Armes est fort belle, et l'on s'y promène entre deux allées d'orangers. La rue Brûlée, où siége le gouvernement, ne manque que de largeur, et la rue du Dôme est devenue la rue Vivienne de Strasbourg ; à l'heure qu'il est, on l'a pavée en asphalte, et ses trottoirs, déjà terminés, portent partout la signature ineffaçable de la société Lobsann. Le bitume envahit peu à peu Strasbourg, et ce n'est pas malheureux, vu l'imperfection du pavage actuel ; dans une ville pavée en cailloux, le bitume est roi.

Si vous êtes déjà las de la ville, je ne le suis pas moins que vous ; nous n'y laissons plus rien de remarquable que le tombeau du maréchal de Saxe, énorme catafalque de marbre noir et blanc, sculpté par Pigalle, et d'un rococo remarquable, bien que présentant de belles parties de sculpture. Le héros, fièrement cambré dans son armure et dans ses draperies, produit exactement l'effet du commandeur de don Juan. On est tenté de l'inviter à souper.

Pour sortir de Strasbourg et se rendre aux promenades publiques, il faut traverser de nouveau l'Ille, qui coule de ce côté entre le théâtre et les remparts. Lorsqu'il s'est agi d'établir des bateaux à vapeur devant naviguer de Strasbourg à Bâle par le canal intérieur, la ville a dû faire couper la plupart des ponts pour les rendre mobiles. Alors ses architectes y ont construit des pont-levis qui rappellent l'enfance de la mécanique,

Quand on a traversé les fossés, les tranchées, les bastions, partout revêtus de verdure, on trouve une charmante promenade, des allées silencieuses, une rivière où traîne mollement le feuillage des saules. A droite et à gauche sont des jardins publics, les Tivoli et les Mabille de l'endroit. Au jardin Lips, on donne tous les dimanches des bals et des feux d'artifice; sa décoration serait pour nous un peu passée: des temples de l'Amour, des ermitages, des rochers à cascades, dans le goût bourgeois des pendules et des assiettes montées; puis un moulin d'eau et un pont en fil de fer qui conduit dans un îlot. Tout cela devient fort bruyant et fort animé le dimanche, ce qui me conduit à vous parler de la population.

Il faut bien l'avouer, on parle moins français à Strasbourg qu'à Francfort ou à Vienne, et de plus mauvais français, quand on le parle. Il est difficile de se faire comprendre des gens du peuple, et nous en sommes à nous demander ce qu'apprennent les enfants aux écoles mutuelles qu'on dit si fréquentées dans ce département. Peut-être savent-ils le latin. Cependant il y a peu d'Allemands réels à Strasbourg, et cette ville a donné des preuves de patriotisme incontestables. Pourquoi donc ne se fait-elle pas un point d'honneur de parler sa langue maternelle? Le type allemand se retrouve, sans être absolu pourtant, dans les traits gracieux des dames de la société: leur tournure n'a rien de provincial, et elles se mettent fort bien. Nous ne pouvons faire le même éloge des hommes, qui manquent, en général, d'élégance dans les manières et de distinction dans les traits. La garnison a beau jeu près des dames, si les dames ne sont pas comme leur ville, imprenables. On ne rencontre plus à Strasbourg ces vêtements pittoresques des paysans de l'Alsace, qui nous étonnent encore le long de la route; mais un grand nombre de femmes du peuple portent, le dimanche, des ajustements très brillants et très variés: les uns se rapprochent du costume suisse, les autres même du costume napolitain. Des broderies d'or et d'argent éclatent surtout sur la tête et sur la poitrine. L'harmonie et la vivacité des couleurs, la bizarrerie de la coupe, rendraient ces costumes dignes de figurer dans les opéras.

C'est dans les brasseries, le dimanche, qu'il faut observer la partie la plus grouillante de la population. Là, point de sergents de ville, point de gendarmes. Le cancan règne en maître au militaire et au civil; les tourlourous s'y rendent fort agréables; les canonniers sont d'une force supérieure, et les femmes en remontreraient aux Espagnoles et aux bayadères pour la grâce et la liberté des mouvements. Il existe pourtant des brasseries qui se rapprochent davantage de nos cafés; mais la musique y élit domicile, soit que l'on danse ou non. Strasbourg est parcouru à toute heure par des bandes de violons, qui viennent même accompagner les repas de tables d'hôte. On dîne de midi à une heure. A peine êtes-vous admis à consommer une soupe aux boulettes ou un bouilli aux betteraves, que vous voyez six individus qui viennent s'asseoir derrière vous, à une table ronde où ils étalent leur partition, et se mettent à exécuter avec verve une ouverture, une valse, ou même une symphonie. La musique doit se joindre à tous les assaisonnements bizarres dont s'accompagne forcément la cuisine allemande, qui est encore aujourd'hui la cuisine de Strasbourg.

II. La Forêt-Noire.

J'entame ce chapitre sur un point bien délicat, que nul touriste n'a encore osé toucher, ce me semble, hormis peut-être notre vieux d'Assoucy, le joueur, le bretteur, le goinfre, enfin le plus aventureux compagnon du monde. C'est à savoir le cas plus ou moins rare où un voyageur se trouve manquer d'argent.

Faute d'argent, c'est douleur sans pareille,

comme disait François Villon.

En général, les *impressions* les plus déshabillées se taisent à cet endroit; ces livres véridiques ressemblent aux romans de chevalerie, qui n'oseraient nous apprendre quel a été tel jour le gîte et le souper de leur héros, et si le linge du chevalier n'avait pas besoin de temps en temps d'être rafraîchi dans la rivière.

George Sand nous donne bien quelques détails parfois sur sa blouse de *forestiere*, sur sa chaussure éculée ou sur ses maigres soupers, assaisonnés de commis-voyageurs ou de larrons présumés dans mainte auberge suspecte. Le prince Puckler-Muskau lui-même nous avoue qu'il vendit un jour sa voiture, congédia son valet de chambre, et daigna traverser deux ou trois principautés allemandes pédestrement, en costume d'artiste. Mais tout cela est drapé, arrangé, coloré d'une façon charmante. Le vieux Cid avouait bien qu'il manqua de courage un jour; mais qui donc oserait compromettre son crédit et ses prétentions à un honorable établissement en avouant qu'un jour il a manqué d'argent?

Mais, puisque enfin j'ai cette audace, et que mon récit peut apprendre quelque chose d'utile aux voyageurs futurs, j'en dois donner aussi les détails et les circonstances. J'avais formé le projet de mon voyage à Francfort avec un de nos plus célèbres écrivains touristes, qui a déjà, je crois, écrit de son côté nos *impressions* communes ou distinctes; aussi me tairai-je sur les choses qu'il a décrites, mais je puis bien parler de ce qui m'a été personnel.

Mon compagnon était parti par la Belgique et

moi par la Suisse; c'est à Francfort seulement que
nous devions nous rencontrer, pour y résider quelque temps et revenir ensemble. Mais, comme sa
tournée était plus longue que la mienne, vu qu'on
lui faisait fête partout, que *les rois le voulaient voir*,
et qu'on avait besoin de sa présence au *jubilé de
Malines*, qui se célébrait à cette époque, je crus
prudent d'attendre à Bade que les journaux vinssent
m'avertir de son arrivée à Francfort. Une lettre
chargée devait nous parvenir à tous deux dans cette
dernière ville. Je lui écrivis de m'en envoyer ma part
à Bade, où je restais encore. Ici vous allez voir un
coin des tribulations de voyage. Les banquiers ne
veulent pas se charger d'envoyer une somme au-dessous de 500 francs en pays étranger, à moins
d'arrangements pris d'avance. A quoi vous direz
qu'il est fort simple de se faire ouvrir un crédit sur
tous les correspondants de son banquier; à quoi je
répondrai que cela n'est pas toujours si simple qu'il
le paraît. Le prince Puckler-Muskau dirait comme
moi, qui ne suis que littérateur, s'il osait avoir cette
franchise. Aussi bien je pourrais inventer mille excuses; j'étais alors à Baden-Baden, et l'année justement de l'ouverture des jeux Bénazet; je pourrais
avoir risqué *quelques centaines de louis* à la table où
l'électeur de Hesse jetait tous les jours 25,000 francs;
je pourrais, ayant gagné, avoir été dévalisé dans la
Forêt-Noire par quelque ancien habitué de Frascati,

transplanté à la maison de conversation de Bäden et s'étiolant au pied de son humide colline. En effet, vous êtes là entre deux dangers : la Forêt-Noire entoure la *Maison de jeu*; les *pontes* malheureux peuvent *se refaire* à deux pas du bâtiment. Vous entrez riche, et vous perdez tout par la rouge et la noire, ou par les trois coquins de zéros; vous sortez gagnant, et l'on vous met à sec à l'ombre du sapin le plus voisin : c'est un *cercle vicieux* dont il est impossible de se tirer.

Eh bien ! je ne veux avoir recours à aucun de ces faux-fuyants. Je n'avais été dépouillé ni par le jeu, ni par les voleurs, ni par aucune de ces ravissantes baronnes allemandes, princesses russes ou ladies anglaises, qui se pressent dans le salon réservé, séparé des jeux par une cloison, ou qui même viennent s'asseoir en si grand nombre autour des tables vertes, avec leurs blanches épaules, leurs blonds cheveux et leurs étincelantes parures : j'avais vidé ma bourse de poëte et de voyageur, voilà tout. J'avais bien vécu à Strasbourg et à Baden, ici, à l'hôtel du Corbeau, et là, à l'hôtel du Soleil; maintenant j'attendais la *lettre chargée* de mon ami, et la voici enfin qui m'arrive à Bade, contenant une lettre de change, tirée par un M. Éloi fils, négociant à Francfort, sur un M. Elgé, également négociant à Strasbourg.

Bade est à quinze lieues de Strasbourg, la voiture

coûte 5 francs, et, mon compte payé à l'hôtel du
Soleil, il me restait la valeur d'un écu de six livres
d'autrefois. La lettre chargée arrivait bien. Vous
allez voir que c'était justement le billet de Lachâ-
tre. Je descends, en arrivant, à l'hôtel du Corbeau
(j'avais laissé mon bagage à Bade, puisqu'il fallait
toujours y repasser); je cours de là chez M. Elgé,
lequel déploie proprement le billet Éloi, l'examine
avec tranquillité, et me dit : « Monsieur, avant de
payer le billet Éloi fils, vous trouverez bon que je
consulte M. Éloi père. — Monsieur, avec plaisir. —
Monsieur, à tantôt. »

Je me promène impatiemment dans la bonne ville
de Strasbourg. Je rencontre Alphonse Royer qui
arrivait de Paris, et partait pour Munich à quatre
heures. Il me témoigna son ennui de ne pouvoir
dîner avec moi et aller ensuite entendre la belle madame Janick dans *Anna Bolena* (c'était la troupe
allemande qui jouait alors à Strasbourg). J'embar-
que enfin mon ami Royer, en me promettant de le
rencontrer quelque part sur cette bonne terre allemande que nous avons tant de fois sillonnée tous
deux ; puis, avant six heures, je me dirige posément,
sans trop me presser, chez M. Elgé, songeant seulement qu'il est l'heure de dîner, si je veux arriver de
bonne heure au spectacle. C'est alors que M. Elgé
me dit ces mots mémorables derrière un grillage :
« Monsieur, M. Éloi père vient de me dire..... que

M. Éloi fils était un *polisson*. — Pardon ; cette opinion m'est indifférente ; mais payez-vous le billet ? — D'après cela, monsieur, nullement... je suis fâché... »

Vous avez bien compris déjà qu'il s'agissait de dîner à l'hôtel du Corbeau et de retourner coucher à Bade à l'hôtel du Soleil, où était mon bagage, le tout avec environ 1 franc, monnaie de France ; mais, avant tout, il fallait écrire à mon correspondant de Francfort qu'il n'avait pas pris un moyen assez sûr pour m'envoyer l'argent.

Je demandai une feuille de papier à lettre, et j'écrivis couramment l'épître suivante :

A M. ALEXANDRE DUMAS, A FRANCFORT.

(En réponse à sa lettre du *** octobre.)

En partant de Baden, j'avais d'abord songé
Que par monsieur Éloi, que par monsieur Elgé,
Je pourrais, attendant des fortunes meilleures,
Aller prendre ma place au bateau de six heures[1];
Ce qui m'avait conduit, plein d'un espoir si beau,
De l'hôtel du Soleil à l'hôtel du Corbeau ;
Mais, à Strasbourg, le sort ne me fut point prospère :
Éloi fils avait trop compté sur Éloi père...
Et je repars, pleurant mon destin nompareil,
De l'hôtel du Corbeau pour l'hôtel du Soleil !

Ayant écrit ce billet, versifié dans le goût Louis-

[1] Le bateau à vapeur du Rhin.

Treize, et qui fait preuve, je crois, de quelque philosophie, je pris un simple potage à l'hôtel du Corbeau, où l'on m'avait accueilli en prince russe. Je prétextai, comme les beaux du café de Paris, mon mauvais estomac qui m'empêchait de faire un dîner plus solide, et je repartis bravement pour Baden aux rayons du soleil couchant.

III. Les voyages à pied.

Je vous préviens qu'une fois passé sur le pont de Kehl, qui balance sur le Rhin son chapelet immense de bateaux, après avoir payé le passage du pont aux douaniers badois et échangé mes gros sous français contre des kreutzers légèrement argentés, voilà que j'entre en pleine Forêt-Noire. Est-ce moi qui ai à redouter les voleurs? Est-ce moi que les voyageurs ont à redouter?

Cette forêt n'a rien de bien terrible au premier abord; du haut des remparts de Strasbourg, on aperçoit sa verte lisière qui cerne des monts violets; des villages riants se montrent dans les éclaircies; les charbonneries fument de loin en loin. Les maisons n'ont pas un air trop sauvage; les cabarets présentent cette particularité locale, que, quand vous demandez un verre d'eau-de-vie, on vous sert un verre de kirsch. Du moment qu'on s'est bien entendu sur ces deux mots, l'on vit avec eux en parfaite intelligence.

Mon voyage à pied à travers cette contrée ne tiendra donc pas ce qu'il semble promettre; et d'ailleurs la route est peuplée de piétons comme moi, et, si ce n'était la grande traite que j'ai à faire, justement à la tombée du jour, avec le risque de ne plus reconnaître les routes, je n'aurais nulle inquiétude sur ma position. Mais il est dur de songer, en regardant les poteaux dressés de lieue en lieue, et qui indiquent en même temps les heures de marche, que je ne puis arriver à Baden avant trois heures du matin. De plus, une fois la nuit tombée, je ne verrai plus les poteaux.

Depuis Bichofsheim, j'étais accompagné obstinément d'un grand particulier chargé d'un havresac, et qui semblait tenir beaucoup à régler son pas sur le mien. Malgré le vide de mes poches, mon extérieur était assez soigné pour annoncer... que je ne voyageais à pied que parce que ma voiture était brisée, ou qu'habitant quelque château, je me promenais dans les environs, cherchant des végétaux ou des minéraux, égaré peut-être. Mon compagnon de route, qui était Français, commença par m'ouvrir ces diverses suppositions.

— Monsieur, lui dis-je pour lui ôter tout espoir de bourse ou de portefeuille, je suis un artiste, voyageant pour mon instruction, et je vous avouerai que je n'ai plus qu'une vingtaine de kreutzers pour aller à Baden ce soir. Si je trouvais un cabaret où je pusse souper pour ce prix, cela me donnerait des jambes pour arriver.

— Comment, monsieur, ce soir à Baden? mais ce sera demain matin ; vous ne pouvez pas marcher toute la nuit.

— J'aimerais mieux dormir en effet dans un bon lit ; mais j'ai toujours vu que dans les auberges les plus misérables on payait le coucher au moins le double de ce que je possède. Alors il faut bien que je marche jusqu'à ce que j'arrive.

— Moi, me dit-il, je couche à Schœndorf dans deux heures d'ici. Pourquoi n'y couchez-vous pas? Vous ferez demain le reste de la route.

— Mais je vous dis que je n'ai que vingt kreutzers !

— Eh bien ! monsieur, avec cela, on soupe, on dort et on déjeune ; je ne dépenserai pas davantage, moi.

Je le priai de m'expliquer sa théorie, n'ayant jamais rencontré de pareils gîtes, et pourtant j'ai couché dans de bien affreuses auberges, en Italie surtout. Il m'apprit alors une chose que je soupçonnais déjà, c'est qu'il y avait partout deux prix très différents pour les voyageurs en voiture et pour les voyageurs à pied.

—Par exemple, me dit-il, moi, je vais à Constantinople, et j'ai emporté 50 francs avec quoi je ferai la route.

Cette confiance m'étonna tellement, que je lui fis expliquer en détail toutes ses dépenses; il est clair qu'il ne pouvait y aller ainsi par le paquebot du Danube.

— Combien dépensez-vous par jour? lui dis-je?

— Vingt sous de France par jour au plus. Je vous ai dit ce que coûtait la dépense d'auberge; le reste est pour les petits verres de rack, et un bon morceau de pain vers midi.

Il m'assura qu'il avait déjà fait la route de Strasbourg à Vienne pour 16 francs. Les auberges les plus chères étaient dans les pays avoisinant la France. En Bavière, le lit ne coûte plus que 3 kreutzers (2 sous). En Autriche et en Hongrie, il n'y a plus de lits; on couche sur la paille, dans la salle du cabaret; on n'a à payer que le souper et le déjeuner, qui sont deux fois moins chers qu'ailleurs. Une fois la frontière hongroise passée, l'hospitalité commence. A partir de Semlin, les lieues de poste s'appellent lieues de chameau; pour quelques sous par jour, on peut monter sur ces animaux, et chevaucher fort noblement; mais c'est plus fatigant que la marche.

La profession de ce brave homme était de travailler dans les cartonnages; je ne sais trop ce qui le poussait à l'aller exercer à Stamboul. Il me dit seulement qu'il s'ennuyait en France. La conquête d'Alger a développé chez beaucoup de nos ouvriers le désir de connaître l'Orient; mais on va à Constantinople par terre, et, pour se rendre à Alger, il faut payer le passage; ceux donc qui ont de bonnes jambes préfèrent ce dernier voyage.

Je laissai mon compagnon s'arrêter à Schœndorf, et je continuai à marcher; mais, à mesure que j'avançais, la nuit devenait plus noire, et une pluie fine ne tarda pas à tomber. Dans la crainte qu'elle ne devînt plus grosse, et, malgré tout mon courage, je n'avais pas prévu ce désagrément, je résolus de m'arrêter au premier village, et de réclamer pour moi le tarif des compagnons, étudiants et autres piétons.

J'arrive enfin à une auberge d'une apparence fort médiocre et dont la salle était déjà remplie de voyageurs du même ordre de celui que j'avais rencontré; les uns soupaient, les autres jouaient aux cartes. Je me mêle le plus possible à leur société, je hasarde des manières simples, et je demande à souper en même temps que l'un d'eux.

— Faut-il tuer un poulet? me dit l'hôte?

— Non; je veux manger, comme ce garçon qui est là, de la soupe et un morceau de rôti.

— De quel vin désire monsieur?

— Un pot de bière, comme à tous ces messieurs.

— Monsieur couche-t-il ici?

— Oui, comme tous les autres; mettez-moi où vous voudrez.

On me sert en effet le même souper qu'à mon vis-à-vis; seulement l'hôte était allé chercher une nappe, de l'argenterie, et avait couvert la table autour de moi de hors-d'œuvre auxquels prudemment je ne touchai pas.

Ce brillant service me parut de mauvais augure, et je vis tout de suite que le monsieur perçait sous le piéton; c'était à la fois flatteur et inquiétant. Ma redingote n'avait rien de merveilleux; en somme, plusieurs des jeunes gens qui étaient là en portaient d'aussi propres; ma chemise fine peut-être m'avait trahi. Je suis sûr que ces gens me prenaient pour un prince d'opéra-comique, qui se découvrirait plus tard, montrerait son cordon, et les couvrirait de bienfaits. Autrement, je m'expliquerais mal les cérémonies qui se firent pour mon coucher. On commença par m'apporter des pantoufles dans la salle même du *gasthaus* (cabaret); puis la maîtresse de la maison, avec un flambeau, et l'hôte avec les pantoufles, que je n'avais pas voulu chausser devant tout le monde, m'accompagnèrent par un escalier tortueux, dont ces gens paraissaient honteux, à une chambre, la plus belle de la maison, qui était à la fois la chambre nuptiale et celle des enfants; on avait déplacé à la hâte ces malheureux petits, traîné leurs lits dans le corridor, et rassemblé dans la chambre, ainsi débarrassée, toutes les richesses de la famille : deux miroirs, des flambeaux de plaqué, une timbale, une gravure de Napoléon, un petit Jésus en cire orné de clinquant sous un verre, des pots de fleurs, une table à ouvrage, et un châle rouge pour parer le lit.

Voyant tout ce remue-ménage, je pris décidément mon parti, je me confiai à Dieu et à la fortune, et je dormis profondément dans ce lit qui était fort dur et d'une propreté médiocre sous toutes ces magnificences.

Le lendemain, je demandai mon compte sans oser déjeuner. On m'apporta une carte fort bien rédigée par articles, dont le total était de 2 florins (près de 2 francs 50 centimes). L'hôte fut bien étonné quand je tirai ma bourse, ou plutôt mes 20 kreutzers. Je ne voulus pas discuter, et les offris au garçon pour m'accompagner jusqu'à Baden. Là, grâce à mon bagage, l'hôte du *Soleil* prit assez de confiance en moi pour acquitter ma dette, et, huit jours après, ayant vécu fort bien chez ce brave homme, toujours sur la foi du même bagage, je reçus enfin de Francfort tout l'argent de la lettre de change, cette fois par les *packwagen* (messageries), et en beaux frédérics d'or collés sur une carte avec de la cire. Ceci me parut valoir beaucoup mieux que le *papier de commerce* qui m'avait été adressé d'abord, et mon hôte fut du même avis[1].

[1] Nous avons cru devoir conserver une partie du chapitre sui-

IV. La maison de conversation

Mais reprenons la description de Baden-Baden, interrompue par cet épisode trop véridique.

La route est droite comme un chemin de fer dans la singulière contrée que nous traversons; tout est montagne ou plat pays; point de collines ou d'accidents de terrain. Les prés sont magnifiques; les chemins vicinaux, bordés d'arbres fruitiers, ont de quoi exciter l'enthousiasme du général Bugeaud. De temps en temps, nous suivons le Rhin qui serpente à gauche, et, vers le milieu du voyage, le fort Louis nous apparaît à l'horizon. La route traverse plusieurs villages assez laids. Puis, nous nous rapprochons enfin de ces montagnes violettes qui semblent si voisines quand on les regarde du haut des remparts de Strasbourg. Ce sont les vraies montagnes de la Forêt-Noire, et pourtant leur aspect n'a rien de bien effrayant. Mais quand apercevrons-nous Baden, cette ville d'hôtelleries, assise au flanc d'une montagne que ses maisons gravissent peu à peu comme un troupeau à qui l'herbe manque dans la plaine? Son amphithéâtre célèbre de riches bâtiments ne nous apparaîtra-t-il pas avant l'arrivée? Non; nous ne verrons rien de Baden avant d'y entrer. Une longue allée de peupliers d'Italie ferme, ainsi qu'un ri-

vant qui a déjà paru comme citation dans les *Excursions sur les bords du Rhin*, d'Alexandre Dumas.

deau de théâtre, cette décoration merveilleuse qui semble être la scène arrangée d'une pastorale d'opéra. C'est ailleurs qu'il faut se placer pour jouir de ce grand spectacle. Prenez vos billets d'entrée au *salon de conversation*; payez votre abonnement, retenez votre stalle, et alors, au milieu des galeries de Bénazet, aux accords d'un orchestre qui joue en plein air toute la journée, vous pourrez jouir de l'aspect complet de Baden, de sa vallée, de ses montagnes, si le bon Dieu prend soin d'allumer convenablement le lustre et d'illuminer les coulisses avec ses beaux rayons d'été.

Car, à vrai dire, et c'est là l'impression dont on est saisi tout d'abord, toute cette nature a l'air artificiel. Ces arbres sont découpés, ces maisons sont peintes, ces montagnes sont de vastes toiles tendues sur châssis, le long desquelles les *villageois* descendent par des *praticables*, et l'on cherche sur le ciel de fond si quelque tache d'huile ne va pas trahir enfin la main humaine et dissiper l'illusion. On ajouterait foi, là surtout, à cette rêverie de Henri Heine, qui, étant enfant, s'imaginait que tous les soirs il y avait des domestiques qui venaient rouler les prairies comme de tapis, décrochaient le soleil, serraient les arbres dans un magasin, et qui, le lendemain matin, avant qu'on ne fût levé dans la nature, remettaient toute chose en place, brossaient les prés, époussetaient les arbres et rallumaient la lampe universelle.

2.

Et, d'ailleurs, rien qui vienne déranger ce petit monde romanesque. Vous arrivez, non par une route pavée et boueuse, mais par les chemins sablés d'un jardin anglais. A droite, des bosquets, des grottes taillées, des ermitages, et même une petite pièce d'eau, ornement sans prix, vu la rareté de ce liquide, qui se vend au verre dans tout le pays de Baden ; à gauche, une rivière (sans eau) chargée de ponts splendides et bordée de saules verts qui ne demanderaient pas mieux que d'y plonger leurs rameaux. Avant de traverser le dernier pont qui conduit à la poste *grand-ducale,* on aperçoit la rue commerçante de Baden, qui n'est autre chose qu'une vaste allée de chênes, le long de laquelle s'étendent des étalages magnifiques : des toiles de Saxe, des dentelles d'Angleterre, des verreries de Bohême, des porcelaines, des marchandises des Indes, etc., toutes magnificences prohibées chez nous, dont l'attrait porte les dames de Strasbourg à des crimes politiques que nos douaniers répriment avec ardeur.

L'hôtel d'Angleterre est le plus bel hôtel de Baden, et la salle de son restaurant est plus magnifique qu'aucune des salles à manger parisiennes. Malheureusement la grande table d'hôte est servie à une heure (c'est l'heure où l'on dîne dans toute l'Allemagne), et, quand on arrive plus tard, on ne peut faire mieux que d'aller dîner à la maison de conversation.

En général, la cuisine est fort bonne à Baden; les truites de la Mourgue sont dignes de leur réputation. On y mange le gibier frais et non faisandé. C'est un système de cuisine qui donne lieu à diverses luttes d'opinions. Les côtelettes se servent frites, les gros poissons grillés. La pâtisserie est médiocre, les puddings se font admirablement.

La nuit est tombée : des groupes mystérieux errent sous les ombrages et parcourent furtivement les pentes de gazon des collines. Au milieu d'un vaste parterre entouré d'orangers, la maison de conversation s'illumine, et ses blanches galeries se détachent sur le fond splendide de ses salons. A gauche est le café, à droite est le théâtre, au centre l'immense salle de bal, dont le lustre est grand comme celui de notre Opéra ; la décoration intérieure est peut-être d'un style un peu classique, les statues sentent l'académie, les draperies rappellent le goût de l'empire, mais l'ensemble est éblouissant, et la cohue qui s'y presse est du meilleur ton. L'orchestre exécute des valses et des symphonies allemandes, auxquelles la voix des croupiers ne craint pas de mêler quelques notes discordantes. Ces messieurs ont fait choix de la langue française, bien que leurs pontes appartiennent en général à l'Allemagne et à l'Angleterre. — *Le jeu est fait, messieurs*, rien ne va plus ! rouge gagne ! couleur perd ! treize, noir, impair et manque ! — Voilà les phrases obligées qui se répandent du bord des trois tapis verts, dont le plus entouré est celui du *trente et quarante*. On ne peut trop s'étonner du nombre de belles dames et de personnes distinguées qui se livrent à ces jeux publics. J'ai vu des mères de famille qui apprenaient à leurs enfants à jouer sur les couleurs; aux plus grands, elles permettaient de s'essayer sur les numéros. Tout le monde sait que le grand-duc de Hesse est l'habitué le plus exact des jeux de Baden. Ce prince apporte, dit-on, tous les matins, 12,000 florins qu'il perd ou quadruple dans la journée. Une sorte d'estafier le suit partout lorsqu'il change de table, et reste debout derrière lui, afin de surveiller ses voisins. A quiconque s'approche trop, ce commissaire adresse des observations :—Monsieur, vous gênez le prince ! — Monsieur, vous faites ombre sur le jeu du prince ! Le prince ne se détourne pas, ne voit personne, ne connaît personne. Ce serait bien lui qu'on pourrait frapper par derrière sans que son visage en sût rien. Seulement l'estafier vous dirait du même ton glacé :—Votre pied vient de toucher le prince ; prenez-y garde, monsieur !

Le samedi, le jour du grand bal, une cloison divise le salon en deux parties inégales, dont la plus considérable est livrée aux danseurs ; les abonnés seuls sont reçus dans cette dernière. Vous ne pouvez vous faire une idée de la quantité de blanches épaules russes, allemandes et anglaises que j'ai vues dans cette soirée. Je doute qu'aucune ville de l'Europe soit mieux située que Baden pour cette exhibition de beautés européennes où l'Angleterre et la Russie luttent d'éclat et de blancheur, tandis que les formes et l'animation appartiennent davantage à la France et à l'Allemagne. Là, Joconde trouverait de quoi soupirer sans courir le monde au hasard. Là, don Giovanni ferait sa liste en une heure, comme une carte de restaurant, quitte à séduire ensuite tout ce qu'il aurait inscrit.

Que vous dirai-je, d'ailleurs, de ce bal, sinon que ce sont là d'heureux pays où l'on danse l'été pendant que les fenêtres sont ouvertes à la brise parfumée, que la lune luit sur le gazon, et teint au loin le flanc bleuâtre des collines; quand on peut s'en aller de temps en temps respirer sous les noires allées, et qu'on voit les femmes parées garnir au loin les galeries et les balcons? Ces trois choses, beauté, lumière, harmonie, ont tant besoin de l'air du ciel, des eaux et des feuillages, et de la sérénité de la nuit! Nos bals d'hiver de Paris, avec la chaleur étouffée des salles, l'aspect des rues boueuses au dehors, la pluie qui bat les fenêtres, et le froid impitoyable qui veille à la sortie, sont quelque chose d'assez funèbre, et nos mascarades de février ne nous préparent pas mieux au carême qu'à la mort.

Il n'y a donc jamais eu un homme riche, à Paris,

qui ait conçu cette idée assez naturelle : un bal masqué au printemps, un bal qui commence aux splendides lueurs du soir, qui finisse aux teintes bleuâtres du matin ; un bal où l'on entre gaiement, d'où l'on sorte gaiement, admirant la nature et bénissant Dieu. Des masques sur les gazons, le long des terrasses venant et disparaissant par les routes ombragées; des salles ouvertes à tous les parfums de la nuit, des rideaux qui flottent au vent, des danses où l'haleine ne manque pas, où la peau garde sa fraîcheur ! tout cela n'est-il qu'un rêve de jeune homme que la mode refusera toujours de prendre au sérieux ? L'hiver n'a-t-il donc pas assez des concerts et des théâtres sans prendre encore les bals et les mascarades à l'été ?

V. Lichtenthal.

La route de Lichtenthal se couvre d'équipages, de promeneurs, de cavaliers ; on y voit tout le mouvement, tout le luxe, tout l'éclat d'une promenade parisienne. Lichtenthal est le Longchamp de Baden. C'est le nom d'un couvent de religieuses augustines qui chantent admirablement. Leurs prières sont des cantates, leurs messes des opéras. Cette retraite romanesque, cette Chartreuse riante, est, dit-on, l'hospice des cœurs souffrants. On y vient guérir des grandes amours ; on y passe un bail de trois, six, neuf avec la douleur; mais qui sait combien de temps le traitement peut survivre à la guérison ?

En vérité, c'est bien là un cloître d'héroïnes de petits romans, un monastère dans les idées de madame Cottin et de madame Riccoboni. Les bâtiments sont adossés à une montagne qui, à de certaines heures, projette dans la cour l'ombre ténébreuse des sapins. La rivière de Baden coule au pied des murs, mais n'offre nulle part assez de profondeur pour devenir le tombeau d'un désespoir tragique : son éternelle voix se plaint dans les rochers rougeâtres ; mais, une fois dans la plaine unie, ce n'est plus qu'un ruisseau du Lignon, un paisible courant de la carte du Tendre, le long duquel s'en vont errer les moutons du village, bien peignés et enrubannés dans le goût de Watteau. Vous comprenez que les troupeaux font partie du matériel du pays, et sont entretenus par le gouvernement, comme les colombes de Saint-Marc à Venise. Toute cette prairie qui compose la moitié du paysage ressemble à la Petite-Suisse de Trianon, comme, en effet, le pays entier de Baden est l'image de la Suisse en petit, la Suisse, moins ses glaciers et ses lacs, moins ses froids, ses brouillards et ses rudes montées. Il faut aller voir la Suisse, mais il faut aller vivre à Baden.

L'église du couvent est située au fond de la grande cour, ayant à droite la maison du cloître, et à gauche, en retour d'équerre, une chapelle gothique neuve, où sont les tombeaux des margraves et tout ce qu'on a pu recueillir de vitraux historiques et de légendes inscrites sur le marbre. Maintenant représentez-vous une décoration intérieure d'église d'un pompadour exorbitant, des saintes en costumes mythologiques, dans les attitudes les plus maniérées du monde, portées, soutenues, caressées par des petits démons d'anges, nus comme des petits amours. Les chapelles sont des boudoirs; la rocaille s'enlace autour de charmants médaillons et de peintures exquises de Vanloo. Deux autels seulement ramènent l'esprit à des idées lugubres, en exposant aux yeux les reliques trop bien conservées de saint Pius et de saint Bénédictus; mais là encore on a cherché le moyen de rendre la mort présentable et presque coquette. Les deux squelettes, bien nettoyés, vernis, chevillés en argent, sont couchés sur un lit de fleurs artificielles, de mousse et de coquillages, dans une sorte de montre en glace. Ils sont couronnés d'or et de feuillages; une collerette de dentelles entoure les vertèbres de leur cou, et chacune de leurs côtes est garnie d'une bande de velours rouge brodé d'or : ce qui leur compose une sorte de pourpoint taillé à jour du plus bizarre effet. Bien plus, leurs tibias sortent d'une espèce de haut-de-chausses du même velours à crevés de soie blanche. L'aspect ridicule et pénible à la fois de cette mascarade d'ossements ne peut se comparer qu'à celui des momies d'un duc de Nassau et de sa fille que l'on fait voir à Strasbourg dans l'église de Saint-Thomas. Il est impossible de mieux dépoétiser la mort et de railler plus amèrement l'éternité.

Maintenant résonnez, notes sévères du chant d'église, notes larges et carrées qui traduisez en langage du ciel l'idiome sacré de Rome! Orgue majestueux, répands tes sons comme des flots autour de cette nef à demi profane! Voix inspirées des saintes filles, élancez-vous au ciel entre le chant de l'ange et le chant de l'oiseau! La foule est grande et digne sans doute d'assister au saint sacrifice. Les étrangers ont la place d'honneur, ils occupent le chœur et les chapelles latérales. Les habitants du pays remplissent modestement le fond de l'église, agenouillés sur la pierre ou rangés sur leurs bancs de bois. Ici commença la plus singulière messe que j'aie jamais entendue, moi qui connais les messes italiennes pourtant. C'était une messe d'un goût rococo comme toute l'église, une messe accompagnée de violons et fort gaiement exécutée. Bientôt les chants s'interrompirent, et les sœurs augustines descendirent d'une sorte de grande soupente établie derrière l'orgue et masquée d'une grille épaisse. Ensuite on n'entendit plus qu'une seule voix qui chantait une sorte de grand air, selon l'ancienne manière italienne. C'étaient des traits, des fioritures incroyables, des broderies à faire perdre la tête à madame Damoreau, et la voix à mademoiselle Grisi : et cela sur une musique du temps de Pergolèse tout au moins. Vous comprenez mon plaisir ; je ne veux cacher à personne que cette musique, ce chant, m'ont ravi au troisième ciel.

Après la messe, je suis monté au parloir; le parloir ne faisait nulle disparate avec le reste : un vrai parloir de *nouvelle* galante, le parloir de Marianne, de Mélanie, et, si vous le voulez même, le parloir de Vert-Vert. Quel bonheur de se trouver en plein XVIIIe siècle tout à coup et tout à fait ! Malheureusement, je n'avais aucune religieuse à y faire venir, et je me suis contenté de voir passer deux jeunes novices bleues qui portaient du café à la crème à madame la supérieure. Là s'est arrêté mon roman.

VI. Francfort.

Alexandre Dumas avait donc fait honneur à ma lettre en vers datée de Strasbourg. Il m'avait envoyé une forte somme qui me permit de sortir avec éclat de l'hôtel du Soleil.

Je me hâtai d'aller prendre le bateau à vapeur du Rhin et le lendemain j'arrivai à Mayence, le surlendemain à Francfort.

Voici à peu près la physionomie de cette ville.

Francfort est entourée, depuis 1815, d'une ceinture de promenades qui remplacent ses antiques fortifications. Quand on a parcouru ces allées riantes qui aboutissent de tous côtés aux bords du Mein, on peut s'aller reposer dans l'île verte et fleurie du *Mainlust*. C'est là le centre des plaisirs de la population, et aussi le rendez-vous des belles compagnies. Du pavillon élégant qui domine ce jardin on admire une des plus belles perspectives du monde, la vue de Francfort s'étendant sur la rive gauche, avec ses quais bordés d'une forêt de mâts, et du faubourg de Sachsenhausen situé à droite, qu'un pont immense joint à la ville; des palais aux riantes terrasses, de longues suites de jardins et des restes de vieilles tours embellissent les bords du fleuve, où le soleil couchant se plonge comme dans la mer, tandis que la chaîne du Taunus ferme au loin l'horizon de ses dentelures bleuâtres. C'est une de ces belles et complètes impressions dont le souvenir est éternel; une vieille ville, une magnifique contrée, une vaste étendue d'eau : spectacle qui réunit dans une harmonie merveilleuse toutes les œuvres de Dieu, de l'homme et de la nature.

Dès qu'on pénètre dans les rues, on retrouve avec plaisir cette physionomie de ville gothique qu'on a rêvée pour Francfort, et que le goût moderne a presque partout altérée dans les cités allemandes. Il y a encore des rues tortueuses, des maisons noires, des devantures sculptées, des étages qui surplombent, des puits surmontés d'une cage de serrurerie, des fontaines aux attributs bizarres, des chapelles et des églises d'une architecture merveilleuse, mais qui malheureusement, catholiques au dehors, sont protestantes à l'intérieur, c'est-à-dire nues et dégradées. L'esprit a été tué dans ces superbes enveloppes de pierre, et elles ressemblent aujourd'hui aux coquillages de nos musées, où l'oreille attentive croit distinguer un vent sonore, mais que la vie n'habite plus.

Les rues de Francfort sont très animées, et les étalages encombrés partout de marchandises; les fourrures et les cristaux de Bohême font maudire à chaque pas nos douanes françaises, et excitent le voyageur aux projets de contrebande les plus immoraux. Je ne veux point cacher que nous rêvâmes tous pendant plusieurs jours aux moyens d'introduire frauduleusement dans notre patrie un certain nombre de verres, de fioles, de carafes, et autres ravissantes bagatelles dont nos dames étaient folles et que la douane ne laisse entrer *à aucun prix*. N'est-ce pas là une cruelle raillerie de l'industrie française? mais la question est trop sérieuse pour que je veuille l'entamer ici.

L'hôtel de ville de Francfort, qu'on appelle le *Rœmer*, est d'un gothique peu ouvragé, surtout pour qui a vu les hôtels de la ville de Flandre. Les salles basses sont remplies de boutiques et d'étalages, comme l'était notre palais de justice de Paris, et la décoration des salles conservées est plus curieuse que brillante. La plupart ont été décorées, dans le courant des deux siècles derniers, avec des plafonds, des panneaux et des sculptures d'un rococo allemand fort bizarre. Les salles des sénateurs, des bourgmestres, des conseillers, etc., appartiennent à ce goût suranné qui par toute l'Allemagne a fleuri si hardiment dans l'intérieur des édifices gothiques. Une seule salle, la fameuse *salle des Empereurs*, conserve encore sa configuration primitive; mais on l'a si singulièrement peinte qu'elle a maintenant tout l'effet d'un décor *moyen âge* de l'Ambigu.

Cette salle n'a nullement, du reste, le caractère imposant qu'on pourrait lui attribuer. Les *Guides du voyageur* annoncent qu'elle contient les statues et les armures de trente-deux empereurs d'Allemagne; mais il faut bien dire que tout cela n'existe qu'en peinture. Les trente-deux niches, qui répondent à autant de nervures partant de la voûte et que relient des arcs-boutants de bois sculpté, sont peintes uniformément en couleur de marbre blanc et noir, et sur la muraille même les statues des empereurs sont figurées en trompe-l'œil, à dater, je crois, du grand Witikind jusqu'à feu l'empereur

François, que pourtant Napoléon a réduit à n'être plus qu'empereur d'Autriche, et non d'Allemagne. Ce qu'il y a là de merveilleux, c'est que la salle ne contenant, en effet, que trente-deux niches, l'empire a fini juste au trente-deuxième empereur. On parle de gagner sur l'épaisseur du mur une trente-troisième niche pour le César actuel ; mais nous sommes certains que l'empereur d'Autriche se refusera à cette plaisanterie de mauvais goût. Il n'y a plus de César au monde, et Napoléon lui-même n'en a été que le fantôme éblouissant !

On me permettra de ne point dire en quelle compagnie nous fîmes un jour une excursion dans la principauté de Hesse-Hombourg, ni à quelle charmante fête nous prîmes part dans un château *gothique* tout moderne, au milieu d'une épaisse forêt de chênes et de sapins. Je croyais faire un de ces romanesques voyages de *Wilhelm Meister*, où la vie réelle prend des airs de féerie, grâce à l'esprit, aux charmes et aux sympathies aventureuses de quelques personnes choisies. Le but de l'expédition était d'aller à *Dornshausen*, mot qui, dans la prononciation allemande, se dit à peu près *Tournesauce*. Or, savez-vous ce que c'est que ce lieu, dont le nom est si franchement allemand et si bizarrement français à la fois? C'est un village où l'on ne parle que notre langue, bien que l'allemand règne à cinquante lieues à la ronde, même en dépassant de beaucoup la frontière française. Ce village est habité par les descendants des familles protestantes exilées par Louis XIV. Dornshausen leur fut donné à cette époque, m'a-t-on dit, par le prince électeur de Nassau, et ils sont restés, eux et leur lignée, dans cet asile austère et calme comme leur résignation et leur piété.

Cette population est toute française encore, car les habitants ne sont jamais mariés qu'entre eux, et le beau langage du dix-septième siècle s'est transmis à ceux d'aujourd'hui dans toute sa pureté. Vous peindrez-vous toute notre surprise en entendant de petits enfants, jouant sur la place de l'église, qui parlaient la langue de Saint-Simon et se servaient sans le savoir des tours surannés du grand siècle? Nous en fûmes tellement ravis que, voulant mieux les entendre parler, nous arrêtâmes une marchande de gâteaux pour leur distribuer toute sa provision. Après le partage, ils se mirent à jouer bruyamment sur la place, et la marchande nous dit : « Vous leur avez *fait tant de joye* que les voilà qui courent *présentement* comme des *harlequins*. » Il faut remarquer que le nom d'Arlequin s'écrivait ainsi du temps de Louis XIV, avec un *h* aspiré, comme on peut le voir notamment dans la comédie des *Comédiens* de Scudéri.

N'est-ce pas là une merveilleuse rencontre, et qui valait tout le voyage? Je dois ajouter malheureusement que cette population française de Dornshausen n'est pas physiquement brillante, bien qu'elle ait, nous a-t-on dit, donné le jour à M. Ancillon, le ministre de Berlin. Les Allemands que nous rencontrions en nous y rendant nous disaient : « Vous allez entrer dans le pays des Bossus. » Il est vrai que jamais nous ne vîmes plus de bossus que dans ce canton; cette race, qui ne s'est jamais mélangée, est grêle et rachitique, comme la noblesse espagnole, qui de même ne se marie qu'entre elle. Les familles de Francfort prennent des servantes à Dornshausen, afin d'apprendre le français à leurs enfants. Le grand souvenir de la révocation de l'édit de Nantes et d'une si noble transmission d'héritage aboutit à cette vulgaire spécialité.

Après un mois de séjour, nous avons quitté Francfort dont j'aurai à reparler plus tard.

VII. Manheim et Heidelberg.

Nous venions de remonter le Rhin, de Mayence à Manheim, toute une longue journée; nous avions passé lentement devant Spire éclairée des derniers rayons du jour, et nous regrettions d'arriver en pleine nuit à Manheim, qui présente le soir, comme Mayence, l'aspect d'une ville orientale. Ses édifices de pierre rouge, ses coupoles, ses tours nombreuses aux flèches bizarres, confirment cette illusion, qui serait beaucoup plus complète encore si le soleil ne se couchait pas sur la rive opposée du fleuve. Mais un clair de lune très pur nous rendit une partie de l'effet que nous espérions. Mon illustre compagnon de voyage put emporter de ce spectacle une *impression* assez complète pour que je doive me dispenser d'en rendre compte au public avant ou après lui.

La même raison m'interdirait la description intérieure de Manheim, si je n'étais habitué à traverser les villes en flâneur plutôt qu'en touriste, content de respirer l'air d'un lieu étranger, de me mêler à cette foule que je ne verrai plus, de hanter ses bals, ses tavernes et ses théâtres, et de rencontrer par hasard quelque église, quelque fontaine, quelque statue qu'on ne m'a pas indiquée et qui souvent manque en effet sur le livret du voyageur. J'aurai donc fini ma description en deux mots. Cette ville est fort jolie, fort propre, et toute bâtie en damier. Les grands-ducs de Bade ont été de tout temps fanatiques de la ligne droite ou de la courbe régulière; ainsi Carlsruhe est bâtie en éventail ; du centre de la ville, où est situé le palais, on peut regarder à la fois dans toutes les rues; le souverain, en se mettant à sa fenêtre, est sûr que personne ne peut entrer ou sortir des maisons, circuler dans les rues ou sur les places, sans être vu de lui. Une ville ainsi construite peut épargner bien des frais de police et de surveillance de tout genre. Manheim, cette seconde capitale du duché, ne le cède guère à Carlsruhe sous ce rapport. Il suffit d'une douzaine de factionnaires postés aux carrefours à angles droits pour tenir en respect toute la cité. C'est pourtant à Manheim que fut commis l'assassinat de Kotzebue par Carl Sand; mais aussi faut-il dire qu'à peine sorti de la maison de sa victime, Sand se trouva saisi par les pacifiques soldats du grand-duc.

Cette lugubre tragédie nous préocupait avant tout dans le court séjour que nous fîmes à Manheim; aussi nous fûmes heureux d'apprendre que le célèbre acteur tragique Jerrmann se trouvait alors dans la ville. Nous l'allâmes demander au théâtre, sûrs qu'il serait charmé de nous servir de cicérone et d'obliger à la fois un poëte dramatique et un feuilletoniste français, lui qui, quoique Allemand, a joué les tragédies de Corneille à la Comédie-Française. M. Jerrmann était à la répétition. Dès que nous apprîmes que c'était le *Roi Lear* qu'on répétait, nous demandâmes à être introduits, ce qu'on nous accorda facilement, toujours en raison de nos qualités.

L'intérieur des théâtres allemands est complétement semblable à celui des nôtres; nos habitudes de coulisses nous servirent donc merveilleusement à gagner sans bruit une place au parterre, et là nous entendîmes deux beaux actes, joués en redingotes et paletots, mais avec cette intelligence et cette harmonie d'ensemble que l'on admire sur les plus petites scènes de l'Allemagne.

Toutefois cette épithète ne peut être donnée à celle de Manheim. Nous songions avec un saint respect, auquel aidait du reste l'obscurité du lieu, que ce fut à ce théâtre même que l'on représenta les premiers drames de Schiller. La répétition qui avait lieu devant nous montrait que ce noble théâtre n'avait pas dégénéré.

Dès que M. Jerrmann fut averti de notre présence, il vint à nous, se félicita surtout de faire la connaissance d'un auteur dont il avait traduit plusieurs ouvrages, et voulut bien nous montrer la ville en détail. Nous visitâmes la résidence tout à fait royale des vastes jardins qui côtoient le Necker, prêt à se jeter dans le Rhin; nous admirâmes la disposition des massifs de verdure, les longs chemins sablés qui vont se perdre au bord du fleuve, les pelouses touffues, et ce cercle d'eaux vives qui partout encadre l'horizon; mais nous fûmes distraits facilement de cette admiration, lorsque M. Jerrmann nous apprit que dans ces jardins mêmes, le long d'une de ces allées, Carl Sand s'était rencontré avec Kotzebue, qu'il devait frapper trois heures plus tard, et, sans le connaître, avait croisé sa marche plusieurs fois.

Je ne prétends pas raconter cette histoire si connue, que d'ailleurs l'autre plume, plus sûre et plus dramatique, a nouvellement retracée dans tous ses détails ; je glane seulement quelques souvenirs échappés ou négligés comme de peu d'importance ; d'ailleurs, Carl Sand obtiendra toujours un privilége d'intérêt.

En sortant de la résidence par une galerie latérale, nous rencontrâmes l'église des Jésuites, bâtie en style *rococo,* dont la grille est un chef-d'œuvre de serrurerie du temps. Je n'oserais affirmer que le portail ne soit pas orné de divinités mythologiques ; peut-être aussi sont-ce de simples allégories chrétiennes ; mais alors la *Foi* ressemblerait bien à Minerve, et la *Charité* à Vénus. Du reste, le théâtre est situé tout en face, et ses muses classiques paraissent être de la même époque et des mêmes sculpteurs. C'est un magnifique bâtiment qui tient la moitié de la place. Deux rues plus loin, nous arrivâmes à la maison de Kotzebue, qui n'a rien de remarquable à l'extérieur. On sait tout ce qui s'y passa. Carl Sand, arrivé le matin même, vint demander à parler à l'écrivain célèbre, qui était soupçonné d'avoir vendu sa plume à la Russie. On fit entrer le jeune homme dans une pièce du rez-de-chaussée. Ce jour-là même (c'était dans la soirée), Kotzebue recevait du monde, plusieurs dames venaient d'arriver. A peine Kotzebue fut-il entré dans la chambre où Sand l'attendait, que ce dernier se jeta sur lui et le frappa d'un poignard. La fille de Kotzebue entra la première et se précipita en criant sur le corps de son père. Sand, ému vivement de ce spectacle, sortit rapidement de la maison, et, près d'être saisi par des soldats qui passaient, il se frappa lui-même en criant : Vive l'Allemagne ! La blessure qu'il se fit alors fut si grave, qu'il en souffrit continuellement pendant les dix mois que dura son procès, et en serait mort sans doute dans le cas même où sa liberté lui aurait été rendue.

Plus loin, l'on nous montra l'auberge où il était descendu et où il avait dîné à table d'hôte le jour même de l'assassinat. Après le repas, il était resté une demi-heure encore à causer sur la théologie avec un ecclésiastique. Toute la ville est remplie de ce drame, et les habitants n'ont guère d'autres récits à faire aux étrangers. On nous conduisit encore au cimetière, où la victime et l'assassin reposent dans la même enceinte. Seulement Carl Sand est enterré dans un coin, et la place où furent déposés son corps et sa tête n'a d'autre ornement qu'un prunier sauvage. Pendant longtemps ce fut, nous dit-on, un lieu de pèlerinage, où l'on venait de toute l'Allemagne ; le prunier était dépouillé de toutes ses feuilles et de toutes ses branches à chaque saison.

La tombe de Kotzebue avait eu aussi ses fidèles moins nombreux. C'est un monument de pierre grise d'une apparence bizarre. Une pierre carrée qui le surmonte, posée sur un de ses angles, est soutenue par deux masques antiques qui expriment la douleur. Le tout a un aspect de tombeau païen, qui convient assez aux mânes philosophiques du voltairien Kotzebue. On ne peut douter qu'il n'y ait eu dans l'action de Carl Sand beaucoup de fanatisme religieux.

Nous remontâmes en voiture à la porte du cimetière pour nous diriger vers Heidelberg où nous devions coucher. La soirée était charmante après une belle journée d'automne; la foule bigarrée rentrait déjà dans la ville, abandonnant les jolies maisons de campagne, les jardins publics, les cafés et les brasseries ; la plupart nous saluaient sans nous connaître, comme c'est l'usage dans le pays de Bade, et ce tableau du retour en ville d'une population calme et bienveillante, qui avait assurément bien employé sa journée, nous faisait penser à Auguste Lafontaine et à Gessner. Pourtant mon compagnon ne pouvait s'arracher au souvenir sanglant de Carl Sand. Il venait de voir le cimetière, il voulait encore voir le lieu de l'exécution, tant c'est un fidèle voyageur et un fidèle historien. On nous avait bien dit que nous rencontrerions, au sortir de Manheim, une grande prairie verte, à gauche, et que c'était là ; mais rien n'indiquait le lieu particulier du sacrifice. Nous n'osions trop arrêter les paysans pour nous le montrer, de peur d'inquiéter la police du pays ; mais on nous apprit depuis qu'il était aussi simple de parler de cela, dans le duché, que de la pluie et du beau temps. Un vénérable monsieur, nous voyant arrêtés sur la route, se douta de l'objet de notre attention, et nous indiqua tout dans le plus grand détail. Ici était l'échafaud, là les troupes rangées dès la pointe du jour ; par là l'on attendait les étudiants d'Heidelberg ; mais ils arrivèrent trop tard, l'heure ayant été avancée ; ils ne purent que tremper leurs mouchoirs dans le sang et se partager les reliques de celui qu'ils appelaient le martyr.

Notre interlocuteur voulut bien nous donner une foule d'autres détails, tant sur cette fatale journée de l'exécution que sur le caractère, les habitudes et les conversations de Sand pendant les dix mois de captivité qui précédèrent sa mort ; il nous offrit de nous conduire chez lui pour nous faire voir un portrait unique qu'il avait fait faire lui-même à cette époque, mais il était trop tard pour que nous pussions nous arrêter encore à Manheim. Lorsque nous remerciâmes cet obligeant inconnu en prenant congé de lui, il nous dit : « Vous venez de causer avec le directeur de la prison de Manheim, qui a gardé Sand pendant dix mois. » Il n'eût pas été moins étonné s'il eût su à qui il venait de parler lui-même, mais mon compagnon ne jugea pas à propos de compléter le coup de théâtre.

Je croyais pour ma part en avoir fini avec Sand, dont je n'ai jamais beaucoup affectionné l'héroïsme, sans nier toutefois l'espèce de grandeur qui s'attache à ce souvenir; mais un écrivain consciencieux a des curiosités qui sont aussi des devoirs, et c'est ce qui va expliquer jusqu'à quelles profondeurs d'investigation nous dûmes descendre, mon compagnon de route et moi, lui pour les charges de sa renommée, et moi pour l'agrément de sa société.

Le directeur de la prison nous avait parlé beaucoup de l'exécuteur qui avait tranché la tête de Sand. Un crime est une chose si rare dans le duché de Bade, que cette profession est presque une sinécure. Toutefois elle rapporte près de trois mille florins, sans compter une foule de bénéfices accessoires. L'exécution de Sand fut une fortune pour cet homme, qui vendit tous les cheveux du jeune homme un à un, à la moitié de l'Allemagne. Je vous dirai que ce serait là un terrible peuple, si ce n'était bien évidemment le plus heureux des peuples et le mieux gouverné peut-être. Je vais citer un trait qui montre que ce fanatisme alla jusqu'au ridicule le plus violent. Le même exécuteur, connu pour un des plus grands admirateurs de *son héros*, fit construire, en découpant le bois de l'échafaud, une tonnelle égayée de vignes grimpantes, où l'on venait pieusement boire de la bière à la mémoire de Sand.

Puisque j'en dis tant déjà, il faut tout dire. Nous apprîmes que, le bourreau de Sand étant mort, son fils continuait le même état, et demeurait à Heidelberg. On nous conseilla de l'aller voir. Sur notre premier mouvement de répugnance, on nous répondit qu'en Allemagne les exécuteurs n'étaient pas précisément entourés du même préjugé que chez nous. Le bourreau est ordinairement, dit-on, d'une famille noble déchue. Dans les cérémonies du siècle passé, il marchait à la suite du cortége de la noblesse, et en tête, par conséquent, de celui des bourgeois. En outre, il est tenu d'avoir pris le grade de docteur en chirurgie. C'est donc une sorte de médecin, qui coupe la tête comme les autres couperaient une jambe : peut-on dire que ses opérations aient seules le privilége de donner la mort ?

C'était au bout de la ville d'Heidelberg, riante et brumeuse, encaissée par les montagnes, baignée par le Necker, pleine d'étudiants, de cafés et de brasseries, avec son beau château de la Renaissance à demi-ruiné. Quel dommage! un château de Touraine dans une forteresse de Souabe ! Mais la description sera pour une autre fois : au bout de la ville, dis-je, *la dernière maison, à gauche...* Comme tout cela est allemand et romantique ! et tout cela est vrai pourtant... C'est la maison *du docteur Widmann*, c'est la *sienne*.

VIII. Une visite au bourreau de Manheim.

Nous n'étions pas sans émotions en touchant le marteau de ce logis d'une apparence particulièrement propre et gaie. Des enfants de la ville s'assemblaient derrière nous, mais sans mauvaise intention ; à Paris, l'on eût jeté des pierres. Une seule idée nous fit rire : ce fut le souvenir d'un monsieur, dégoûté de la vie, qui avait fait une visite pareille à M. Samson, et lui avait dit, en le saluant poliment : « Monsieur, je désirerais que vous me *guillotinassiez.*» Cet imparfait du subjonctif d'un pareil verbe m'a toujours paru fort plaisant.

Nous voilà donc toujours frappant à la porte du bourreau, car on n'ouvre pas. Quel épisode pour un de ces romans qu'on faisait il y quelques années ! Mais le temps n'était plus de ces ogreries littéraires, et notre démarche était bien naïve et toute dans l'intérêt de l'art et de la vérité.

Au bout de dix minutes, nous entendîmes un bruit de talons éperonnés, puis on ouvrit la porte en tirant beaucoup de verrous. Un homme fort jeune, un peu trapu dans sa taille, à la figure romantique, nous demanda ce que nous voulions, sans nous prier d'entrer. Nous lui dîmes que nous étions écrivains et cherchions à réunir des renseignements sur Carl Sand. Alors il nous ouvrit entièrement la porte et nous indiqua une salle de rez-de-chaussée fort claire, nous priant d'attendre qu'il eût refermé la lourde porte, ce qu'il fit avec soin.

La chambre où il nous rejoignit après un instant, et qui semblait être son cabinet de tra-

vail, était ornée de gravures et d'oiseaux empaillés.
« Vous êtes chasseur? » lui dit mon compagnon en
frappant sur un fusil à deux coups suspendu au mur.
Il répondit par un signe. Pendant l'instant que
nous étions restés seuls, j'avais pu jeter les yeux sur
une bibliothèque où se trouvaient des livres d'histoire
et de poésie. La table placée au milieu de la chambre
était couverte de livres et de feuilles manuscrites;
sur la cheminée il y avait des bocaux d'animaux
conservés dans l'esprit-de-vin ; il nous apprit
lui-même qu'il s'occupait beaucoup d'histoire naturelle. On comprend que notre conversation ne
pouvait rester longtemps dans le vague; nos préoccupations historiques pouvaient seules donner quelque convenance à notre visite, surtout vis-à-vis
d'un homme auquel il paraissait impossible d'offrir
quelque rémunération. Le docteur Widmann nous
donna encore beaucoup de détails, dont plusieurs
répétaient ceux que nos passants de la veille nous
avaient racontés déjà ; il nous fit voir même, après
quelque hésitation, le sabre dont son père s'était
servi : la forme nous étonna.

Nous nous étions imaginé jusque-là que l'on enlevait la tête fort simplement d'un bon coup de
sabre de dragon ou de cimeterre à la turque. L'instrument que nous avions sous les yeux confondait
toutes nos idées. Le tranchant était en dedans
comme celui d'une serpette; de plus, la lame était

creuse et contenait du vif-argent, afin que, l'élan étant donné au sabre, ce métal, se portant vers la pointe, rendît le coup plus assuré. Ainsi toute l'adresse du... docteur consiste à combiner un mouvement de rotation autour du col, qui, avant de toucher l'os, enlève presque toute la chair ; on ne tranche donc pas la tête, on la *cueille* pour ainsi dire. Nous nous contentâmes de l'explication sans demander aucune expérience.

D'ailleurs, notre pauvre exécuteur de Bade n'a jamais exercé le terrible état de son père. Il nous a confié même qu'il tremblait tous les jours qu'il se commît un crime dans le duché, ce qui est heureusement fort rare, et qu'il ne savait trop à quoi il se résoudrait dans ce cas. Curieux comme des Anglais, nous demandâmes encore à voir la *tonnelle* dont on nous avait parlé à Heidelberg. Le docteur Widmann, n'ayant pas le temps de nous accompagner au jardin de son père où elle se trouve, appela son *domestique,* qui nous y conduisit à travers les champs.

Ce jardin est situé au sommet d'une colline chargée de vignes. Un joli pavillon, autrefois ouvert aux buveurs et maintenant fermé depuis que l'enthousiasme s'est refroidi par le temps, s'élève au centre de cette petite propriété, et, des deux côtés de ce pavillon, il y a une tonnelle dont le bois disparait sous les pampres. Mais laquelle des deux est la tonnelle sacrée aux fidèles de Carl Sand. Notre scrupule historique allait à ce point que nous voulions pouvoir dire si c'était celle de gauche ou de droite. Le valet l'ignorait lui-même, mais il nous dit : « Avez-vous un couteau ? — Oui ; pourquoi faire ? — Pour faire une entaille dans le bois. Les échafauds se font en sapin. » En effet, l'un des berceaux était en chêne, l'autre en sapin.

Il y a quelques mois, j'ai traversé de nouveau ce beau duché de Bade, qui est le plus charmant pays de l'Allemagne, je le sais à présent ; l'hiver ne lui avait pas enlevé tout son charme ; sous un ciel un peu pâle, l'horizon se teignait toujours de la verdure éternelle des sapins ; les monts couronnés de châteaux s'élançaient toujours du sein de cette Forêt-Noire qui règne sur une étendue de cent lieues, et la pierre rouge des édifices, des églises et des palais semblait toujours chauffée des rayons d'un soleil ardent. Quand j'arrivai à Carslruhe, on ne parlait que d'une séance orageuse de la chambre des députés (de Bade), qui venait d'avoir lieu la veille. Des membres de l'opposition avaient demandé l'abolition de la peine de mort ; le parti conservateur s'était vivement prononcé contre cette proposition. Enfin, des esprits modérés avaient proposé un amendement qui devait concilier les partisans des coutumes féodales et les propagateurs des idées nouvelles. Ces philanthropes demandaient l'introduction de la guillotine, pour remplacer le vieux système d'exécution.

Cette motion révolutionnaire a été au moment de triompher. Seulement les conservateurs ont exprimé leurs craintes que l'introduction de la guillotine ne fût un acheminement vers les idées libérales, et ne provoquât la sympathie du peuple pour les autres institutions progressives de la France. La question en est encore là, je crois. Notre connaissance d'Heidelberg, le docteur Widmann, attend sans doute avec impatience la décision représentative qui, probablement, fixera son sort et ses attributions futures. Je doute que ce jeune homme, qui paraissait effrayé de sa condition, terrible et noble à la fois, de chirurgien de gens bien portants, se résigne à l'humble emploi que nos mœurs ont fait à ses pareils, et qui ressemble terriblement à un service de portier.

II

SOUVENIRS DE THURINGE.

A ALEXANDRE DUMAS.

—

I. L'opéra de Faust à Francfort.

Je vais avec peine — et plaisir, — vous rappeler des idées et des choses qui datent déjà de dix années. Nous étions à Francfort sur Mein, où nous avons écrit chacun un drame dans le goût allemand. — J'y reviens seul aujourd'hui.

La ville n'a guère changé malgré les révolutions; les promenades qui l'entourent depuis 1815, et qui remplacent ses fortifications, ont seules gagné de l'ombrage et de la fraîcheur, Arrivé le soir, par le chemin de fer de Mayence, j'étais, du reste, plus avide de spectacle que de promenades, et je me suis informé bien vite de ce qu'on jouait au grand théâtre. — On jouait Faust avec la musique de Spohr.

Nous avions si souvent discuté ensemble sur la possibilité de faire un Faust dans le goût français, sans imiter Goëthe l'inimitable, en nous inspirant seulement des légendes dont il ne s'est point servi, — que, malgré l'heure avancée, je me hâtai d'aller voir au moins la seconde partie de l'opéra.

Il était huit heures; et le spectacle finissait à neuf. — Vous rappelez-vous cette grande salle, située au bout des allées de la promenade, et où nous avons vu représenter *Griseldis*, dans la loge de la famille Rothschild?... C'était beau, n'est-ce pas, cette pièce héroïque, qui a été en Allemagne le dernier soupir de la tragédie? Et quelle émotion l'actrice inspirait, même à ceux qui ne comprenaient pas la langue; — et quel drame populaire que celui-là, dans lequel une reine est obligée, au dénoûment, de demander pardon à la fille d'un charbonnier!

La salle, cette fois, était garnie d'une foule plus compacte et plus brillante que celle que nous avions vue assister à *Griseldis*. C'est qu'ici comme partout la musique exerce l'attraction principale. La salle est fraîchement restaurée, jaune et or, — et l'on voit toujours au-dessus du rideau l'horloge qui, continuellement, indique l'heure aux spectateurs : attention toute germanique.

Lorsque j'entrai, on en était à cette scène de bal où l'on danse une sarabande dans laquelle chacun tient un flambeau à la main ; rien n'est plus gracieux et plus saisissant. Chaque couple s'éloigne ensuite et disparaît tour à tour dans la coulisse, et le nombre des flambeaux diminuant ainsi, amène peu à peu l'obscurité, image de la mort. — Puis le tam-tam résonne et le diable paraît.

Quelle entrée! Alors éclate un chant de basse moitié mélancolique et moitié sauvage, tour à tour énergique et chevrotant, avec des modulations finales dans le goût du dix-huitième siècle, qu'interrompent des accords stridents. L'acteur a laissé quelque chose à désirer dans l'exécution de ce morceau, développé à la manière de l'air de la *Calomnie*. La musique de Spohr rappelle beaucoup celle de Mozart. Ayez soin, si jamais vous mettez à la scène un *Faust*, comme je crois que vous en avez l'intention, de faire le diable très-rouge de figure; c'est ainsi qu'on le représente en Allemagne, et cela est d'un bon effet.

Ensuite, j'admirai la facilité des changements à vue : une toile qui tombe et deux pans de coulisse qui avancent, voilà tout : excepté dans les décorations compliquées. Nous étions tout à l'heure dans un palais, nous voilà dans une rue; puis voici la campagne éclairée des feux du soir. Faust roucoule son amour à la blonde enfant qu'il aime, et le diable ricane dans le fond, avec une ariette de vieux buveur.

Nous passons à une salle gothique : quatuor magnifique qui finit par devenir un quintette. — Toute la salle éclate de rire. Qu'est-ce donc? C'est le diable qui vient d'entrer avec un costume de jésuite; — la ville protestante de Francfort se permet cette allusion irrévérente. Le visage rouge du diable se découpe comme un as de cœur entre la souquenille et le chapeau noirs. Mais ce n'est plus le temps de rire; — l'heure sonne au cadran du ciel; Méphistophélès fait un signe; — un démon entièrement rouge sort de terre et pose la main sur Faust: — le diable de la pièce est trop grand seigneur pour l'emporter lui-même. Puis l'œil plonge dans les cavernes souterraines; une pluie de fusées tombe du cintre... et le spectacle est terminé... à neuf heures. Un théâtre qui a une horloge est un théâtre consciencieux. Aussitôt que la représentation dépasse l'heure de quelques minutes, on siffle. Je vous recommande aussi cela comme amélioration à introduire chez nous.

Il n'y a rien à tirer du libretto que Spohr a réchauffé des sons de sa musique; mais à ce propos je veux vous entretenir de quelques recherches que j'ai faites sur ce personnage, en traversant les Pays-Bas pour me rendre ici. Faust, pour un grand nombre d'érudits, est le même que le Johann Fust, dont le nom brille entre ceux de Gutemberg et Faust Schœffer, autour du célèbre médaillon des éditions stéréotypes. Il y a trois têtes barbues qu'on a réunies, ne sachant au juste laquelle des trois avait réellement inventé cette terrible machine de guerre appelée la *presse*.

Strasbourg célèbre Gutenberg ; Mayence célèbre Faust. Quant à Schœffer, il n'a jamais passé que pour le serviteur des deux autres. Faust était orfévre à Mayence, Gutenberg, simple ouvrier, l'aida dans sa découverte, et cette union du capitaliste inventeur avec le travailleur ingénieux produisit ce dont nous usons et abusons aujourd'hui.

Faust était, dit-on, le gendre de Laurent Coster, imagier à Harlem. Ce dernier avait déjà trouvé l'art d'imprimer les figures des cartes. Faust eut l'idée, à son tour, de tailler sur bois les légendes, c'est-à-dire les noms de *Lancelot*, d'*Alexandre* ou de *Pallas*, qui, jusque-là, avaient été écrits à la main. Cette pensée en fit naître encore une autre chez Faust, ce fut de sculpter des lettres isolées, en bois de poirier, afin d'en former facultativement des mots. Gutenberg, chargé d'assembler ces lettres, eut à son tour l'idée de les faire fondre en plomb, et Schœffer, le travailleur en sous ordre, qui, à ses moments perdus, était vigneron, conçut la pensée d'employer, pour la reproduction nette des caractères, une sorte de machine établie dans le système du pressoir qui foule les raisins.

Telle fut la triple combinaison d'idées qui sortit de ces trois têtes, — semblable dans ses résultats aux trois rayons tordus de la foudre de Jupiter.

Rentrerons-nous dans le roman en admettant la légende qui suppose que Faust, s'étant ruiné dans les premiers frais de son invention, se donna au diable afin de pouvoir l'accomplir? Ceci est probablement une invention des moines du temps, irrités, et de l'effet prévu de l'imprimerie, et du tort qu'elle leur faisait dans leurs intérêts comme copistes de manuscrits.

Voici comment quelques auteurs supposent que Faust conçut l'idée de la reproduction des lettres. — En sa qualité d'orfévre, il avait été chargé d'exécuter les fermoirs d'une Bible, dont le supérieur d'un couvent voulait faire présent à l'évêque de Mayence.

Il se rendit au couvent pour remettre son travail et se faire payer. On le fit attendre dans une salle, dont le centre était occupé par une vaste table, autour de laquelle une vingtaine de moines travaillaient assidûment.

A quoi travaillaient ces moines? Ils s'occupaient à gratter des manuscrits grecs et latins pour les rendre propres à subir une écriture nouvelle. Faust jeta les yeux sur un Homère dont les premières lignes allaient disparaître...

« Malheureux! dit-il au moine, que veux-tu écrire à la place de l'Iliade? »

Et ses yeux tombaient attendris sur le vers qu'on peut traduire ainsi :

Il s'en allait le long de la mer retentissante.

En ce moment le supérieur entrait. Faust lui demanda à quel usage on destinait ces feuilles quand elles seraient grattées.

Il s'agissait de reproduire un livre de controverse, *Thomas A'Kempis*, ou quelque autre. Faust ne demanda d'autre prix de son travail que ce manuscrit, qu'il sauva ainsi de la destruction. Les moines sourirent de sa fantaisie et de sa simplicité. Il fallait un écrit pour qu'il pût sortir du couvent avec le livre. Le prieur le lui donna obligeamment, et imprima son cachet sur le parchemin. Un trait de lumière traversa l'esprit de l'orfévre, il pouvait s'écrier : *Euréka!* comme Archimède. Et combien il faut reconnaître la main de la Providence dans la combinaison de deux idées, quand on songe que depuis des milliers d'années on avait imprimé des sceaux et des cachets avec légendes, des inscriptions même (comme on en a retrouvé à Pompéi), qui servaient à marquer les étoffes! Faust concevait la pensée de multiplier les lettres et les épreuves pour reproduire la parole écrite.

Faust emporta, comme la proie de l'aigle, le manuscrit et l'idée. — Cette dernière ne se présentait pas encore nettement à son esprit.

« Quoi! se disait-il, il peut dépendre de l'ignorance ou de l'intention funeste de quelques couvents de moines de détruire à tout jamais la tradition intelligente et libre de l'esprit humain! Les chefs-d'œuvre des philosophes et des poëtes, qu'ils appellent profanes, pourraient entièrement périr par le crime d'un fanatisme aveugle, comparable à celui qui anéantit jadis la bibliothèque d'Alexandrie! L'ordre d'un pape — tel que Borgia, qui règne à Rome, — suffirait pour faire exécuter cela dans toute la chrétienté; — car les moines sont à peu près les seuls dépositaires de ces trésors qu'ils prétendent conserver.... »

En se répétant cela, en serrant contre sa poitrine l'*Homère* qu'il venait de sauver, et qui peut-être était le dernier, Faust rêvait à la reproduction du cachet du supérieur, à la possibilité de graver des pages entières de lettres en relief, qui viendraient se marquer sur des tablettes ou sur du vélin... Rentré dans sa maison, et en proie aux combinaisons de son esprit, il ne songeait pas que la misère et le désespoir, cortége ordinaire du génie, venaient d'y pénétrer avec lui.

Peut-être est-ce là l'idée de cette scène du barbet noir que Faust rencontre dans une promenade, et qui, une fois dans sa chambre, grandit jusqu'au plafond et révèle l'esprit du mal.

Tout le monde connaît les souffrances de l'*inventeur*, — si admirablement décrites par Balzac dans la *Recherche de l'absolu* et dans *Quinola*. Celles de Faust, si l'on en croit les légendes, ne le cédèrent à aucun autre. Persécuté en Allemagne, il vint à

Paris avec sa première Bible imprimée, et se présenta à Louis XI, qui d'abord l'accueillit bien. Mais le fanatisme guettait sa proie ; — on parvint à le faire passer pour sorcier, et il faillit être brûlé en place de Grève, pour avoir vendu des Bibles entièrement semblables l'une à l'autre, — et qui n'avaient pu être exécutées que par artifice diabolique...

C'est comme magicien que les légendes répandues ou fabriquées par les moines le considèrent principalement. Il en existe d'innombrables, tant en Allemagne qu'en France, où la *Bibliothèque bleue* a réuni ses exploits principaux. Le plus curieux de tous est celui qui consiste à avoir avalé sur une route une voiture de foin qui gênait son passage, — avec les chevaux et le cocher.

Il y a aussi la scène de fantasmagorie à la cour de l'empereur d'Allemagne, dans laquelle ce dernier prie l'enchanteur de le faire souper avec Alexandre, César et Cléopâtre. Ce qui, dit-on, eut lieu en effet.

Goëthe s'est servi, dans le second *Faust*, de cette anecdote, en la modifiant et en faisant apparaître Hélène, ce qui appartient encore à la tradition primitive. On se demande pourquoi celle-ci suppose unanimement que Faust avait commandé au diable de ressusciter pour lui la belle Hélène de Sparte, dont il eut un fils, et avec laquelle il vécut vingt-quatre ans, aux termes de son pacte? Peut-être est-ce le souvenir de l'anecdote relative au manuscrit de l'*Iliade* qui conduisit à cette idée. L'admirateur d'Homère devait être en esprit l'amant d'Hélène.

Dans le *Faust* primitif qui se joue en Allemagne, sur les théâtres de marionnettes, on voit paraître ce personnage d'Hélène. Là, le diable s'appelle Caspar, et un duc de Parme y joue le rôle de l'empereur, qu'on n'aurait pas sans doute laissé représenter sous forme de pantin.

On peut citer encore le roman de Klinger, sur *Faust*, écrit très-spirituellement à la manière de Diderot, et dans lequel on voit Faust porter son invention dans toutes les cours de l'Europe, sans réussir à autre chose qu'à se faire rouer, pendre ou brûler, ce dont le diable le sauve toujours au dernier moment, en vertu de leur pacte. Dans chacun des pays où il se réfugie tour à tour, il ne voit que meurtres, débauches et iniquités : en France, Louis XI; en Angleterre, Glocester; en Espagne, l'Inquisition; en Italie, Borgia.... Si bien que le diable lui dit : « Quoi! tu te donnes tant de peine pour ce misérable genre humain? — Pour le sauver! pour le transformer!.... s'écrie Faust, car l'ignorance est la source du crime. — Ce n'est pas, répond le diable, ce qui se dit dans l'histoire du pommier... »

Il n'est pas dans tout cela question de Marguerite; c'est que Marguerite est une création de Goëthe, et même le type d'une femme qu'il avait aimée. Cette figure éclaire délicieusement toute la première partie de *Faust*, tandis que celle d'Hélène, dans la seconde partie, est généralement moins sympathique et moins comprise, quoiqu'elle appartienne exactement à la tradition.

II. La statue de Goëthe.

Vous comprenez, mon ami, combien j'ai été heureux en me levant, le lendemain matin, de rencontrer sur cette même place du théâtre, au milieu des arbres, un monument qui n'existait pas lorsque nous nous trouvions ici ensemble : la statue colossale de Goëthe, par Swanthaler.

La place aussi s'appelle aujourd'hui Goëthe-platz. Francfort n'a dans ses murs que deux statues, celle de Goëthe et celle de Charlemagne. La première en bronze, l'autre en pierre rouge du Rhin.

Goëthe a été représenté dans l'attitude de la méditation, appuyé du coude sur un tronc de chêne autour duquel s'enlace la vigne. La composition est fort belle ainsi que celle des bas-reliefs qui entourent le piédestal. On voit sur la face du devant trois figures, qui représentent la Tragédie, la Philosophie et la Poésie ; sur les autres côtés les principales scènes de ses drames, de ses poëmes et de ses romans. Werther et Mignon occupent une face entière, l'un ayant au bras Charlotte, l'autre accompagné du vieux joueur de harpe.

Après avoir admiré la statue, je suis allé voir la maison de la rue du Marché-aux-Herbes, où le poëte est né il y a juste cent un ans. Elle est indiquée par une plaque de marbre qui porte qu'il était né là le 28 août (*august* en allemand) 1749. Au-dessus de la grande porte, on voit un ancien écusson armorié, dont le champ d'azur, par un singulier hasard, porte une bande semée de trois lyres d'or.

Je suis entré dans la maison, et j'ai pu voir encore la chambre du poëte, avec sa petite table, ses chaises couvertes de vieux velours d'Utrecht, ses collections d'oiseaux, et le cadre où il a lui-même placé en évidence son brevet de président de la Société minéralogique de Francfort, dont il s'honorait plus que de tous ses autres titres. — En regardant du haut de ce troisième étage, qui donne à gauche sur une cour étroite, et à droite sur quelques toits entremêlés d'arbres, mais presque sans horizon, on comprend cette phrase de *Faust* :

« Et c'est là ton monde !... Et cela s'appelle un monde ! »

Les escaliers sont immenses, et à chaque étage on remarque d'immenses armoires sculptées dans le style de la renaissance.

Mais je ne vous ai pas encore dit le but de mon voyage. — Je vais voir à Weimar les fêtes qui célèbrent après cent ans l'anniversaire de la naissance de Herder, l'ami de Goëthe. Le temps me presse.

Je n'ai pu donner qu'un coup d'œil d'admiration et de regret à cette belle promenade du *Meinlust*, où se croisent les allées d'ébéniers et de tilleuls qui bordent le fleuve. Au-delà, le faubourg de Sachsenhausen étend, le long de la rive opposée, une ligne de blanches villas se découpant dans la brume et dans la verdure des jardins.

Les flottes pacifiques du Mein fendent au loin la surface unie des eaux, enflant à la brise du soir ces voiles gracieuses, qui rendent si pittoresque l'aspect des grands fleuves d'Allemagne. Un adieu encore à la cathédrale de Francfort, à cet édifice si curieux du *Rœmer*, où l'on voit les trente-trois niches de trente-trois empereurs d'Allemagne, établies d'avance avec tant de certitude par l'architecte primitif, qu'il serait impossible d'y loger un trente-quatrième César.

Victor Hugo a tracé une peinture impérissable de cette ville si animée et si brillante. Je me garderai d'essayer le croquis en regard du tableau. Aussi bien, quelque chose d'attristant plane aujourd'hui sur la cité libre, qui fut si longtemps le cœur du vieil empire germanique. J'ai traversé avec un sentiment pénible cette grande place triangulaire dont le monument central est un vaste corps-de-garde, — et où l'on a rétabli les deux canons de bronze qui continuent à menacer Francfort et qui ne l'ont jamais défendu. J'ai jeté un dernier regard sur la verdoyante ceinture de jardins qui remplace les fortifications, rasées en 1815. Puis, je suis allé prendre mon billet à l'*eisenbahn* (chemin de fer) de Cassel.

Ce chemin de fer est une déception. On vous promet de vous faire arriver à Cassel directement et sans secousse, sauf une légère interruption d'un bout de *ligne* non terminé que desservent des omnibus. — La locomotive fume, elle crache, elle part. — Les locomotives allemandes ne sont pas douées de la puissance nerveuse que possèdent celles d'Angleterre et de Belgique... (Je craindrais de faire de la réclame en parlant des nôtres.) Le spirituel écrivain viennois Saphir prétendait que les locomotives allemandes avaient des *motifs* pour rester *in loco*; — cela tient, je pense, au désir de garder les voyageurs le plus longtemps possible dans cette multitude de petits États souverains qui ont chacun leur douane, leurs hôtels, ou même leurs simples buffets de station dans lesquels le vin, la bière et la nourriture se combinent pour vous donner une idée avantageuse des productions du pays. Dans les voitures on fume, dans les stations on boit et on mange. C'est toujours par ces deux points essentiels qu'il a été possible de dompter les velléités libérales de ce bon peuple allemand.

A dix heures, après nous être suffisamment amusés

sur ce brimborion de chemin de fer, nous arrivons à la station des omnibus intermédiaires. On charge les bagages ; — on prend place dans un berlingot à rideaux de cuir, qui doit remonter au temps du baron de Thunder-ten-Tronck, et qui a peut-être servi de calèche à la belle Cunégonde. J'ai trouvé là, du reste, une fort aimable société d'étudiants, vêtus du costume classique : pantalon blanc collant, bottes à l'écuyère, redingote de velours à brandebourgs de soie, — pipe à long tuyau emmanchée d'un fourneau en porcelaine peinte, qui fonctionne abondamment. J'entendais retentir à tout propos dans la conversation le nom de M. Hassenpflug, qu'ils prononçaient *Hessenfluch* (malheur de la Hesse). L'Allemagne aime beaucoup les calembours *par à peu près*.

A minuit on changea de voiture dans un village, en nous laissant une demi-heure sur le pavé, par une pluie très fine. Deux heures plus tard, nous sommes encore transvasés dans une nouvelle pataches, et une autre fois encore, vers trois heures du matin. A six heures nous descendions à Marburg.

III. Eisenach.

Nous voilà enfin sur un nouveau chemin de fer qui appartient au territoire de la Hesse. Le nom de M. Hassenpflug revient plus fréquemment encore, criblé d'imprécations cette fois par des bourgeois non moins bruyants dans leur haine que les étudiants. Cependant, ces cris s'évaporaient en fumée à travers les nuages des longues pipes, et, quand j'arrivai à Cassel, je trouvai à cette petite ville l'aspect morne et paisible que présentait Paris l'avant-veille de la révolution de Juillet. On fumait, on consommait beaucoup de bière, mais on ne dépavait pas.

Cassel est une ville monotone, avec un château qui semble une caserne, des églises surmontées de clochers aigus, couverts d'ardoises, quelques-uns renflés en boule, comme si l'on y avait enfilé d'énormes oignons. Je ne pensai pas que le spectacle d'une révolution commençante, mais pacifique, valût ce que j'allais voir, c'est-à-dire l'inauguration de la statue de Herder et la fête de Goëthe, à Weimar. — Je repris le chemin de fer pour Eisenach.

Mon esprit, agité par les conversations révolutionnaires de la nuit, reprenait du calme en franchissant les limites de ce beau pays de Thuringe, séjour d'une population intelligente et plein de souvenirs poétiques et légendaires.

A Eisenach, on s'arrêta trois heures. C'était juste le temps qu'il fallait pour aller visiter le château de la Wartburg, deux fois célèbre par les anciennes luttes de chant et de poésie des *minnesingers* (ménestrels), et par le séjour de Luther, qui y trouva à la fois un abri et une prison.

Après avoir traversé la petite ville d'Eisenach, simple localité allemande, dépourvue de beautés artistiques, on voit le terrain s'élever. Une verte montagne, couverte de chênes, qu'on avait aperçue de loin, s'ouvre à vous par une longue allée de peupliers d'Italie, entremêlés de sorbiers dont les grappes éclatent dans la verdure comme des grains de corail. Après une heure de marche, on aperçoit le vieux château de la Wartburg, dont les bâtiments, construits en triangle, n'offrent aucune recherche d'architecture, aucun ornement. Il faut se contenter d'admirer la hauteur des murailles grises se découpant sinistrement sur la verte pelouse qui l'entoure, et commandant au-delà des vallées profondes.

L'intérieur n'a de curieux qu'un musée d'armures anciennes, et les deux salles gothiques où l'on retrouve les souvenirs de Luther : la chapelle, avec la haute tribune où il prêchait la réforme, et le cabinet de travail où il passa trois jours en extase et où il jeta son encrier à la tête du diable. — On montre toujours l'encrier et la tache d'encre répandue sur la muraille... Mais le diable, intimidé par la malice des esprits modernes, n'ose plus se faire voir de notre temps!

Deux heures après, j'avais traversé Gotha et Erfurth. L'aspect d'une vallée riante, d'un groupe harmonieux de palais, de villas et de maisons, espacés dans la verdure, m'annonça la paisible capitale du grand-duché de Saxe-Weimar.

IV. Les fêtes de Weimar. — Le Prométhée.

« Commençons par les dieux... » Le 25 *auguste*, comme disent les Allemands, — et nous savons aussi que Voltaire donnait ce nom au mois d'août, — a été le premier jour des fêtes célébrées dans la ville de Weimar, en commémoration de la naissance de Herder et de la naissance de Goëthe. Un intervalle de trois jours seulement sépare ces deux anniversaires ; aussi les fêtes comprenaient-elles un espace de cinq jours.

Un attrait de plus à ces solennités était l'inauguration d'une statue colossale de Herder, dressée sur la place de la cathédrale. Herder, à la fois homme d'église, poëte et historien, avait paru convenablement situé sur ce point de la ville. — On a regretté cependant que ce bronze ne fît pas tout l'effet attendu près du mur d'une église. Il se serait découpé plus avantageusement sur un horizon de verdure, ou au centre d'une place régulière.

Mais nous n'avons à parler ici que de ce qui concerne l'art dramatique. Nous passerons donc légèrement sur les détails de la cérémonie, pour arriver à l'exécution du *Prométhée*, vaste composition doublement *lyrique*, dont les paroles, écrites jadis par

Herder, ont été mises en musique par Listz. C'était l'hommage le plus brillant que l'on pût rendre à la mémoire de l'illustre écrivain.

Il suffit de dire que, dans la journée, la chambre de Herder fut ouverte au public. On y voyait trois portraits du poëte, le représentant à différents âges et entourés de fleurs; son pupitre, meuble chétif de bois peint en noir, sa Bible aux fermoirs d'or avec son chiffre, et les signets encore placés par sa main. Dans une boîte sous verre, on avait réuni des objets qui lui avaient appartenu, ses dernières plumes, un bonnet brodé, sorti des mains de la duchesse Amélie, et des vers pour sa femme, qu'il avait dictés à ses enfants.

On voyait un cortége d'enfants dans la cérémonie, parmi lesquels marchaient les petits-fils de ses fils; car la naissance de Herder remonte à plus d'un siècle. — Mais l'Allemagne, bonne mère, n'oublie rien de ce qui peut ajouter de l'éclat ou de la grâce au culte de ses grands hommes.

Le cortége d'enfants, vêtus de blanc et couronnés de feuilles de chêne, se dirigea vers une place, située sur le chemin de Weimar à Ellersberg (résidence du prince héréditaire). Ce lieu était la promenade favorite du poëte, et s'appelle aujourd'hui le *Repos de Herder*.

Le soir du 24, veille de la fête, avait eu lieu au théâtre la représentation de *Prométhée délivré*, poëme de Herder qui n'avait pas été écrit pour la scène, mais dont Listz avait mis en musique les chœurs, en faisant précéder l'ouvrage d'une ouverture. Les vers du poëme étaient déclamés. Le succès de cette représentation fut immense, et Listz a été prié de transformer cette œuvre en une symphonie dramatique complète, qui aura toute l'importance d'un opéra.

N'étant arrivé que le second jour des fêtes, à cause du retard imprévu éprouvé sur le prétendu chemin de fer de Francfort à Cassel, je n'ai pu arriver à la représentation du *Prométhée délivré*. Il ne me reste que la ressource de traduire une analyse allemande que j'ai tout lieu de croire exacte :

Herder n'écrivait jamais pour le théâtre. — Toutefois, on rencontre dans ses ouvrages plusieurs poëmes dialogués, qu'il intitulait : *Grandes scènes dramatiques*. Presque toutes sont empreintes de symbolisme. Dans quelques-unes, chacun des personnages est allégorique. Dans quelques autres, des noms de héros servent à représenter vivement à l'imagination telles ou telles pensées. De toutes ces esquisses, la plus heureuse, sans contredit, est le *Prométhée délivré*. La figure principale étant une des plus grandioses conceptions de l'antiquité, domine puissamment tout le groupe d'idées que Herder a rattaché à cette tradition, qui a si vivement frappé les plus grands génies parmi les premiers chrétiens, tels que Tertullien et autres.

L'auteur nous représente d'abord Prométhée seul et souffrant sur son rocher. Comme dans la tragédie d'Eschyle, les Océanides arrivent à lui, mais pour se plaindre des hardiesses des hommes, qui domptent les fureurs de tous les éléments, et se rient de leurs obstacles. Prométhée, à ce récit, saisi d'un élan prophétique, voit d'avance leur puissance sur la nature augmenter, s'agrandir et atteindre à une souveraineté qui doit un jour soumettre à leurs désirs toutes les forces du globe, leur domaine. Aux Océanides succèdent les Dryades, conduites par Cybèle. La terre se plaint de perdre sa beauté virginale, sa richesse première, d'être labourée, éventrée par le soc des charrues, dépouillée par la hache, mutilée par les travaux des hommes. Mais Prométhée prévoit qu'une harmonie suprême succédera à ce désordre transitoire. Il voit dans une sorte d'extase l'humanité chercher à travers les peines et les douleurs, au milieu des maux et des souffrances de tous genres, une mystérieuse solution, problème de son existence, et il prophétise une ère nouvelle où la nature sera appelée à porter des fruits bénis pour tous ses enfants, sans qu'une sueur aussi amère et un sang aussi généreux viennent incessamment souiller, en les fécondant, ses tristes sillons. Cérès apparaît, et la déesse des moissons, amie des hommes, vient saluer Prométhée et lui parler de cet âge d'or encore à naître.

Un douloureux frémissement saisit le Titan prisonnier. A ses regards se déroule la longue suite des tourments qui doivent accabler sa race chérie, avant que cette époque fortunée vienne à luire. Et dans un cruel désespoir il ne sent que l'atteinte de tant de désolations. Bacchus vient rejoindre Cérès et offrir d'unir, pour consoler tant d'infortunes, les joies de l'inspiration aux bienfaits que répandra la bonne déesse sur ces âpres malheurs. En recevant ce don dangereux, cet Isaïe de la Grèce antique déplore les égarements qui accompagneront, parmi les hommes, les vives lueurs de l'inspiration ; et, pendant que son âme est en proie à ce martyre des tristes prévisions, un chœur infernal se fait entendre. Ce sont les voix de l'Érèbe qui doivent rendre leurs victimes; c'est Alcide, l'emblème des *forces généreuses*, qui descend aux enfers et leur arrache Thésée. Soudain il apparaît avec le héros sauvé, et, apercevant Prométhée, il tue le vautour, il brise les chaînes rivées par Jupiter, l'usurpateur, dont Prométhée ne reconnut jamais le sceptre arbitraire. Le fier supplicié, après sa délivrance, adresse un touchant adieu au roc, témoin de ses longues misères, et Alcide le mène devant le trône de sa mère Thémis. Il contemple enfin la *justice suprême*, et Pallas, dont la *sagesse* avait présidé à son œuvre, appelle toutes les Muses pour célébrer et chanter sa gloire.

Il est aisé de voir combien, sous la richesse des

pensées qui s'entrelacent dans ces scènes diverses, l'art musical devait trouver de nombreux motifs et de plus nombreuses difficultés. Cette composition poétique est trop courte pour jamais pouvoir être adoptée par le théâtre, d'autant plus que l'action n'est point pour cela assez dramatique. Néanmoins elle serait trop longue pour former un texte à une œuvre purement musicale. Si nous étions à même d'exprimer notre avis à ce sujet, nous conseillerions volontiers à Listz de tailler dans cette riche étoffe un de ces *oratorios profanes*, comme on les appelle en Allemagne, et que nous nommerions symphonies avec chant. Pour cela il devrait nécessairement raccourcir, modifier les vers mis dans la bouche des divers personnages par le poëte allemand, dont Listz a conservé intégralement les chœurs, remarquables par leur variété, leur beauté et leur grâce.

Nous avons tout lieu de croire que c'est par une sorte de piété pour la mémoire de Herder qu'on célébrait, que Listz a voulu faire réciter ce poëme avec une si scrupuleuse exactitude. C'est sous forme de mélodrame que cette œuvre fut représentée le soir du 28 août. Les premiers artistes dramatiques du théâtre en déclamèrent les rôles. La mise en scène était brillante. Le peu de mouvement, l'absence totale de situations passionnées furent heureusement remplacées par un effet de décorations scéniques assez neuf. Les costumes antiques se prêtèrent à de beaux groupes et offrirent à chaque fois un tableau attachant pour les yeux. Le succès de cette représentation devint très grand.

L'ouverture de Listz a été considérée par les musiciens, rassemblés à cette solennité, comme une œuvre d'une haute portée. Les vieux maîtres et les jeunes disciples admirèrent surtout un morceau fugué, dont l'impression est grandiose, la structure très savante, le style sévère et plein de clarté. Le commencement de l'ouverture est aussi sombre que pouvaient l'être les solitaires nuits du prisonnier sur les roches caucasiennes. Les éclats d'instruments en cuivre frappent l'oreille comme le battement des ailes de bronze du vautour fatidique. La première scène de la tragédie d'Eschyle est forcément évoquée devant notre souvenir par ces accords brusques et impérieux, et l'on croit voir la *Force brutale*, l'envoyée criminelle de Jupiter, rivant les chaînes du bienfaiteur des hommes.

Au silence qui suit cette introduction succèdent des gémissements étouffés que les violoncelles font entendre avec angoisse, jusqu'à ce qu'une phrase, empreinte d'un sentiment ému, comme une prière, comme une pitié, comme une promesse, comme une bénédiction, soit suivie d'un morceau largement traité dans le style fugué. Un calme imposant règne dans cette partie et fait ressortir encore davantage la fougue entraînante et la majesté triomphale de la *stretta*.

Si nous avions à faire une analyse musicale de l'œuvre de Listz, telle qu'il l'a donnée ce jour-là, il nous serait impossible de ne point parler en particulier de chacun de ses chœurs; nous nous bornons toutefois à rendre compte de l'impression générale qu'en a eue le public.

Le chœur des Océanides, auquel se joignent les voix des Tritons, a rencontré des applaudissements unanimes. Il s'y trouve d'heureux contrastes, des transitions imprévues. Sur une phrase lente et grave, le mot de *paix* flotte comme un souffle divin, et une solennité d'un caractère religieux empreint l'accompagnement instrumental; après quoi les fanfares éclatent et les voix se modulent sur un rhythme de marche si mélancolique, que l'oreille l'aspire avidement et le garde longtemps. Les Dryades s'avancent comme en silence d'abord, et l'on n'entend qu'un murmure dans les instruments à corde, si léger qu'il semble un bruissement de feuillage formé par le plus imperceptible souffle. Peu à peu ces sons, à peine distincts, deviennent des mots, mais ils sont si doucement articulés, le chant est si vaporeux, son accompagnement si diaphane, qu'ils semblent arriver à travers l'écorce des arbres, du fond des calices des plantes, comme un soupir exhalé par une végétation qui emprisonne des âmes.

Le chœur des moissonneurs et moissonneuses est celui qui a excité la plus bruyante admiration dans cette soirée. Un chant d'alouette se dessine avec délicatesse sur une orchestration aussi sobre que fine. Le sentiment en est pur, calme, comme celui d'une allégresse sereine. Nous avons été tentés dans le premier moment d'associer dans notre pensée l'impression délicieuse, produite par ces accents vibrants d'une si chaste sonorité, avec celle que réveille dans l'âme le magnifique tableau des *Moissonneurs* de Robert. Mais en écoutant encore ce morceau, qu'on a bissé, nous avons senti que la différence de coloris qui existait entre ces œuvres, également belles, inspirées par des sujets analogues, laissait les émotions qu'elles produisent apparentées entre elles, mais non complétement identiques.

Le pinceau de Robert nous retrace une nature plus vigoureuse, et nous sommes surtout frappés par la chaleur des rayons de son soleil, et les brillants reflets de son atmosphère, baignant de leurs riches lumières ces visages mâles, en qui le rude travail n'a pas abattu un joyeux sentiment de la vie. Les notes de Listz nous font rêver à des organisations plus délicates, plus éthérées, plus poétiquement idéales. Quelque chose du recueillement involontaire de l'innocence se révèle dans ce chant d'une si charmante modulation, et nous reporte comme en songe vers ces existences paradisiaques qui eussent été le partage de l'homme, dit-on, alors que le mal n'eût pas été connu.

Sans nous arrêter au chœur infernal, dont la déclamation rappelle le style de Gluck, et produit une terreur indéfinie, sourde et pénible comme l'approche d'une puissance malfaisante, nous ne parlerons que du chœur des Muses, qui termine la pièce, et qui nous paraît le plus grandement conçu. Il est simple et richement nuancé, plein de force et de grâce en même temps. Il s'évase comme la large coupe de ces fleurs monopétales au tissu aussi ferme et moelleux que le velours, aux rainures accentuées et aux suaves parfums.

Listz, en entreprenant cette tâche, avait hasardé une difficulté des plus malaisées à vaincre. Il lui fallait trouver un style musical approprié à une œuvre assez étrange, qui n'avait pour ainsi dire ni sol ni cadre. Il lui fallait conserver un caractère d'unité au milieu d'une grande diversité de motifs; ne point s'éloigner de la majesté et de la plasticité antiques; mouvementer et passionner des personnages symboliques; donner un corps et une vie à des idées abstraites; formuler en plus des sentiments profonds et violents, sans l'aide de l'intrigue dramatique, sans le secours de la curiosité qui s'attache à la succession des événements. Par la beauté frappante et l'attrait incontestable de ses mélodies, il a échappé aux dangers contradictoires de sa tâche, et son œuvre a eu le singulier bonheur de surprendre, en les charmant, les personnes du monde, qui ne s'attendaient pas, vu la hauteur d'un sujet si imposant, à y trouver tant de morceaux, non-seulement à leur portée, mais si bien faits pour les séduire, aussi bien que pour étonner les maîtres de l'art par un mérite si sérieux.

V. Lohengrin.

Le 25, la statue a été découverte au milieu d'une grande affluence, des corps d'état et des sociétés littéraires et artistiques. Un grand dîner, donné à l'hôtel de ville, a réuni ensuite les illustrations venues des divers points de l'Allemagne et de l'étranger. On remarquait là deux poëtes dramatiques célèbres, MM. Gutzkow et Dingelstedt. Ce dernier avait composé un prologue qui fut récité au théâtre le 28, jour de l'anniversaire spécial de Goëthe.

On a donné aussi, ce jour-là, pour la première fois, *Lohengrin*, opéra en 3 actes, de Wagner. Listz dirigeait l'orchestre, et, lorsqu'il entra, les artistes lui remirent un *bâton de mesure* en argent ciselé, entouré d'une inscription analogue à la circonstance. C'est le sceptre de l'artiste-roi, qui provoque ou apaise tour à tour la tempête des voix et des instruments.

Le *Lohengrin* présentait une particularité singulière, c'est que le poëme avait été écrit en vers par le compositeur. — J'ignore si le proverbe français est vrai ici, « qu'on n'est jamais si bien servi que par soi-même; » toujours est-il qu'à travers d'incontestables beautés poétiques, le public a trouvé des longueurs qui ont parfois refroidi l'effet de l'ouvrage.

Presque tout l'opéra est écrit en vers *carrés* et majestueux, comme ceux des anciennes épopées. Il suffit de dire aux Français que c'est de l'*alexandrin* élevé à la troisième puissance.

Lohengrin est un chevalier errant qui passe par hasard à Anvers, en Brabant, vers le onzième siècle, au moment où la fille d'un prince de ce pays, qui passe pour mort, est accusée d'avoir fait disparaître son jeune frère dans le but d'obtenir l'héritage du trône en faveur d'un amant inconnu.

Elle est traduite devant une cour de justice féodale, qui la condamne à subir le *jugement de Dieu.* Au moment où elle désespère de trouver un chevalier qui prenne sa défense, on voit arriver Lohengrin, dans une barque dirigée par un cygne. Ce paladin est vainqueur dans le combat, et il épouse la princesse, qui, au fond, est innocente, et victime des propos d'un couple pervers qui la poursuit de sa haine.

L'histoire n'est pas terminée; — il reste encore

deux actes, dans lesquels l'innocence continue à être persécutée. On y rencontre une fort belle scène dans laquelle la princesse veut empêcher Lohengrin de partir pour combattre ses ennemis. Il insiste et se livre aux plus grands dangers ; mais un génie mystérieux le protége, — c'est le cygne, dans le corps duquel se trouve l'âme du petit prince, frère de la princesse de Brabant, — péripétie qui se révèle au dénoûment, et qui ne peut être admise que par un public habitué aux légendes de la mythologie septentrionale.

Cette tradition est du reste connue, et appartient à l'un des poëmes ou *roumans* du cycle d'Arthus. — En France, on comprendrait *Barbe-bleue* ou *Peau-d'âne;* il est donc inutile de nous étonner.

Lohengrin est un des chevaliers qui vont à la recherche de Saint-Graal. C'était le but, au moyen âge, de toutes les expéditions aventureuses, comme à l'époque des anciens, la Toison d'or, et aujourd'hui la Californie. Le Saint-Graal était une coupe remplie du sang sorti de la blessure que le Christ reçut sur sa croix. Celui qui pouvait retrouver cette précieuse relique était assuré de la toute-puissance et de l'immortalité. — Lohengrin, au lieu de ces dons, a trouvé le bonheur terrestre et l'amour. Cela suffit de reste à la récompense de ce chevalier.

La musique de cet opéra est très remarquable et sera de plus en plus appréciée aux représentations suivantes. C'est un talent original et hardi qui se révèle à l'Allemagne, et qui n'a dit encore que ses premiers mots. On a reproché à M. Wagner d'avoir donné trop d'importance aux instruments, et d'avoir, comme disait Grétry, mis le piédestal sur la scène et la statue dans l'orchestre; mais cela a tenu sans doute au caractère de son poëme, qui imprime à l'ouvrage la forme d'un drame lyrique, plutôt que celle d'un opéra.

Les artistes ont exécuté vaillamment cette partition difficile, qui, pour en donner une idée sommaire, semble se rapporter à la tradition musicale de Gluck et de Spontini. La mise en scène était splendide et digne des efforts que fait le grand-duc actuel pour maintenir à Weimar cet héritage de goût artistique qui a fait appeler cette ville l'Athènes de l'Allemagne.

La salle du théâtre de Weimar est petite et n'est entourée que d'un balcon et d'une grille; mais les proportions en sont assez heureuses et le cintre est dessiné de manière à offrir un contour gracieux aux regards qui parcourent la rangée de femmes bordant comme une guirlande non interrompue le rouge ourlet de la balustrade. L'absence de loges particulières et la riche décoration de la loge grand-ducale lui donnent tout à fait l'apparence d'un théâtre de cour, et l'effet général est loin d'y perdre. L'œil n'est heurté ni par ce mélange de jolies figures de femmes et de laides figures d'hommes qu'on remarque ailleurs sur le devant des loges et des amphithéâtres, ni par cette succession de petites boîtes ressemblant tantôt à des tabatières, tantôt à des bonbonnières, qui divisent d'une façon si peu gracieuse les divers groupes de spectateurs.

VI. La maison de Goëthe.

Le lendemain de la représentation, j'avais besoin de me reposer de cinq heures de musique savante dont l'impression tourbillonnait encore dans ma tête à mon réveil. Je me mis à parcourir la ville à travers les brumes légères d'une belle matinée d'automne.

Madame de Staël disait de Weimar : « Ce n'est pas une ville, c'est une campagne où il y a des maisons. » — Cette appréciation est juste, en raison du nombre de promenades et de jardins qui ornent et séparent les divers quartiers de la résidence. Cependant, je dois avouer que je me suis perdu deux fois en parcourant les rues pour regagner mon hôtel. Je ne cherche pas ici à flatter cette jolie ville, mais je dois constater qu'elle est tracée en labyrinthe, par l'amour-propre sans doute de ses fondateurs, qui auront voulu la faire paraître immense aux yeux du voyageur.

Mais le moyen de leur en vouloir quand, à chaque pas, on retrouve les souvenirs des grands hommes qui ont aimé ce séjour, quand, au prix d'une heure perdue, on peut errer dans les sentiers silencieux de ce parc qui envahit une partie de la ville, et où, comme à Londres, on trouve tout à coup la rêverie et le charme, en s'isolant pour un instant du mouvement de la cité? Une rivière aux eaux vertes s'échappe du milieu des gazons et des ombrages; l'eau bruit plus loin en un diminutif de *Niagara*. A l'ombre d'un pont qui rejoint la ville au faubourg, on observe les jeux de la lumière sur les masses de verdure, en contraste avec les reflets lumineux qui courent sur les eaux.

Tout est repos, harmonie, clarté; — il y a là un banc où Goëthe aimait à s'asseoir, en regardant à sa droite les jolies servantes de la ville, qui venaient puiser de l'eau à une fontaine située devant une grotte... Il pensait là, sans doute, aux nymphes antiques, sans oublier tout à fait la phrase qu'il avait écrite dans sa jeunesse : « La main qui tient le balai pendant la semaine est celle qui, le dimanche, pressera la tienne le plus fidèlement!... » Mais Goëthe, premier ministre alors, ne devait plus que sourire de ce souvenir de Francfort.

J'étais impatient de comparer la petite chambre d'étudiant que j'avais vue deux jours auparavant, au lieu de sa naissance, avec le palais où il termina sa longue et si noble carrière. On me permit d'y pénétrer, mais sans rendre la faveur complète, car son cabinet et sa chambre à coucher sont fermés à tout visiteur. Les descendants de Goëthe, c'est-à-dire ses petits-fils, — dont l'un cependant est poëte et l'autre musicien, — n'ont pas hérité de sa générosité européenne. Ils ont refusé les offres de tous les États d'Allemagne, réunis pour acquérir la maison de Goëthe, afin d'en faire un musée national. Ils espèrent encore que l'Angleterre leur offrira davantage des collections et des souvenirs laissés par leur aïeul.

Toutefois, voyons du moins ce qu'il est permis d'admirer. Sur une place irrégulière dont le centre est occupé par une fontaine, s'ouvre une vaste maison dont l'extérieur n'a rien de remarquable, mais qui, depuis le vestibule, porte à l'intérieur les traces de ce goût d'ordonnance et de splendeur qui brille dans les œuvres du poëte.

L'escalier, orné de statues et de bas-reliefs antiques, est grandiose comme celui d'une maison princière; les marbres, les fresques et les moulures éclatent partout fraîchement restaurés, et forment une entrée imposante au salon et à la galerie qui contiennent les collections.

En y pénétrant on est frappé de la quantité de statues et de bustes qui encombrent les appartements. Il faut attribuer cette recherche aux préoccupations classiques qui dominaient l'esprit de Goëthe dans ses dernières années. L'œil s'arrête principalement sur une tête colossale de Junon, qui, parmi ces dieux lares, se dessine impérialement comme la divinité protectrice.

Au moment où j'examinais ces richesses artistiques, une jeune princesse, amenée par la même curiosité pieuse, était venue visiter la demeure du grand écrivain ; — sa robe blanche, son manteau d'hermine, frôlaient çà et là les bas-reliefs et les marbres. Je m'applaudissais du hasard qui amenait là cette apparition auguste et gracieuse, comme une addition inattendue aux souvenirs d'un pareil lieu. Distrait un instant de l'examen des chefs-d'œuvre, je voyais avec intérêt cette fille du passé errer capricieusement parmi les images du passé ! Sous cette peau si fine et si blanche, me disais-je, dans ces veines délicates coule le sang des Césars d'Allemagne ; ces yeux noirs sont vifs et impérieux comme ceux de l'aigle ; seulement la rêverie mêlée à l'admiration les empreint parfois d'une douceur céleste. Cette figure convenait bien à cet intérieur vide, — comme l'image divine de Psyché représentant la vie sur la pierre d'un tombeau.

La première salle est entourée de hautes armoires à vitrages où sont renfermés des antiques, des bas-reliefs, des vases étrusques et une collection des médaillons de David, parmi lesquels on reconnaît avec plaisir les profils de Cuvier, de Châteaubriand, puis ceux de Victor Hugo, de Dumas, de Béranger, de Sainte-Beuve, sur qui les yeux du vieillard ont pu encore se reposer. Dans la galerie qui vient ensuite, les intervalles des fenêtres sont occupés par une riche collection de gravures anciennes, reliées dans d'immenses in-folios.

Entre les massives bibliothèques qui les contiennent, sont placées des montres vitrées consacrées à une collection de médailles de tous les peuples. La galerie est peinte à fresques, dans le style de Pompeï, et les dessus de portes cintrés ont été peints sur toile par un artiste nommé Muller, dont Goëthe aimait le talent. Ce sont des sujets antiques, sobrement traités, avec une grande science du dessin, froids et corrects, — en un mot de la sculpture peinte. On voit encore dans cette salle quelques figures de Canova et un buste de Goëthe lui-même, qui est loin de valoir celui de David, mais qui, dit-on, est plus ressemblant.

On nous a permis encore de voir le jardin, assez grand, mais planté pour l'utilité plus que pour l'agrément, — ce qu'on appelle chez nous un jardin de curé. Un pavillon en charpente, qui s'avance devant la maison avec l'aspect d'un chalet suisse, et des charmilles de vigne vierge, donnent pourtant un certain caractère à tout l'ensemble.

Le pays de Saxe-Weimar est un duché littéraire.

On y distribue aux poëtes et aux artistes des marquisats, des comtés et des baronnies... Les noms des hommes illustres qui l'ont habité y marquent des places et des stations nombreuses qui deviennent des lieux sacrés. Si jamais le flot des révolutions modernes doit emporter les vieilles monarchies, il respectera sans doute ce coin de terre heureux où le pouvoir souverain s'est abrité depuis longtemps sous la protection du génie. Charles-Auguste, qui avait fait de Goëthe son premier ministre, a voulu qu'on l'ensevelît lui-même dans une tombe placée entre celles de Goëthe et de Schiller. — Il prévoyait des temps d'orage, et, renonçant au monument blasonné des empereurs ses aïeux, il s'est trouvé mieux couché entre ces deux amis, dont la gloire s'ajoute à la sienne et le défend à jamais contre l'oubli.

VII. Schiller, Wieland, le Palais.

Les spectateurs étrangers des fêtes passaient comme moi une partie de leur temps à visiter les anciennes demeures des grands hommes qui ont séjourné à Weimar, telles que celles de Lucas Cranach, qui a orné la cathédrale d'un beau tableau; de Wieland, de Herder et de Schiller. J'ai visité encore Schiller, c'est-à-dire la modeste chambre qu'il occupait dans une maison dont le propriétaire a inscrit au-dessus de la porte ces simples mots : « Ici Schiller a habité. »

Je m'étonnais de trouver les meubles plus brillants et plus frais que ceux de la petite chambre de Goëthe, que j'avais vus à Francfort ; mais on m'apprit que les fauteuils et les chaises étaient de temps en temps recouverts de tapisseries que les dames de Weimar brodaient à cet effet. Ce qui est conservé dans toute sa simplicité, c'est un piano ou épinette dont la forme mesquine fait sourire, quand on songe aux pianos à queue d'aujourd'hui. Le son de chaudron que rendaient les cordes n'était pas au-dessus de cette humble apparence.

Listz, qui m'accompagnait dans cette pieuse visite rendue au grand dramaturge de l'Allemagne, voulut venger de toute raillerie l'instrument autrefois cher au poëte.

Il promena ses doigts sur les touches jaunies, et, s'attaquant aux plus sonores, il sut en tirer des accords doux et vibrants qui me firent écouter avec émotion les *Plaintes de la jeune fille*, ces vers délicieux que Schubert dessina sur une si déchirante mélodie, et que Listz a su arranger pour le piano avec le rare coloris qui lui est propre. — Et, tandis que je l'écoutais, je pensais que les mânes de Schiller devaient se réjouir en entendant les paroles échappées à son cœur et à son génie, trouver un si bel écho dans deux autres génies qui leur prêtent un double rayonnement.

Mais on se fatigue même de l'admiration et de cette tension violente que de tels souvenirs donnent à l'esprit. Nous fûmes heureux de voir le dernier jour des fêtes occupé par une de ces bonnes et joyeuses réunions populaires qui se rattachent si heureusement aux souvenirs poétiques de l'ancienne Thuringe.

C'était un dimanche ; les paysans venaient de toutes parts en habits de fête, et peuplaient d'une foule inaccoutumée les rues de Weimar, venant à leur tour admirer la statue de Herder. La société des chasseurs donnait une grande fête dans un local qui lui appartient, et que précède une place verte située aux portes de la ville.

Il y avait là tout l'aspect d'une kermesse flamande ; un grand nombre de guinguettes couvertes en treillage entouraient le champ ; des alcides, des écuyers, des théâtres de marionnettes, et jusqu'à un éléphant savant, se partageaient l'admiration de la foule, dont la majeure partie se livrait à une forte consommation de bière, de saucisses et de pâtisseries. Rien n'est charmant comme ces jeunes filles allemandes en jupe courte, avec leurs cheveux partagés sur le front en *ailes de corbeau*, leurs longues tresses et leurs solides bras nus.

Dans les cabarets comme à l'église, les deux sexes sont séparés. La danse seule les réunit parfois. Le bal des chasseurs nous montrait des couples d'une société plus élevée; mais dans la vaste salle à colonnes où se donnait le bal, on ne voyait également que des coiffures en cheveux et que des jeunes filles. Pendant la danse, les femmes mariées et les mères soupaient dans d'autres salons, avec cet appétit infatigable qui n'appartient qu'aux dames allemandes.

Il ne me restait plus à voir que le palais grand-ducal, dont l'architecture imposante a été complétée par une aile qu'a fait bâtir à ses frais la grande-duchesse Amélie, sœur de l'empereur de Russie. Cette noble compagne de Charles-Auguste, l'ami de Goëthe et de Schiller, fut aussi la protectrice constante des grands hommes qui ont habité Weimar, et tout respire, dans la partie du palais qui lui appartient, le culte qu'elle a voué à leur mémoire. Là, point de batailles, point de cérémonies royales peintes ou sculptées; on y chercherait même en vain les images des empereurs qui ont donné naissance à la famille royale de Saxe-Weimar. Les quatre salles principales sont consacrées, l'une à Wieland, la seconde à Herder, les deux dernières à Goëthe et à Schiller. Celle de Wieland est la plus remarquable par l'exécution des peintures. Sur un fond de rouge antique se détachent des médaillons peints à fresque, qui représentent les principales scènes d'*Obe-ron*, le chef-d'œuvre du Voltaire allemand. Ils sont de M. Heller, qui a su grouper dans de remarquables paysages les figures romanesques du poëte.

Les arabesques qui entourent les cadres, représentant des rocailles, des animaux et des groupes de génies ailés qui s'élancent du sein des fleurs, sont bien agencées et d'un coloris harmonieux; elles ont été peintes par M. Simon. La salle de Herder a été exécutée par Jœger. On y voit retracée une légende où la Vierge apparait en songe au peintre endormi devant son chevalet. Au centre du parquet, une mosaïque représente dans un écusson une lyre ailée, — armes parlantes données à Herder par Charles-Auguste. Sur la cheminée est un buste de l'écrivain. Entre les deux portes, un buste de Lucas Cranach, l'ami de Luther et du duc de Weimar, Jean-Frédéric, qui partagea la captivité du réformateur pendant les cinq ans où il fut prisonnier de Charles-Quint.

La salle de Goëthe est illustrée des principales scènes de ses ouvrages. Une scène mythologique du second *Faust* couvre une grande partie des murs. Les sujets sont composés avec grâce, mais l'exécution des peintures n'a pas le même mérite. Il y a de jolis détails dans les médaillons de la salle de Schiller, surtout les scènes de *Jeanne d'Arc* et de *Marie Stuart*.

La chapelle du palais, dont les parois et la colonnade sont de marbres précieux, est d'un bel effet qu'augmentent de riches tapis suspendus à la rampe des galeries. Il y a aussi une chapelle grecque pour la grande-duchesse, avec les décorations spéciales de cette religion. On admire encore, dans les appartements des princes, de fort beaux paysages de M. Heller, dont la teinte brumeuse et mélancolique rappelle les Ruysdaël. Ce sont des paysages de la Norwége, éclairés d'un jour gris et doux, des scènes d'hiver et de naufrages, des contours de rochers majestueux, de beaux mouvements de vagues, une nature qui fait frémir et qui fait rêver.

Je n'ai pas voulu quitter Weimar sans visiter la cathédrale, où se trouve un fort beau tableau de Lucas Cranach, représentant le Christ en croix, pleuré par les saintes femmes. En vertu d'une sorte de synchronisme mystique et protestant, le peintre a placé au pied de la croix Luther et Mélanchton discutant un verset de la Bible.

A la Bibliothèque, j'ai pu voir encore trois bustes de Goëthe, parmi lesquels se trouve celui de David, puis un buste de Schiller, par Danneker, et des autographes curieux, — notamment un vieux diplôme français, signé *Danton et Roland,* adressé « au célèbre poëte *Gilles,* ami de l'humanité. » La prononciation allemande du nom de Schiller a donné lieu, sans doute, à cette erreur bizarre, qui n'infirme en rien, du reste, le mérite d'avoir écrit ce brevet républicain.

SCÈNES
DE LA VIE ALLEMANDE.

LÉO BURCKART.

Les scènes que l'on va lire prennent pour centre les pays mêmes décrits dans les deux voyages qui précèdent. Les souvenirs de Carl Sand et de Kotzebue, recueillis tout nouveaux encore dans le voyage que je fis avec Alexandre Dumas à Francfort, m'avaient donné l'idée d'une composition dramatique, traitée librement à la manière de Schiller. La société que nous avions vue et étudiée, autant qu'on peut le faire en quelques semaines de séjour, mais avec les bienveillants renseignements qui s'offraient à nous de toutes parts, fournissait mille détails de mœurs propres à compléter l'œuvre, et à lui donner un intérêt plus général.

C'est à Heidelberg, au milieu des étudiants, que j'essayai de peindre le mouvement parfois grand et généreux, parfois imprudent et tumultueux de cette jeunesse toute frémissante encore du vieux levain de 1813. — Vingt-cinq années nous séparaient de cette époque, et cependant mon compagnon ni moi ne pouvions oublier que l'effort suprême des associations d'étudiants s'était dirigé contre la France. Les sentiments avaient changé depuis et nous étaient devenus sympathiques. C'est pourquoi l'impartialité m'était commandée dans l'étude de mœurs que j'entreprenais.

Il est donc inutile de chercher un éloge ou un blâme des associations de la Jeune Allemagne dans le simple tableau historique que j'ai voulu présenter.

Lorsque la pièce fut jouée à Paris, s'échappant avec peine des griffes du ministère, et mutilée dans certaines parties, la critique, très bienveillante d'ailleurs, lui reprocha de n'offrir à l'esprit qu'une conclusion empreinte de scepticisme. — Le même reproche pourrait être adressé aux drames historiques de Shakespeare, à *Wallenstein* ou à *Goëtz de Berlichingen*. — En Espagne, la traduction eut, vers cette époque, un succès immense sur les théâtres, parce qu'on voulait retrouver dans le type de Léo Burckart le caractère d'Espartero, alors disgracié.

Certains écrivains se sont isolés assez des passions humaines pour que l'on ait pu voir défiler dans leurs œuvres les figures changeantes que l'imagination d'Hamlet dessinait dans les nuages. Il ne m'appartient pas de monter si haut. Et d'abord ce n'est ni Kotzebue, ni Sand, que j'ai voulu peindre, ni aucun personnage défini. Seulement j'ai toujours haï l'assassinat politique, qui n'amène jamais que le contraire du résultat qu'on en attend.

Le fanatisme qui a guidé la main de Carl Sand ou celle de Charlotte Corday, glorieux peut-être au point de vue individuel, est d'une influence funeste quand il est prêché par des associations. Tenant compte de la facilité des erreurs humaines, j'ai supposé un honnête homme, ami de la justice et du progrès, qui essaie, d'un côté, de modérer les esprits trop impatients, et qui, de l'autre, refuse de s'associer à une réaction aveugle. — La politique n'étant pas un motif suffisant d'émotion quand on ne l'emploie pas à servir les passions d'un parti, j'ai cherché principalement à porter l'intérêt sur la situation respective du mari, de la femme et de l'amant. Là est la moralité, qui se trouvait encore assez neuve à l'époque où la pièce a été représentée.

Voici le trait qui m'a fourni le dénoûment et qui me permet d'échapper au reproche d'avoir travesti l'affaire de Sand. L'événement qu'on va lire eut lieu deux mois plus tard.

Francfort. « Le 1ᵉʳ juillet un jeune homme d'environ vingt-huit ans, nommé Lœning, se présenta à Schwalbach chez M. Ibell, président de la régence et qui jouit de la confiance du duc. Après avoir conversé quelque temps avec lui, Lœning tira un poignard et chercha à en percer la poitrine du président. Celui-ci esquiva le coup, qui se perdit dans son habit, et s'élança sur le meurtrier en appelant du secours. La première personne qui entra dans la chambre fut madame Ibell, qui trouva son mari luttant avec son assassin. Celui-ci, tirant alors un pistolet de sa poche, essaya de le faire partir sur madame Ibell, ou sur son mari, ou peut-être sur lui-même : quoi qu'il en soit de cette dernière version (que son suicide postérieur rend plus vraisemblable), l'amorce prit, mais le coup ne partit pas. Plusieurs personnes arrivèrent, et l'on parvint à se rendre maître de ce furieux. »

Je dois reconnaître ici tout ce que j'ai dû aux conseils de mon compagnon de voyage pour la composition de Léo Burckart. — Les choses ont tellement changé depuis l'époque où ces scènes ont été écrites, que je viens peut-être de me préoccuper beaucoup trop d'en justifier l'invention.

PERSONNAGES QUI PARAISSENT DANS CES SCÈNES :

Le docteur LÉO BURCKART. — Le chevalier PAULUS. — Le prince FRÉDÉRIC-AUGUSTE. — FRANTZ LEWALD. — DIÉGO. — ROLLER. — FLAMING. — HERMANN. — LE ROI DES ÉTUDIANTS. — Le comte DE WALDECK. — Le professeur MULLER. — L'HÔTE DU SOLEIL D'OR. — LE PRÉSIDENT. — LE CHAMBELLAN. — KARL.

MARGUERITE. — DIANA, sœur de Waldeck.

LÉO BURCKART.

PREMIÈRE JOURNÉE.

Un salon dont les fenêtres donnent sur les bords du Mein à Francfort.

I. — DIANA, FRANTZ LEWALD, UN DOMESTIQUE.

DIANA. M. le professeur Muller est-il ici? pouvons-nous le voir?

LE DOMESTIQUE. Madame, il est sorti depuis longtemps; et M. le docteur Léo Burckart l'a accompagné dans sa promenade.

FRANTZ. Nous reviendrons.

DIANA. Mais madame est chez elle, n'est-ce pas?

LE DOMESTIQUE. Madame s'habille pour aller au spectacle; ces messieurs doivent venir la reprendre, et elle ne recevra personne avant leur retour.

DIANA. Elle y est pour nous, soyez-en sûr; nous

sommes des voyageurs, et nous en avons les priviléges : avertissez-la, dites-lui que seule je serais entrée chez elle, mais que je lui amène un ancien ami.

FRANTZ. Un ancien ami, dites-vous? Hélas! c'est affaiblir le mot d'ami que de le rattacher au passé! Cet homme ne nous connaît pas : les vieux serviteurs sont morts ou renvoyés. La maison n'est plus la même, voyez-vous! et si je ne retrouvais là sous les croisées cette délicieuse vue des bords du Mein qui nous a fait rêver tant de fois ; les montagnes, les eaux, la verdure, les choses de Dieu que l'homme ne peut changer ; eh bien! je ne saurais à quoi rattacher ici mes souvenirs... Le salon a pris un air tout moderne, les vieux meubles ont disparu, avec le souvenir des vieux parents peut-être, et des anciens amis, sans doute.

DIANA. Homme injuste! Croyez-moi, les femmes n'oublient que ce qu'elles ont besoin d'oublier! Depuis une semaine que je suis à Francfort, j'ai vu Marguerite tous les jours, je l'ai retrouvée ce qu'elle était, ma meilleure amie ; et quant à vous, qui avez les mêmes titres que moi à son affection, des souvenirs communs, des relations de famille plus rapprochées encore... je pense que vous ne lui avez donné nulle raison de réserve ou de froideur?...

FRANTZ. Oh! jamais.

DIANA. Je viens de passer quatre ans en Angleterre, et depuis trois ans vous avez parcouru l'Italie ; mais vous êtes resté à Francfort une année entière après mon départ... Vous vous êtes quittés sans regrets, sans larmes?...

FRANTZ. Sans larmes, mais non sans regrets! J'avais le cœur serré, madame, je vous jure; et son père pleurait en embrassant un élève chéri, qu'il n'espérait plus revoir! Mais elle, pourquoi eût-elle versé des larmes? nous étions presque enfants tous les deux... et notre attachement n'était que de l'habitude.

DIANA. Mais Marguerite est bien changée, je vous en préviens ; à son âge, ces transformations-là se font vite ; ce n'est plus la même femme, en vérité : et moi-même, à la soirée d'un sénateur où nous nous sommes retrouvées d'abord, je ne l'ai reconnue que la dernière ; et je me demandais, un moment avant, quelle était donc cette belle personne qui venait à moi. D'ailleurs, si votre cœur est paisible, je réponds aujourd'hui du sien. Celui qu'elle a épousé est un homme fort distingué; noble de cœur, sinon de naissance, jeune encore, et qu'elle paraît aimer beaucoup. Quant à la position qu'il occupe dans le monde...

II. — LES MÊMES, MARGUERITE.

LE DOMESTIQUE. Voici les deux personnes qui attendent madame.

7

MARGUERITE. Diana! que tu es bonne d'être venue!... Monsieur...

DIANA. Quand je disais que vous auriez peine à vous reconnaître.

MARGUERITE. Frantz Lewald!

FRANTZ. Mademoiselle... madame...

DIANA. Ne vois-tu pas que monsieur porte les cheveux longs, la barbe, tout le costume romanesque des frères de la Jeune Allemagne?

MARGUERITE. En effet, cela vous change beaucoup, monsieur Lewald. Mon Dieu, que mon père sera heureux de vous revoir, et combien mon mari nous remerciera de vous présenter à lui!... Oh! il vous connaît par vos lettres déjà! Il vous a jugé, monsieur.

FRANTZ. Vraiment?

MARGUERITE. Et je ne vous cacherai pas que c'est un juge sévère; mais sa sympathie vous est acquise d'avance. Léo est un homme grave, un esprit sérieux, qui aime l'enthousiasme dans les jeunes âmes, comme nous aimons, nous, la folle gaieté des enfants.

FRANTZ. Allons, vous allez me le faire trop vieux, et me supposer trop jeune.

MARGUERITE. Je ne dis pas cela. Il a peu d'années de plus que vous; mais c'est un philosophe, un politique profond : bien des gens ici l'admirent; moi, je l'aime, voilà tout... Mais je ne vous parle que de moi, que de lui : pardon ; c'est aux voyageurs qu'il faut demander compte de leur vie, de leurs espérances, et surtout de leur oubli !

DIANA. Et pourtant nous voici près de toi. Mais n'est-ce que le temps et l'éloignement qui séparent les cœurs? nous sommes libres encore, et tu ne l'es plus : je ne puis me faire à cette pensée !

FRANTZ. Ah ! vous serez toujours son amie la plus chère ; mais, quant à moi, je dois me contenter de la savoir heureuse. Je ne fais que passer à Francfort, d'ailleurs ; je n'ai voulu que revoir des personnes et des lieux chers à mon souvenir. Mais ce réveil des choses passées n'est pas sans tristesse et sans danger. Hier soir, je ne sais quel vague sentiment de malheur m'attendrissait l'âme. Je parcourais dans une agitation fiévreuse ces nouveaux jardins qui entourent la ville ; je suivais les bords du fleuve que la brume commençait à couvrir ; je retrouvais nos promenades chéries, les sombres allées, les statues, et cette salle aux blanches colonnes où nous allions danser si souvent ; des rires joyeux, de ravissantes harmonies venaient à moi comme autrefois, et semblaient s'exhaler au loin des sombres masses de verdure… Un instant même je distinguai la mélodie d'une certaine valse de Weber… qui me rappela tout à coup tant de douces impressions de jeunesse, que je me mis à pleurer comme un enfant.

MARGUERITE. Je suis sûre que notre ami Frantz

Lewald aura laissé ici, quand il fut forcé de partir, quelque passion bien romanesque, bien poétique... et c'est d'une trahison qu'il souffre, c'est une infidèle qu'il pleure.

FRANTZ. Non, madame! personne ne m'a jamais rien promis! Suis-je capable d'aimer seulement? je n'en sais rien : si j'aimais, je crois que ma passion serait grande comme le monde et vague comme l'infini! N'est-ce pas dire assez que ce n'est point à des créatures mortelles que s'adresserait mon désir; mais à de saintes idées, à des abstractions mystiques de religion, de gloire, de patrie, qui ont été les premiers germes de mon éducation, et vers lesquelles s'est tourné le premier éveil de mon cœur?

DIANA. Il finira sous la robe d'un moine ou sous la toge d'un Romain!

FRANTZ. Hélas! tout cela est bien ridicule à dire, j'en conviens; je n'aurais pas dû parler ainsi devant des femmes : mais pardonnez-moi, vous si bonnes et si indulgentes toujours! en vous retrouvant, je n'ai pu résister à cette longue effusion de pensées longtemps contenues; et je vous le dis, j'ai honte de vous ouvrir ainsi mon cœur froid à l'amour et tout de flamme aux rêveries. Que voulez-vous? c'est à demi la faute de l'éducation, à demi la faute du temps. Ce siècle, qui ne compte pas encore vingt années, s'est levé au milieu de l'orage et de l'incendie. La guerre rugissait autour de nos berceaux, et nos pères absents revenaient par instants nous presser sur leur sein, tantôt vainqueurs, tantôt vaincus et consternés ! La passion politique, qui d'ordinaire est une passion de l'âge mûr, nous a pris, nous, même avant l'âge de raison ; et nous lui avons sacrifié tout : les douces joies de l'enfance, les folles ardeurs du premier sang ; nous l'avons retrouvée plus tard encore dans l'étude et dans la famille ; et le jour où nos bras furent assez forts pour lever un fusil, la patrie nous jeta tout frémissants sous les pieds des chevaux, au milieu du choc des armures. Oh ! maintenant qu'un calme plat a succédé à tant d'orageuses tourmentes, étonnez-vous que nous ayons peine à nous remettre de ces efforts prématurés, et que nous n'ayons plus à offrir aux femmes qu'une âme flétrie avant l'âge, et des passions énervées déjà par le doute et par le malheur.

MARGUERITE. Pauvre Lewald ! ce sont les peines les plus vraies celles-là que l'imagination agrandit, mais aussi les plus faciles à combattre, car le remède est tout près du mal. Mon mari fut longtemps ce que vous êtes. Il m'a confié ses chagrins d'une époque qui n'est pas encore éloignée ; et quand il s'animait à me faire ses confidences, il me causait l'impression que vous venez d'éveiller en moi tout à l'heure. Vous le verrez, Frantz, vous serez un jour son ami peut-être, et il vous dira comment il a fait pour devenir un homme sage, et j'ose dire, un homme heureux.

FRANTZ. Mais il ne pourra me donner que des conseils, et l'ange secourable qui l'a guéri ne peut avoir pour moi les mêmes consolations.

MARGUERITE. Tenez, le jour tombe tout à fait ; mon père et mon mari vont rentrer dans un instant... ils marchent toujours gravement, en discutant quelque point de politique ou d'histoire ; nous les apercevrons de loin, et il faudra bien qu'ils pressent le pas en me voyant leur faire signe. Ah ! quelle heureuse soirée nous allons passer !... une de nos bonnes réunions de famille d'autrefois !

FRANTZ. Madame...

MARGUERITE. Point d'importuns ; toute la ville est à la représentation du nouvel opéra... Moi, j'avais une loge ; tenez, voilà le coupon déchiré.

FRANTZ. Oh ! mille pardons, madame : si j'étais pour quelque chose dans ce sacrifice, je vais le reconnaître bien mal. Je suis forcé de me rendre à une assemblée... où j'ai été convoqué par une lettre pressante.

MARGUERITE. Eh bien ! faites de votre lettre ce que je viens de faire de mon billet.

FRANTZ. Je suis honteux en vérité ; je n'aurais pas dû vous rendre visite, ayant si peu de liberté ce soir.

MARGUERITE. Mais cela est impossible ainsi ; et je

ne saurais que dire à mon mari. Un jeune homme est venu me voir moi seule, et n'a pas attendu que je pusse le lui présenter.

DIANA. Vous nous compromettez toutes deux à la fois, et moi d'abord qui vous ai amené.

FRANTZ. Diana! dites seulement mon nom à mon vieux professeur; et vous, madame, soyez assez bonne pour m'excuser auprès de M. Burckart, auquel j'aurai l'honneur de rendre visite demain. Et faut-il tout vous dire?... c'est à une réunion politique que je suis convoqué. Si j'y manque, je suis coupable, et je puis être soupçonné de trahison.

MARGUERITE. Grand Dieu! vous, Frantz, vous vous mêlez à ces sombres entreprises?

FRANTZ. Nos projets n'ont rien d'obscur; et les princes n'oseraient dissoudre ces associations puissantes, qu'ils ont eux-mêmes convoquées jadis. Tous les jours à cette heure, dans cette ville comme par toute l'Allemagne, nos frères, étudiants, vieux soldats ou proscrits, soit dans leurs lieux de réunion des villes, soit le long des chemins, ou bien sur les collines, où ils montent pour voir coucher le soleil, s'abordent, se serrent les mains, et demandent où est la lumière. Alors, l'un d'eux fait un signe, et les frères s'agenouillent, le front tourné vers l'Orient qui s'assombrit! Puis, quand, selon la formule de notre langue mystique, l'heure des confidences a sonné, alors on discute les intérêts de la patrie, on se rend compte des espérances de l'avenir, et chacun apporte sa flamme au foyer qui doit tout régénérer un jour!

DIANA. Mais cela doit être fort intéressant et fort solennel : et l'on m'a tant parlé de ces assemblées de la Jeune Allemagne, que me voilà fort heureuse de connaître un des affidés, ou des voyants... c'est là le terme, je crois...

FRANTZ. Ne riez pas, Diana! et dites plutôt aux nobles personnages dont vous êtes la parente ou l'amie, qu'il est temps pour eux de se rallier à nous; car les indifférents seront nos ennemis quand le grand jour sera venu. Adieu, mesdames, adieu... Pardonnez-moi si je vous ai apparu tout autre que je n'étais jadis... Oh! Dieu sait si nous retrouverons encore une heure pareille de confiance et d'abandon!

III. — DIANA, MARGUERITE.

MARGUERITE. Diana! je tremble; tout ce qu'il nous a dit m'étonne et me consterne à la fois. Mon Dieu! quel est donc ce souffle de révolte et de colère qui ébranle tous les esprits comme un vent d'orange?... Tiens; pendant qu'il nous parlait, sa pensée s'unissait dans mon esprit à celle de mon mari, de Léo. Il a de même de certains moments d'exaltation qui m'effrayent, des idées non moins étranges! Hélas!

qu'allons-nous devenir, nous autres pauvres femmes, qui ne comprenons rien à tout cela, au milieu de ces hommes préoccupés si tristement, à un âge où leurs pères ne pensaient qu'à l'amour et au bonheur?

DIANA. Rassure-toi, ma bonne Marguerite; Frantz est un enthousiaste, tu le sais bien. Ces sociétés dont il parle sont d'autant moins dangereuses, que presque tous les Allemands en font partie; car on ne sort pas d'une université sans avoir fait quelque beau serment à la manière antique sur un innocent poignard... qui ne se plongera jamais dans le cœur d'aucun tyran, attendu que les tyrans eux-mêmes se sont prudemment mis à la tête des conspirateurs. Quand tu viendras à connaître l'intérieur d'une société secrète, tu verras que c'est un spectacle fort public, auquel on assiste aussi aisément qu'à l'Opéra; mais je te préviens que c'est moins amusant.

MARGUERITE. Diana, ta gaieté me fait mal; vraiment, je souffre, je crains, je ne suis pas heureuse. Mon mari ne se mêle point à toutes ces manifestations, plus fréquentes qu'ailleurs dans notre ville de Francfort; mais il écrit, Diana; il voit je ne sais quelles gens, qui parlent vivement des affaires publiques, des proscrits la plupart, qu'il a connus autrefois dans son pays. Certains travaux qu'il envoie à la *Gazette germanique* font beaucoup de bruit, dit-on; bien plus... il y a un livre dont il est l'au-

7.

tour : tiens, je vais te le montrer... qui a fait une immense sensation en Allemagne. Les princes l'ont défendu dans plusieurs royaumes de la confédération. Il est certains pays, je ne puis penser à cela sans frémir... où mon mari serait arrêté et mis dans une forteresse pour toujours !

DIANA. Marguerite ! mais que dis-tu là ?... ce livre, qui a paru sous le nom de Cornélius, ce livre, j'en ai entendu parler cent fois ; c'est l'œuvre d'un grand écrivain, sais-tu ?... Il contient un projet d'alliance entre tous les petits États de l'Allemagne, qui changera, dit-on, tout l'équilibre de la politique actuelle, et ces articles dont tu parles, de la *Gazette germanique*, sont de brillants commentaires de la pensée contenue ici.

MARGUERITE. Comment sais-tu ces choses-là, Diana ?

DIANA. En Angleterre, où j'étais avec mon frère Henri de Valdeck, qui, tu le sais, est de la suite du prince, on s'occupait de politique bien plus qu'ici même. Il fallait bien m'en mêler un peu, pour avoir quelque chose à dire. Une femme aime mieux encore parler politique que se taire... Mais sais-tu que tu es heureuse d'être la femme d'un homme qui sera un jour, qui sait ?... député... conseiller...

MARGUERITE. Ou proscrit.

DIANA. Chambellan, peut-être... mais il n'est pas noble, je crois ?

MARGUERITE. Non, vois-tu, je n'aime pas tout cela : je suis une femme simple, élevée dans des idées bourgeoises, j'ai toujours rêvé un mari de ma fortune et de ma sphère; un bon et loyal Allemand, qui m'aime, qui me rende heureuse ; je crois avoir rencontré ces qualités dans le mien, et tu m'affligerais en me disant que je suis, sans m'en douter, la compagne d'un homme supérieur, d'un génie inconnu...

IV. — Les mêmes, LÉO BURCKART, le professeur MULLER.

LE PROFESSEUR. Venez, ces dames parlaient de vous, mon ami...

DIANA. Nous disions que les hommes politiques, les rêveurs, les philosophes, sont d'une compagnie fort rare et fort insupportable souvent. Vous avez voulu surprendre le secret de notre conversation, le voilà.

LE PROFESSEUR. Ah! je ne m'étonne pas de nous voir si mal jugés en rencontrant ici une conseillère perfide... Bonjour, mon enfant.

LÉO. Madame a raison ; moi je me corrige tant que je puis. Avons-nous dépassé l'heure du spectacle, voyons? D'abord je vous y accompagne; ensuite je m'engage à ne parler que de musique, de modes et de romans nouveaux toute la soirée.

MARGUERITE. Eh bien! nous vous tenons compte de la bonne intention; mais nous ne voulons pas aller au spectacle ce soir.

LÉO. Fort bien.

MARGUERITE. Nous prendrons le thé ici, en famille, et, s'il nous vient quelques amis, nous élargirons le cercle. (Elle sonne.) Karl, servez-nous le thé!... ranimez ce feu, et renvoyez la voiture; nous restons.

LÉO. J'ai peur que vous ne nous fassiez un sacrifice, et je vous jure que je me serais fort amusé à cet opéra.

MARGUERITE. Vous ne dites pas ce que vous pensez : d'abord vous ne comprenez rien à la musique italienne, et vous trouvez que les chanteurs jouent mal!... Je vous prie de laisser là votre journal, et de causer un peu avec nous; donnez-le à mon père, si vous voulez, c'est de son âge. Vous êtes rentrés si tard, messieurs, que nous n'avons pu vous présenter un des anciens élèves de mon père, revenu depuis deux jours d'Italie, et dont nous vous avons parlé souvent, Léo!

LE PROFESSEUR. Frantz Lewald! et vous ne l'avez pas retenu, ce pauvre enfant? Voyez ce que le temps peut sur les amitiés : depuis deux jours il était à Francfort, sans que nous en eussions la nouvelle! (On sert le thé, tous s'asseyent.)

MARGUERITE. Ne parlez pas ainsi devant Diana, mon père; il a fallu que je la rencontrasse à un bal pour qu'elle songeât enfin à venir visiter ses amis d'autrefois.

DIANA. Voilà ce qui est fort injuste. Je suis revenue d'Angleterre, comme vous le savez, avec le prince Frédéric-Auguste, dont mon frère est l'aide de camp. Le prince a voulu garder l'incognito les trois premiers jours de son arrivée, et vous comprenez que, si je fusse venue, moi, pendant ce temps, rendre visite à la femme d'un écrivain, d'un journaliste... c'eût été fort peu diplomatique; qu'en dites-vous, monsieur Burckart?

LÉO. Que vous m'honorez trop avec le titre d'écrivain : je suis un pauvre bourgeois ignoré, m'occupant beaucoup de jardinage, un peu de chasse, et si j'ai noirci quelquefois du papier en débarrassant mon cerveau de certaines idées qui le fatiguaient, je suis loin de me croire un homme politique, un philosophe, un écrivain!

DIANA. Orgueilleuse modestie! On parle beaucoup de vous, monsieur! Pour un article de vous, tout un pays est en rumeur ; pour un livre de vous, toute l'Allemagne s'agite!

LE PROFESSEUR. Et quand l'homme voudra se montrer... quand à l'écrit succéderont la parole et l'action...

MARGUERITE. Mon père, que dites-vous là?...

LÉO. Marguerite a raison; ces espérances ne vous conviennent pas, mon père, ni à moi cette vanité

Plus jeune, plus ardent et plus libre de cœur, j'ai pu songer à ces folies... Maintenant de tout le feu qui m'animait, il n'est rien resté que des cendres, qu'on s'aveuglerait à souffler? Je me suis fait à mon obscurité : peu à peu tous mes rêves d'avenir se sont évanouis dans mon bonheur présent... L'homme se trompe souvent à sa destinée, il prend son désir pour une vocation, il se croit appelé à réformer le monde, il veut faire d'une plume le levier d'Archimède... tandis que Dieu l'a créé pour être fils respectueux, bon mari, honnête homme, et voilà tout ; si, comme je le crois aujourd'hui, c'est là le partage que Dieu m'a destiné, j'accomplirai cette vie obscure, en le remerciant de l'avoir faite si douce et si aimée.

LE DOMESTIQUE. Monsieur veut-il recevoir le chevalier Paulus?

LÉO. N'as-tu pas dit, Marguerite, que nous ne voulions recevoir ce soir que les amis?

MARGUERITE. Sans doute... Cette personne m'est inconnue, à moi.

LÉO. Priez-le de revenir demain matin... Ainsi le prince, qui était en quelque sorte exilé à Londres par son frère, rentre officiellement en Allemagne?

DIANA. Du moins, il réside à Francfort pour quelques jours... Il attend des lettres, je crois. Peut-être ne vient-il que pour respirer de loin l'air bienfaisant de la patrie. Car son frère, qui règne, n'est pas près de s'entendre avec lui sur les affaires politiques, vous le savez.

LE DOMESTIQUE. M. le chevalier Paulus insiste, disant qu'il vient de loin pour une affaire très grave.

LÉO. Faites entrer. Qu'est-ce que le chevalier Paulus? Connaissez-vous cet homme, mon père?

LE PROFESSEUR. Non.

DIANA. Ne serait-ce pas un rédacteur de la *Gazette germanique?*... Il me semble que j'ai vu des articles, des feuilletons de sciences, signés de ce nom.

LÉO. C'est juste; mais il est singulier que ce soit vous qui me le rappeliez.

MARGUERITE. Mon ami!...

LÉO. Eh bien! qu'as-tu donc?

MARGUERITE. Rien! mais si j'en croyais mes pressentiments... Je ne sais pas... il m'est passé quelque chose d'étrange devant les yeux!

LE DOMESTIQUE. M. le chevalier Paulus.

V. — LES MÊMES, LE CHEVALIER PAULUS.

LE CHEVALIER. Mesdames... monsieur Léo Burckart, sans doute?

LÉO. Oui, monsieur, moi-même. Soyez le bienvenu.

LE CHEVALIER. Je suis enchanté de faire la connaissance d'un confrère aussi illustre.

LÉO. Un confrère?

LE CHEVALIER. J'espère que vous me permettrez ce titre, bien que je ne sois qu'un journaliste de très mince importance ; j'écris, comme vous, dans la *Gazette germanique;* un simple filet typographique sépare vos puissantes idées politiques de mes humbles observations morales, archéologiques, et quelquefois littéraires.

LÉO. Prenez la peine de vous asseoir, monsieur.

LE CHEVALIER. Je suis chargé d'une lettre du propriétaire gérant de la *Gazette germanique...* triste message ! je veux dire pour moi, pour lui...

LÉO. Qu'est-ce donc? Vous me permettez, mesdames?...

MARGUERITE. Eh bien?

LE PROFESSEUR. Que dit cette lettre?

LÉO. Mon père... nous étions trop heureux!... nous aurions dû sacrifier quelque chose aux divinités mauvaises! Une seconde fois, monsieur, soyez le bienvenu... comme si vous n'apportiez pas le malheur dans une famille.

LE PROFESSEUR. Qu'y a-t-il donc?

MARGUERITE. Au nom du ciel!

LÉO. Il y a qu'un de mes articles a fait saisir le journal, et que le propriétaire a été condamné à vingt mille florins d'amende et à cinq ans de prison.

LE CHEVALIER. Et tous les rédacteurs exilés, bannis... Vous voyez... un débris.

LÉO. Vous avez bien fait de venir à moi, si vous avez pensé que je pusse vous être utile.

LE CHEVALIER. Je vous avoue, monsieur, que je ne compte que sur vous.

LÉO. Je vous remercie de votre confiance... Où êtes-vous logé?

LE CHEVALIER. Ici, dans la ville... à *l'Empereur Romain*.

LÉO. Permettez-moi d'être votre hôte. Karl, vous ferez transporter ici les effets de monsieur... Vous êtes chez vous, monsieur le chevalier. Vous devez être fatigué... le domestique va vous indiquer votre appartement.

LE CHEVALIER. Mais, monsieur, je ne sais si je dois accepter...

LÉO. Je vous en prie; dans un instant j'aurai l'honneur de me rendre près de vous.

MARGUERITE. Maintenant, Léo, que comptez-vous faire?

LÉO. Je compte payer l'amende et me constituer prisonnier!

LE PROFESSEUR. A la bonne heure, voilà qui est parler!

DIANA. Je te quitte un instant, Marguerite; mais tu auras des nouvelles de moi bientôt; ne t'effraye pas, mon enfant.

VI. — Les mêmes, excepté DIANA.

MARGUERITE. Oui... Oh! mon Dieu, mon Dieu, Léo, que dis-tu là?

LÉO. Venez ici tous deux : ne pleure pas, Marguerite, où j'irai, tu iras; je sais que tu m'aimes, et je t'ai prise pour la bonne comme pour la mauvaise fortune.

MARGUERITE. Oui! oui!

LÉO. Maintenant, écoutez-moi. Un père de famille, ruiné par moi, est en prison pour moi. Moi, je suis ici, libre, heureux et tranquille ; je puis jeter cette lettre au feu, nourrir cet homme qui l'a apportée, et qui n'en demande probablement pas davantage ; et, aux yeux du monde, j'aurai fait à peu près ce que je dois faire; seulement pour moi, je serai un misérable et un lâche, et je me mépriserai. Votre avis, mon père?

LE PROFESSEUR. Le mot de Régulus : A Carthage!...

LÉO. Ton avis, Marguerite?

MARGUERITE. Je te suivrai partout, et, partout où je serai avec toi, je serai heureuse.

LÉO. Tu es une digne femme et un noble cœur! vous, mon père, c'est convenu, vous êtes un vieux Romain. Maintenant, quant à l'argent...

LE PROFESSEUR. Tu peux vendre tout, pourvu que tu me laisses mes livres...

LÉO. Il n'est pas besoin de cela, mon père : gardons-nous de grandir notre sacrifice à la mesure de notre fierté ; vingt mille florins à payer, c'est la moitié à peu près de notre petite fortune... et avec le reste... Pardon, mademoiselle de Valdeck, si nous nous occupons devant vous...

LE PROFESSEUR. Elle est sortie.

MARGUERITE. Et quand partirons-nous ?

LÉO. Le plus tôt possible, Marguerite ; il y a là-bas un homme qui tient la place que je dois tenir, et qui n'a peut-être pas comme moi un père, une femme, dévoués à sa fortune. Je monte près du chevalier, pour connaître tous les détails que cette lettre ne m'explique pas.

LE PROFESSEUR. Je vous suis, j'ai besoin de tout savoir aussi.

VII. — MARGUERITE SEULE.

Et maintenant, pleurons en liberté ; ah ! Dieu ! je ne suis pas une de ces femmes romaines dont mon père parle souvent, moi ; voilà toute ma gaieté perdue, tout mon bonheur détruit ! et je dis mon bonheur, je devrais dire seulement ma tranquillité !...

VIII. — MARGUERITE, FRANTZ.

MARGUERITE. Ah ! mon ami !

FRANTZ. Marguerite !

MARGUERITE. Entre votre venue et votre retour, il s'est passé des choses bien tristes!...

FRANTZ. Oui!

MARGUERITE. Vous savez...

FRANTZ. Je viens d'un lieu où des hommes du peuple se réunissent, mais où l'on sait tout en même temps qu'aux palais des princes. Votre mari, Léo Burckart, est le même homme que le publiciste Cornélius...

MARGUERITE. N'est-ce pas une chose dangereuse à dire?

FRANTZ. Tout le monde le sait aujourd'hui. Votre mari est condamné à vingt mille florins d'amende, à cinq années de prison.

MARGUERITE. Non, ce n'est pas lui qui est condamné, c'est le propriétaire du journal où il écrivait.

FRANTZ. J'ai bien dit : car votre mari est un honnête homme, et son devoir était tracé. Quand partez-vous?

MARGUERITE. Je ne sais... demain...

FRANTZ. Sa marche sera un triomphe; et le pays sera soulevé peut-être avant son arrivée.

MARGUERITE. Que dites-vous?

FRANTZ. Je dis... que cet homme est grand; ou du moins que le ciel lui a donné l'occasion de le paraître!

MARGUERITE. Oh! ce que vous m'apprenez là, Frantz, m'effraye... plus encore que tout le reste!

FRANTZ. Dites-lui...

MARGUERITE. Voulez-vous le voir lui-même ?

FRANTZ. Non... Dites-lui que la Société des frères de la Jeune Allemagne, réunie en ce moment dans la salle du consistoire, lui enverra trois députés pour lui offrir, au nom de la patrie, de payer les frais de l'amende à laquelle il est condamné.

MARGUERITE. Frantz !...

LE DOMESTIQUE. Il y a là encore une personne qui demande à voir monsieur.

MARGUERITE. Allez l'avertir et faites entrer. Frantz, vous me quittez ainsi ?

FRANTZ. Il le faut. Adieu. (Frantz et le Prince se regardent avec attention en se rencontrant à la porte.)

IX. — MARGUERITE, LE PRINCE.

LE PRINCE. Vous êtes la femme de M. Cornélius... je veux dire de M. Léo Burckart ?

MARGUERITE. Oui, monsieur.

LE PRINCE. C'est bien. Soyez assez bonne pour faire que nous ne soyons pas dérangés dans l'entretien que nous allons avoir ici.

MARGUERITE. Il me semble que tout cela est un rêve. (Elle sort.)

X. — LÉO, LE PRINCE.

LÉO. Monsieur.

LE PRINCE. Je suis le prince Frédéric-Auguste. (Léo s'incline.) Asseyons-nous. Personne ne peut-il nous entendre?

LÉO. Personne.

LE PRINCE. Je sais le malheur qui vient de vous frapper.

LÉO. Vous savez...

LE PRINCE. Oui, cette affaire de journal; j'ai un démon familier qui me dit tout. Je ne passe pas à travers l'Allemagne en simple voyageur, comme il me plaît de le laisser croire ici. Je reviens dans ma patrie en prince; puis-je vous être bon à quelque chose?

LÉO. Oui, monseigneur, et vous pouvez me rendre un très-grand service.

LE PRINCE. Lequel?

LÉO. Vous pouvez obtenir de S. A. le prince régnant que l'application du jugement qui frappe un innocent soit faite au véritable coupable, et que je sois substitué aux lieu et place du gérant, pour subir les cinq ans de prison, et pour payer les vingt mille florins d'amende.

DE PRINCE. J'ai mieux que cela à vous offrir.

LÉO. Oui; mais alors, monseigneur, c'est peut-être moi qui ne pourrai plus accepter.

LE PRINCE. Et pourquoi?

LÉO. Parce que je ne demande point grâce, mais justice; je réclame toute justice, mais je refuserais toute grâce. Mon opposition a été la lutte loyale du faible contre le fort, et la réclamation que je vous adresse n'est pas la mise à prix de ma conscience...

LE PRINCE. — Rassurez-vous ; j'ai à vous faire des propositions que vous pouvez entendre ; il ne s'agit pas d'un de ces marchés qui avilissent à la fois celui qui achète et celui qui vend, mais d'un contrat qui doit nous honorer tous les deux.

LÉO. Je vous écoute, monseigneur.

LE PRINCE. Ces principes que vous avez avancés comme citoyen, ces théories que vous avez émises comme publiciste, ne sont-ce point de vains systèmes philosophiques ou de pures utopies sociales, et les croyez-vous applicables vraiment à notre époque et à notre pays ?

LÉO. Mais... sans doute...

LE PRINCE. Parlons sérieusement. Les grands esprits sont dangereux dans la politique usuelle. Ils sont les hommes de l'avenir ou du passé ; le présent les méconnaît, ou bien il en est méconnu. Ne trouvez-vous pas qu'il est étrange de voir le génie de chaque temps employer constamment sa force à renverser aujourd'hui ce qu'il eût constitué hier, ou ce qu'il refera demain ?

LÉO. Penser ainsi, n'est-ce pas méconnaître l'éternelle loi du progrès ?

LE PRINCE. Ah ! j'aime mieux y croire !... et d'ailleurs ma part est si belle que j'aurais tort de refuser quelque chose aux sympathies de la foule, fussent-elles irréfléchies. Toute génération nouvelle a ses passions comme tout homme, et la passion, n'est-ce pas ce qu'il y a de plus beau sous le ciel? Religion, guerre, liberté, ce sont là les amours des peuples : et qu'importe si l'une conduit au martyre, l'autre à la servitude, l'autre au néant?...

LÉO. Vous traitez légèrement ces questions, monseigneur ; que Dieu vous fasse la grâce de n'avoir pas un jour à les envisager de plus haut ! Vous parlez là de l'excès qui perd tout ; et la passion qui conduit à la mort n'est pas celle qu'il faut désirer quand on est chrétien. La liberté n'est pas pour nous une amante insensée, mais une chaste épouse, et nous demandons que le nœud qui nous unira soit reconnu par le prince, et béni par le ciel.

LE PRINCE. Je sais toute la modération de vos principes, toute la légitimité de vos espérances ; et pourtant vous avez mis en danger la sûreté d'un grand pays... Vous philosophe, vous écrivain, vous avez ouvert une porte à la guerre et une autre à la révolte... Qui les fermera maintenant ?

LÉO. Que dites-vous, monseigneur ? ai-je donc un tel pouvoir, et cela est-il en effet ?

LE PRINCE. Ne faites pas de fausse modestie ; vous savez qu'il y a des paroles qui tuent, et que, grâce à la presse, l'intelligence marche aujourd'hui sur la terre, comme ce héros antique qui semait les dents du dragon ! Or vous avez laissé tomber la parole sur une terre fertile ; si bien qu'elle perce le sol de tous côtés, et qu'elle va nous amener une terrible récolte, si celui qui l'a semée n'est point là pour la recueillir.

LÉO. Qu'est-il donc arrivé déjà ?

LE PRINCE. Une émeute a éclaté à la suite de la condamnation du journal auquel vous adressiez vos articles. Elle a été comprimée aussitôt ; mais mon frère Léopold, ce prince faible, qui m'avait exilé, comme il vous avait banni, s'est retiré dans un couvent aux premiers instants de trouble, et n'en a plus voulu sortir ensuite. C'est sur moi qu'il rejette cette lourde couronne que vous avez imprudemment ébranlée. Voilà pourquoi je viens à vous, monsieur.

LÉO. Votre Altesse voudrait...

LE PRINCE. Écoutez : nous n'avons pas un instant à perdre ; convenons de tout. Il y a dans les pouvoirs une hiérarchie qu'il faut respecter. Dès à présent vous serez conseiller intime ; dans un mois député à la diète, un mois après ministre.

LÉO. Ce serait donc à moi, maintenant, de faire mes réserves et mes conditions.

LE PRINCE. Je sais tout ce que vous allez me dire. Vous tenez à réaliser certaines idées contenues dans vos écrits. Vous en croyez l'exécution possible, et je partage votre conviction et votre désir. J'ai discuté souvent à Londres, avec plusieurs des hommes politiques les plus célèbres de ce temps-ci, votre plan de fédération entre les petits États souverains de l'Allemagne; le traité de commerce dont vous avez fixé les bases; la résistance qui peut être opposée par nous à l'envahissement des grandes puissances : tout cela nous a séduits comme pensée libérale et convaincus comme application. Vous me demanderez des garanties. Je suis prêt à accorder ce qui sera juste et possible.

LÉO. Mais j'hésite, moi, monseigneur... Je voudrais réfléchir...

LE PRINCE. Vous hésitez, monsieur? quand je vous offre toute liberté, tout pouvoir! vous hésitez? et vous avez bien osé tout menacer, tout ébranler, tout ruiner peut-être... La critique vous a été facile, et vous reculez devant l'œuvre! Vous avez pris de votre propre volonté un pouvoir sur les esprits, dont vous ne voulez user que pour le mal et le désordre!... Ah! monsieur!... devant Dieu qui nous voit et qui a attaché à votre talent les devoirs qu'il a marqués à ma position; devant Dieu qui juge ici l'écrivain et le prince... vous n'avez pas le droit de me répondre non!

LÉO (avec effort). C'est vrai.

LE PRINCE. Où donne cette porte? dans votre cabinet?

LÉO. Oui.

LE PRINCE. Je vais écrire et signer les conventions qui seront faites entre nous. Réfléchissez, monsieur, afin de n'oublier aucune des observations que vous aurez à me soumettre.

XI. — LÉO, SEUL.

Ce n'est pas ainsi que j'avais compris ma vie! et j'avais mis plus d'espace entre mon humble position et ma haute espérance. Pouvais-je prévoir qu'une main inconnue viendrait tout à coup m'enlever de terre et me faire franchir en un jour tant de degrés glissants, tant d'échelons fragiles?... Qui me donnera l'expérience de toutes ces épreuves, ou plutôt la confiance de m'en passer? Ah! si je pensais être autre chose ici qu'un instrument dans les mains de la Providence, j'aurais peur à présent... je fuirais comme un lâche avant le combat; je m'échapperais d'ici sans détourner la tête : car le mal que j'ai fait est grand, si je n'ai pas la force de mieux faire!... Mais il me l'a bien dit, lui; je n'ai pas le droit de refuser! Dieu peut me demander compte de l'idée qu'il a mise en moi, comme il a demandé compte au figuier stérile des fruits qu'il aurait dû produire!... Si, comme un homme de peu de foi, je recule devant un fantôme; si, par ma faute, à mon refus, un autre vient prendre ma place, et, détournant la pensée divine de la route qu'elle allait suivre, conduit à l'esclavage ceux-là que j'aurais dû guider dans les voies lumineuses de la liberté... qu'aurai-je à dire un jour en paraissant devant le juge éternel, quand des milliers de voix s'élèveront contre moi, criant : Malheur à celui qui pouvait et qui n'a pas osé! Malheur à l'égoïste! malheur à l'infâme!... Oh! non, non; Dieu n'a pas mis en moi cette flamme pour que je l'éteigne! Qu'elle me consume, mais qu'elle éclaire!... Que me veut-on?...

XII. — LÉO, MARGUERITE.

MARGUERITE. Mon ami, tu étais seul?

LÉO. Pourquoi me déranger?... Laisse-moi seul, Marguerite.

MARGUERITE. Mon ami, j'ai cru bien faire... les voici! ce sont les jeunes gens envoyés par une société...

LÉO. Messieurs...

XIII. — Les mêmes, ROLLER, FRANTZ, FLAMING.

ROLLER. Parle, toi, Frantz, qui nous as amenés ici, parle!

FRANTZ. Monsieur Léo Burckart, les frères de la Jeune Allemagne, réunis à Francfort, et au nom de tous les frères des dix-sept États souverains et des quatorze universités, vous ont voté des félicitations, et vous offrent de payer l'amende à laquelle la *Gazette germanique* est condamnée, par une souscription publique. (Le prince sort du cabinet un papier à la main.)

LÉO. Avant de répondre à votre offre loyale et généreuse, permettez-moi, messieurs, de lire ce papier.

FLAMING (regardant le prince). Je connais les traits de cet homme!

LÉO, signant. Je n'ai plus d'amende à payer, messieurs; je rentre enfin dans ma ville natale; mais j'y serai libre. Je suis plein de reconnaissance envers les membres de cette association, dont j'ignore les statuts et les desseins; mais leur bonne volonté me devient inutile. La personne que voici est le prince Frédéric-Auguste, notre nouveau souverain.

MARGUERITE. Léo!... quel changement!

LÉO. Pauvre Marguerite!... mieux eût valu peut-être la ruine et la prison!

SECONDE JOURNÉE.

La salle commune d'un hôtel de belle apparence; un gros poêle allemand, des tables rangées comme pour une table d'hôte. — A droite, un escalier montant à une chambre. — A gauche, une grande entrée intérieure donnant dans les appartements principaux. — Un orchestre pour les jours de bal. — Au fond du théâtre on aperçoit la route; en travers, une barrière peinte aux couleurs du prince; les deux montants sont surmontés de lions héraldiques.

I. — FLAMING, ROLLER, DIÉGO, TROIS AUTRES ÉTUDIANTS.

ROLLER. Hôtel du Soleil! C'est magnifique; et il faut espérer que ce sera cher; hôtel tenu à l'anglaise, cuisine française... rien d'allemand que le poêle! Nous serons très bien ici... Holà! ho! l'hôtelier!

DIÉGO. Ohé! la maison! les bourgeois! les philistins damnés!

TOUS. Du tabac!... du feu!... de la bière!... du vin!

L'HÔTE. Messieurs! messieurs! (A part.) Des étudiants? je suis perdu!

ROLLER. Ne regarde pas sur la route, nous n'avons pas d'équipages.

L'HÔTE (à part). Ils ne sont que six ! (Haut.) Messieurs, ma maison n'est pas une auberge.

ROLLER. Alors c'est une taverne !

L'HÔTE. Non, messieurs.

ROLLER. Encore un mot... et nous allons en faire un coupe-gorge.

L'HÔTE. C'est ici un hôtel, messieurs.

ROLLER. Un hôtel? Qu'est-ce que c'est que cette aristocratie de domicile!... Nous te faisons l'honneur de t'amener ce soir toute l'université, et ta maison sera ce que nous voudrons qu'elle soit, entends-tu? Nous ferons barbouiller une enseigne bachique; nous décrocherons ton Soleil d'or, et nous intitulerons ton établissement : *Cabaret du Sauvage*... Es-tu content?

L'HÔTE. Toute l'université ce soir? Ah! messieurs!...

ROLLER. Tais-toi !

FLAMING. Va nous chercher de la bière.

DIÉGO. Va nous chercher du vin.

FLAMING. De la bière et du vin.

L'HÔTE. Messieurs, pardon. Nous avons ici des voyageurs qui dorment, de grands personnages...

FLAMING. Après l'empereur et les femmes, les étudiants sont les plus grands personnages qui soient.

DIÉGO. Après les femmes, et avant l'empereur.

FLAMING. Cela dépend des opinions. Va nous chercher à boire, ensuite nous t'expliquerons nos idées.

L'HÔTE. Mais...

ROLLER. Et quand cela t'ennuiera que nous frappions sur les tables, nous frapperons sur les carreaux.

L'HÔTE. Je suis ruiné, perdu !

HERMANN. C'est bien dit.

FLAMING. Est-ce assez grand seulement, cette salle ?

ROLLER. La plus grande du village, assurément.

DIÉGO. En jetant bas cette cloison, on donnerait un peu plus d'aisance.

ROLLER. Bah ! nous ne serons gênés qu'au commencement ; quand la moitié des buveurs de bière aura roulé sur le parquet, l'autre moitié sera extrêmement à l'aise. Une bonne orgie a toujours deux étages, le dessus des tables et le dessous.

L'HÔTE. Voici de quoi vous rafraîchir, messieurs ; mais, au nom du ciel, parlez moins haut ; ne fumez pas, et retirez-vous tranquillement quand vous aurez bu. Nous avons ici une dame, et un voyageur qui paraît fort distingué.

ROLLER. Eh bien ! nous inviterons ton voyageur à boire avec nous, et la dame... A quoi l'inviterons-nous, la dame ?... ma foi, à s'en aller au plus tôt ; car, dans une heure seulement, ce ne sera pas la place d'une dame ici.

L'HÔTE. Grand Dieu !

ROLLER. On va tout t'expliquer...

II. — Les mêmes, le chevalier PAULUS.

HERMANN. Est-ce là le grand seigneur?

L'HÔTE. Non, messieurs, c'est son ami.

DIÉGO. J'ai déjà vu cette figure.

LE CHEVALIER. Monsieur l'hôte, je vous demanderai la carte des vins. Je voudrais tremper un biscuit dans quelque chose d'un peu... cordial, en attendant le dîner.

L'HÔTE. Voici la carte, monsieur le chevalier. Vins du Rhin, vins du Palatinat, vins de France...Trente-deux articles.

LE CHEVALIER. Il suffit d'un seul, s'il est bon. (Il lui indique un vin sur la carte.)

ROLLER (à l'hôte). Ce seigneur vient de se lever?

L'HÔTE. Ils sont arrivés dans la nuit.

DIÉGO. Mettez deux verres.

LE CHEVALIER. Qu'est-ce que c'est?... un étudiant?

DIÉGO. Qu'est-ce que c'est? un...

LE CHEVALIER. Tais-toi!... Diégo?

DIÉGO. Paulus! (Ils se serrent la main en croisant les pouces à la façon des carbonari.)

LE CHEVALIER. Tu viens de l'autre monde?

DIÉGO. Du nouveau monde, s'entend. Je ne suis pas un revenant, je suis un voyageur.

LE CHEVALIER. Tu tiens toujours le même article?

DIÉGO. Toujours des révolutions. Les rois s'en vont, je les pousse.

LE CHEVALIER. Ceux de ce monde-ci sont plus solides.

DIÉGO. Aussi, j'y vais posément : j'étudie; je fais partie de l'université de Leipsick pour l'instant, tu vois.

LE CHEVALIER. Et qu'est-ce que tu y apprends?

DIÉGO. Les sciences abstraites.

LE CHEVALIER. Et qu'est-ce que tu y enseignes?

DIÉGO. Le maniement de la canne à deux bouts, l'usage du stylet et quelques jeux de hasard de mon invention.

LE CHEVALIER. Brave Mexicain!... descendant de Fernand Cortez!... tu as bien descendu.

DIÉGO. N'est-ce pas? Moi! un ancien membre du gouvernement provisoire de Tampico!... un ex-ambassadeur de Bolivar à la république du Pérou.

LE CHEVALIER. Tu es bien vieux, aujourd'hui, pour un étudiant!

DIÉGO. On est toujours jeune pour apprendre. Une autre bouteille... Et puis, sais-tu?... me voilà parmi ces bons jeunes gens allemands : on me respecte, on me paye à boire, et les marchands me font crédit. Quand arrivera le grand jour, je me lèverai comme un seul homme!... Et toi, es-tu toujours fidèle ?

LE CHEVALIER. Fidèle à nos serments, le même

dans les deux mondes... la *charbonnerie* couvre la terre : voici ma pièce de crédit. (Il lui montre une médaille au bout d'un ruban caché sous ses habits.)

DIÉGO. Fort bien. T'occupes-tu toujours de sciences ? te livres-tu toujours à la recherche des antiquités mexicaines ?

LE CHEVALIER. Cela était bon sur l'autre continent. Depuis, j'ai fouillé Pompéi, Herculanum, Aquilée... Hélas ! les choses antiques y sont de fabrique moderne, on n'y découvre que ce qu'on y enterre.

DIÉGO. Mais ici ?

LE CHEVALIER. Je suis secrétaire d'un ministre futur.

DIÉGO. Le nouveau conseiller intime ?

LE CHEVALIER. Léo Burckart. J'écrivais dans le même journal que lui... On nous a saisis, proscrits, ruinés !

DIÉGO. Mais, sous le nouveau prince, vous voilà rétablis, décorés, subventionnés !

LE CHEVALIER. Aussi, tu vois, je me débarrasse de l'or du pouvoir le plus que je puis.

DIEGO. Enfin, tu sers la tyrannie.

LE CHEVALIER. N'est-ce pas un de nos règlements ? ne devons-nous pas accepter les places qui nous sont offertes, afin d'aider, au besoin, nos amis, et de nous... retourner dans l'occasion ?

DIÉGO. C'est possible ; mais moi, ce n'est pas ma

manière de voir. Je suis un pauvre diable ; j'ai usé mes souliers et mes pieds encore plus souvent sur tous les chemins de la terre ; voyageur de la liberté, depuis deux ans seulement, j'ai couru toutes les universités d'Allemagne, pour transmettre la lumière de l'une à l'autre... Mais, à chacun sa spécialité... C'est bien.

LE CHEVALIER. Et aujourd'hui tu te remets en route ?

DIÉGO. Non. Cette fois, je suis comme cet homme des légendes, derrière lequel marchait toute une forêt. L'université vient ici en masse.

LE CHEVALIER. Ah ! ah ! c'est une révolte !

DIÉGO. Non. C'est une folie, une équipée d'enfants; l'avenir seul peut en faire quelque chose de présentable. Nous mettons la ville en rumeur pour venger la mort d'un chien, comme dans *les Brigands* de Schiller, pure imitation ; mais pour des têtes allemandes...

LE CHEVALIER. Dis-moi tout.

DIÉGO. Un jour...

LE CHEVALIER. Cela commence comme un conte.

DIÉGO. Et cela deviendra peut-être de l'histoire, et de l'histoire sanglante.

LE CHEVALIER. J'écoute.

DIÉGO. Tu sais que dans chaque université les étudiants élisent un roi.

LE CHEVALIER. Partout de la servitude.

DIÉGO. Donc, il y a huit jours, Sa Majesté Max Ier, roi des *Renards*, tyran des *Pinsons*[1] et protecteur des associations provinciales, passait avec ton serviteur devant la porte d'un boucher. Le chien royal (tu sais que tout étudiant a un chien) se crut en droit de prélever un impôt sur l'étalage du marchand. Le boucher, au lieu de s'en prendre à nous, lance sur le caniche un dogue corse, qui ne lui a donné qu'un coup de dent, mais qui lui a cassé les reins.

LE CHEVALIER. Eh bien !

DIÉGO. Eh bien ! tu ne comprends pas !... Nous avons rossé le boucher et ses garçons au moyen des cannes ferrées dont tu vois un échantillon. Les bourgeois sont sortis avec des fusils, des épées... Quelques camarades qui passaient se sont rangés derrière nous... Une bataille superbe ! Deux chiens et trois marchands un peu éreintés, un peu tués !... Voilà toute la ville en révolution... On nous arrête... L'université sort en bon ordre, et nous délivre en démolissant la prison où nous étions, à n'en pas laisser une pierre sur l'autre... L'affaire va devant les juges ; on nous condamne et nous, nous condamnons la ville ! nous l'abandonnons. La ville ne vit presque que de notre séjour, de notre dépense... nous la prenons par la famine... nous nous reti-

---

[1] Termes usités chez les étudiants pour qualifier les anciens ou les nouveaux.

rons sur le Mont-Sacré, comme le peuple romain.

LE CHEVALIER. Cela peut aller loin...

DIÉGO. N'est-ce pas?... et le tout pour un chien estropié ; mais c'était un beau chien !

LE CHEVALIER. Ah ça ! je ne vous vois là encore que six ou sept.

DIÉGO. Va regarder un peu sur la route, la vallée est toute noire d'étudiants en marche. Dans une demi-heure ils se seront abattus sur ce village comme une nuée de sauterelles. Tiens, les *Renomistes* en tête... ensuite les *Renards*, les *Pinsons*; après, les voitures de bagages, les chiens, les femmes... et les créanciers qui ne nous perdent pas de vue. Pauvres gens ! qui sait où nous les conduirons ?

LE CHEVALIER. Ce ne sera pas à la fortune !

DIÉGO. Adieu. Nous allons rejoindre le gros de l'armée... Sois toujours fidèle comme autrefois, toujours un bon frère... incorruptible ! nous aurons quelque chose à faire bientôt.

LE CHEVALIER. Dans le bavardage de ce fou, il y a des choses bonnes à savoir. Merci, monsieur le représentant de la propagande américaine; conspirateur d'enfance, étudiant dans vos vieux jours !...

III. — L'HOTE, LE CHEVALIER, PUIS LÉO BURCKART.

L'HÔTE. Les voilà partis ; mais tout à l'heure...

(Léo entre.) Je vous demande encore mille fois pardon, monsieur : ne jugez pas ma maison par ce qui vient de se passer... C'est un hôtel, le plus bel hôtel de l'endroit, et non une taverne d'étudiants. Je suis déshonoré, monsieur !

LÉO. Rassurez-vous. Je voulais aujourd'hui même vous quitter pour me rendre à la ville, où des affaires m'appellent sans retard. Nous partirons plus tôt, voilà tout... mais, pour vous-même, soyez tranquille, je connais les étudiants : c'est une noble race, un peu turbulente, un peu folle ; mais là est l'honneur et l'avenir de l'Allemagne !

L'HÔTE. Ils vont tout briser ici, monsieur ; tout manger, tout boire !

LÉO. Ils payeront... Tout sera payé, quoi qu'il arrive, croyez-en ma parole. Faites porter cette lettre, monsieur.

IV. — LÉO, LE CHEVALIER.

LÉO. Je vais donc me mettre à l'œuvre ! J'ai là devant moi une ville, une grande ville ! pleine d'intelligence, d'industrie et de mouvement ! Ah ! près de l'action, toute ma crainte s'éloigne et tout mon sang se rafraîchit ! Cette foule qui monte vers moi, cette cité qui fume et bouillonne là-bas ; tout cela est sous ma main : mon Dieu ! suis-je plus que les autres ? Hélas ! non, si ton esprit ne descend pas en moi ! (Apercevant le chevalier.) Vous étiez là ?...

LE CHEVALIER. Depuis l'entrée de ces jeunes gens, monsieur.

LÉO. Ils sont donc toujours fous, nos bons étudiants ?

LE CHEVALIER. Vous savez ce qui s'est passé ?

LÉO. Oui ; l'hôte m'a tout raconté. La ville est en mouvement pour une ridicule équipée, pour rien... Et ce n'est pas une chose commode, voyez-vous, que de gouverner des enfants à qui l'on a dit un jour qu'ils étaient des héros, et de mettre en pénitence des écoliers qui sont revenus de Paris avec autant de balafres faites par les sabres français que par les rapières dont ils se servent dans leurs duels. Il faut bien leur passer quelque chose et tolérer leurs priviléges, pour qu'ils en respectent d'autres !...

LE CHEVALIER. Vous ne savez pas tout.

LÉO. Quoi donc ?

LE CHEVALIER. Sous ce tumulte d'écoliers, il y a des hommes qui agissent. Les sociétés secrètes travaillent ici comme partout. Les negros en Espagne, les carbonari en Italie, ici les membres de la Jeune Allemagne et de l'Union de Vertu.

LÉO. Vous avez appris...

LE CHEVALIER. J'ai rencontré là jusqu'à des affiliés du nouveau monde.

LÉO. Vous en êtes donc, vous, de ces sociétés?

LE CHEVALIER. Ne vous souvenez-vous pas que je faisais partie d'une rédaction de journal dont les idées étaient assez avancées... sous le précédent gouvernement?

LÉO. Ah!... c'est bien.

L'HÔTE. Un roulement de voiture! encore des voyageurs, grand Dieu! et être obligé de les renvoyer. (A son garçon.) Il n'y a pas de paquets à descendre, va...

V. — LES MÊMES, DIANA.

L'HÔTE. Et même... je parie que c'est une Anglaise!

LÉO. C'est mademoiselle Diana de Waldeck. (A l'hôte.) Avertissez madame.

DIANA (gaiement.) Voici justement notre nouveau conseiller... et je ne sais quoi encore... en service très-extraordinaire.

LÉO. Quelle heureuse rencontre!

DIANA. Non. C'est une visite.

VI. — LES MÊMES, MARGUERITE.

MARGUERITE (entrant.) Diana!

DIANA. J'ai appris que vous arriviez. Vous savez tout; les étudiants font du bruit dans la ville. Il est impossible d'y entrer.

LÉO. Cependant nous allons essayer. Les étudiants se retirent en masse... Alors, dans quelques heures, la ville sera fort paisible. Nous prendrons un détour pour nous y rendre.

MARGUERITE. Léo! vraiment, tout cela n'est pas rassurant... Si nous retournions sur nos pas.

DIANA. Vous comptiez vous loger là-bas : je vous préviens qu'ils ont cassé les vitres partout ; trouvez-y une maison sans fenêtre, à la bonne heure. Le moyen d'y passer la nuit. J'ai bien peur que demain la ville ne soit enrhumée.

MARGUERITE. Ah! tout cela t'amuse, toi, Diana!

DIANA. Parce que je viens te tirer de peine. Je veille sur toi comme un bon ange, pendant que ton mari veille sur nous tous : ce qui l'empêchera de veiller sur sa femme naturellement.

LÉO. Mon devoir ne m'appelle pas à combattre ce tumulte dont rien ne m'avait prévenu ; j'en ai compris parfaitement d'ici toutes les causes et tout le peu d'importance ; les précautions déjà prises par les magistrats suffiront à rétablir l'ordre, croyez-moi.

DIANA. Aussi n'avons-nous nulle crainte sérieuse, monsieur ; ce n'est pas à de telles épreuves que nous attendons votre génie. Voilà ce qui arrive : toute la haute société de la ville a fait dès hier soir ce que les étudiants font aujourd'hui. On s'est répandu dans les châteaux, dans les villas ; et, pour faire voir à l'émeute qu'on ne la craint pas, ou plutôt que l'on compte sur sa galanterie, cette émigration en masse a été partout le prétexte de réunions charmantes, de banquets et de bals chez les principaux seigneurs des environs.

LÉO. Cela est fort prudent et de fort bon goût.

DIANA. Il y a notamment ce soir une fête ravissante dans le château de la grande duchesse; le prince n'étant pas à la résidence, c'est le plus brillant rendez-vous qu'on puisse se donner. Vous êtes attendus, vous souperez, vous danserez, et puis l'on vous trouvera un appartement; après quoi, vous ferez demain votre entrée dans la ville, pacifiée et délivrée pour longtemps de toute université, car j'espère bien que ces messieurs seront renvoyés à leurs parents. Voici vos deux lettres d'invitation.

LÉO. Tout cela est fort bien arrangé; mais il faut, moi, que je me rende à la ville. Puisque vous avez tant de bontés, madame, emmenez ma femme au château; qu'elle s'amuse, qu'elle danse, si elle n'est pas trop fatiguée de sa route. Moi, je pars, je vais voir un peu ce qui se passe là-bas.

MARGUERITE. Mon Dieu! Léo, me laisser ainsi seule; mais je ne te quitterai pas. Non, je t'accompagnerai à la ville, quoi qu'il puisse arriver!

LÉO. Ce n'est pas l'occasion de faire preuve de dévouement. Ce que nous propose ton amie est fort simple, et je l'en remercie de tout mon cœur. Tu iras au bal, parce qu'il faut que la femme d'un homme d'État s'habitue à faire bonne contenance dans les instants difficiles; parce que, depuis une heure, je brûle d'être dans la ville, et que c'est toi seulement qui me... eh! oui, qui m'embarrasses, qui me gênes... Tu ne peux rester ici, les étudiants y viennent. Va à cette fête, résigne-toi ; dans la nuit, j'irai vous rejoindre et vous porter des nouvelles.

MARGUERITE. Ah! fais de moi ce que tu voudras, Diana; je suis bien souffrante. Ne pouvons-nous aller au château sans paraître à ce bal?

DIANA. Viens t'habiller, viens. (A Léo.) Elle dansera, je vous le jure. (Elles sortent.)

LÉO. Pauvre femme! elle avait des larmes aux yeux. Mon Dieu! mon Dieu! avais-je le droit de compromettre son bonheur en faisant le sacrifice du mien? Monsieur le chevalier, vous accompagnerez ces dames au bal, si vous voulez. Voici une invitation; vous avez ce qu'il vous faut?...

PAULUS. Un habit à la française parfait. (Seul.) Chez la grande duchesse? presque à la cour... Oh! oh!... fort bien. (Il sort après Léo, en apercevant Frantz et Flaming.)

VII. — FRANTZ, FLAMING, EN COSTUME D'ÉTUDIANT.

FRANTZ. Et tu les a vus?...

FLAMING. Lui seulement, te dis-je; lui que nous

venons de rencontrer; mais sans doute elle est dans l'hôtel. On parlait d'une dame ici, et je crois que M. Burckart est un homme de mœurs trop pures pour emmener une autre femme que la sienne.

FRANTZ. Mais il est monté à cheval à deux pas d'ici, Flaming; il se dirigeait vers la ville.

FLAMING. Eh bien! interroge l'hôte.

FRANTZ. Non. Je reste ici seulement.

FLAMING. Alors j'interroge moi-même. Holà!

L'HÔTE. Qu'est-ce que veut monsieur?

FLAMING. Écoute. Il y a une dame ici, n'est-ce pas?

L'HÔTE. Il y en a deux.

FLAMING. Bon!

FRANTZ. C'est Diana. J'ai reconnu son équipage et sa livrée. Il suffit.

FLAMING. Que veux-tu faire?

FRANTZ. J'attends. Tu ne comprends donc pas? Je connais la femme de M. Léo Burckart.

FLAMING. Et tu ne le connais pas, lui?

FRANTZ. Mon Dieu! comment veux-tu que je le connaisse? Tu me fais des questions... Naturellement j'ai peu de sympathie pour ce futur ministre, et je n'ai pas tenu à le revoir depuis notre malencontreuse visite à Francfort.

FLAMING. Mais la société de sa femme ne froisse pas tes opinions politiques, n'est-ce pas?

9.

FRANTZ. Tais-toi. Ne dis plus un mot de cela, entends-tu?

FLAMING. Tu vas te fâcher.

FRANTZ. Non. Écoute, je veux tout te dire. C'est la fille de mon ancien professeur. Tu sens bien que si j'aimais cette femme, je l'aurais épousée depuis longtemps.

FLAMING. Et si elle ne t'aimait pas, elle?

FRANTZ. Elle m'aurait aimé!

FLAMING. Tu as un amour-propre...

FRANTZ. Eh bien! ne vois-tu pas que son mari s'en va, que cette femme est seule, que tout à l'heure la maison sera pleine d'étudiants.

FLAMING. On entend déjà d'ici le chœur *des Cavaliers*, qu'ils chantent à pleine voix. Nous avons peu d'avance sur eux.

FRANTZ. C'est vrai. Comment se fait-il que son mari l'ait quittée, et qu'elle demeure seule ici?

FLAMING. Va lui rendre visite.

FRANTZ. Je n'ose. Flaming... ne trouves-tu pas ce tapage d'écoliers bien ridicule?

FLAMING. Frantz! ne trouves-tu pas cette démarche d'amoureux bien insensée?...

FRANTZ. Eh! je ne suis pas amoureux! Les voilà qui approchent. Si c'est comme cela qu'on étudie à l'université... Depuis huit jours que je suis arrivé après un long voyage pour reprendre mon cours de théologie, je n'ai pas pu attraper une seule leçon;

tantôt ce sont des réunions politiques, tantôt des rixes dans la rue avec les bourgeois, tantôt des orgies... Flaming!

FLAMING. Eh bien?

FRANTZ. Les voici qui descendent. (Les dames passent dans le fond.)

FLAMING. Tais-toi!

PAULUS (en descendant, rejoint Marguerite et Diana). Mesdames...

DIANA. Merci, monsieur, ma voiture est là, près de la barrière.

FRANTZ. Où vont-elles?

FLAMING. Demande aux domestiques avant que la voiture soit partie. (Seul.) Ah! quelle patience! Être l'ami d'un amoureux, c'est conduire un enfant à la lisière... Si on lâche, l'enfant se casse le nez; et l'homme... Oh! l'homme souvent se casse la tête!

FRANTZ. Tu as un oncle chambellan, Flaming?

FLAMING. Oui, j'ai un parent parmi la domesticité du prince.

FRANTZ. Ton oncle est au château de la grande duchesse, à un quart de lieue d'ici... il peut me donner une invitation pour la fête, et je trouverai bien un costume. Tu vas venir avec moi, Flaming.

FLAMING. Allons; aussi bien, voilà le tapage qui arrive!

VIII. — L'HÔTE, ROLLER, HERMANN, chœur d'étudiants.

L'HÔTE. C'est la tempête! mon Dieu! mon Dieu! (La scène se remplit de monde. Des bannières sont plantées au fond du théâtre. Le roi des étudiants est porté en triomphe.)

ROLLER. Combien vaut tout ce qui est ici?

L'HÔTE. Vous voulez acheter ma maison?

ROLLER. Pas aujourd'hui. Le mobilier seulement.

L'HÔTE. Il y en a pour plus de deux cents florins.

ROLLER. En comptant le poêle... faïence de Saxe. C'est juste! Voilà la somme. Les vitres par-dessus le marché. Maintenant délivre-nous de ton aspect ridicule.

L'HÔTE. Ah! ah! voici le bourgmestre, un instant.

HERMANN. M. le bourgmestre.

ROLLER. Attendez, pour l'introduire, que le roi ait pris place sur son trône... Voilà. (Le roi des étudiants s'assied sur un fauteuil élevé sur des tables.)

IX. — Les précédents, LE BOURGMESTRE, MARCHANDS.

HERMANN. Le bourgmestre...

LE ROI. Approchez, monsieur le bourgmestre; comme nous voulons que tout se passe dans les règles, nous réclamons votre présence.

LE BOURGMESTRE. Messieurs, j'espère que vous respecterez les propriétés.

LE ROI. Du moment que nous vous avons fait venir... Combien avez-vous de miliciens dans votre village?

LE BOURGMESTRE. Huit hommes.

LE ROI. Vous les réunirez.

LE BOURGMESTRE. Ils sont sur la grand'place.

LE ROI. Eh bien! vous les mettrez en sentinelle à toutes les portes... afin que le désordre ne soit pas troublé un seul instant!

LE ROI (à l'un des marchands.) Que veux-tu, toi, philistin?

LE MARCHAND. Monseigneur, pardon; je suis un malheureux débitant de tabac de cette ville.

LE ROI. Eh bien! te doit-on quelque chose?

LE MARCHAND. On me doit beaucoup; mais on m'a pris bien davantage.

LE ROI. Qu'est-ce qu'on t'a pris?... c'est impossible!

LE MARCHAND. Mon Dieu! ne vous fâchez pas, monseigneur. Pardon; on n'aurait pas retrouvé dans vos charrettes couvertes, parmi vos bagages...

LE ROI. Quoi?

LE MARCHAND. Une femme.

LE ROI. Une femme!

LE MARCHAND. Oui : ma femme!... mon épouse légitime, messieurs! (Huées des étudiants.)

LE ROI. Un instant!... il n'y a que d'honnêtes gens ici; voilà un bourgeois qui a perdu sa femme, il faut qu'elle se retrouve! (Tumulte parmi les étudiants.) Qu'est-ce que c'est?

HERMANN. Ce n'est rien : un étudiant qui se trouve mal.

LE MARCHAND. C'est ma femme!

HERMANN. Respect au costume!

LE MARCHAND. Vous aviez promis de me la faire rendre, monseigneur.

LE ROI. Le jugement de Salomon : chacun la moitié. (A un autre.) Qui es-tu, toi?

DEUXIÈME MARCHAND. Tailleur.

LE ROI. Que demandes-tu?

LE TAILLEUR. Qu'on me paye.

LE ROI. Qui est-ce qui te doit?

LE TAILLEUR. M. Diégo.

LE ROI. Ta note.

LE TAILLEUR. Trois cents florins.

LE ROI (à Diégo). Reconnais-tu que les vêtements ont été fournis?

DIÉGO. Et usés. Il n'y a rien à dire : ils n'allaient pas très bien étant neufs; mais à présent ils ne vont plus du tout.

LE ROI. Mais sur le prix?

DIÉGO. C'est autre chose.

LE ROI. Combien cela valait-il raisonnablement?

DIÉGO. Cent florins.

LE TAILLEUR. Jamais.

LE ROI. Une fois... deux fois.

LE TAILLEUR. Donnez. Mais je n'y ai pas gagné un sou.

DIÉGO. Ni moi non plus.

LE ROI. Et maintenant la musique!

UN TROISIÈME MARCHAND. Monsieur Max...

UN AUTRE. Votre Majesté...

LE ROI. Silence!

UN AUTRE. Monsieur Max, je suis le restaurateur du Corbeau...

UN AUTRE. Monseigneur, je suis celui qui monte la garde quand on se bat en duel. On me doit six factions...

UN AUTRE. On me doit quinze cents pots de bière pour une assemblée...

UN AUTRE. Monseigneur, je promène les chiens de messieurs les étudiants pendant les classes....

LE ROI. L'audience est remise à demain. La musique!

TOUS. La musique!

ROLLER (roulant un tonneau). Un instant! messieurs, voici de quoi soutenir les voix!... Faites circuler les pots à bière.

UN ÉTUDIANT. C'est du vin!

ROLLER. C'est vrai. Pardon, messieurs, on l'a roulé pour de la bière; mais il se trouve que c'est d'excellent vin du Rhin : excusez.

LE ROI. Allons, on t'excuse. La musique!

UN MUSICIEN AMBULANT. Que faut-il vous jouer, mon empereur?

UN ÉTUDIANT. *La Chasse de Ludzow!*

TOUS. Oui, *la Chasse de Ludzow!*

FLAMING. *La Chasse de Ludzow!* c'est la fanfare du peuple allemand!

ROLLER. Oui, c'est avec cela qu'il chasse... quand il chasse.

L'HÔTE. C'est un chant de 1813 : il est défendu, messieurs.

ROLLER. Raison de plus.

TOUS. *La Chasse de Ludzow!*

ROLLER. Bon... cela chauffe; faites circuler, et que cela ne s'éteigne pas.

FLAMING. Les bourgeois qui ont peur d'être compromis peuvent se retirer.

TOUS. Chut! chut!

CHŒUR.

Qui brille là-bas au fond des forêts?
De plus en plus le bruit augmente.
Pour qui ces fers, ces bataillons épais,
Ces cors dont le son frappe les guérets
Et remplit l'âme d'épouvante?

Le noir chasseur répond en ces mots :
Hurra!
Hurra!
C'est la chasse... c'est la chasse de Ludzow!

D'où viennent ces cris, ces rugissements?
Voilà le fracas des batailles!
Les cavaliers croisent leurs fers sanglants,
L'honneur se réveille à ces sons bruyants
Et brille sur leurs funérailles !

Le noir chasseur répond en ces mots :
Hurra!
Hurra!
C'est la chasse... c'est la chasse de Ludzow !

X. — Les mêmes, FRANTZ, en costume de bal.

FRANTZ. Pardon de vous interrompre, frères ; mais j'ai besoin de vous.

ROLLER. Que veux-tu?

FRANTZ. J'ai une querelle, je veux deux témoins.

PLUSIEURS VOIX. Nous voici!... nous voici!...

L'HÔTE. Messieurs, messieurs, le duel est défendu.

HERMANN. S'il dit encore un mot, enlevez-le, et mettez-lui la tête dans le tonneau!

LE ROI DES ÉTUDIANTS. Un duel? avec qui?

FRANTZ. Avec M. Henri de Waldeck.

LE ROI. A-t-il des témoins?

FRANTZ. Non, il va venir en chercher parmi vous; tenez, le voilà.

WALDECK. Messieurs, M. Frantz Lewald m'a dit que deux d'entre vous voudraient bien me faire l'honneur de me servir de seconds.

PLUSIEURS VOIX. Avec plaisir, monsieur...

FRANTZ (prenant Waldeck à part). Vous savez nos conventions.

WALDECK. Lesquelles?

FRANTZ. Pas un mot sur la cause de ce duel.

WALDECK. C'est dit.

FRANTZ. Quelles que soient les questions des témoins...

WALDECK. Eh! monsieur, vous avez ma parole. Pour tout le monde, c'est une querelle de jeu. Mais, entre nous, c'est une affaire dont je commence à comprendre le motif... Oui, j'ai dit à ma sœur, à la descendante des comtes de Waldeck, branche d'une maison princière, qu'il était ridicule de se faire l'introductrice, le chaperon de la fille d'un petit professeur de Francfort, de la femme d'un obscur folliculaire, dont l'élévation subite me déplaît sans m'étonner. Je ne m'étonne pas de ces choses-là. J'en dis ce qu'il me plaît de dire... voilà tout.

FRANTZ. Et vos soupçons surtout m'ont paru contenir une offense pour cette dame, dont je connais la famille.

WALDECK. Pensez ce que vous voudrez.

LE ROI. Messieurs, pas un mot de plus. Ceci est contre les règles. Tout doit être dit maintenant devant tous. Voici vos témoins : Hermann et Flaming, Diégo et Fritz.

FRANTZ. Sortons.

HERMANN. Mais pourquoi pas ici même ? il ne fera pas clair dehors.

LE ROI. Ici, rien que la joie... prenez des torches, et allez-vous-en là tout près, dans le jeu de boules. (Plusieurs veulent les suivre.) Que tout le monde reste ici, à l'exception des quatre témoins et des deux adversaires... Allez, messieurs, et faites en braves, en vieux étudiants que vous avez été... Ne vous ménagez pas. (Ils sortent.)

ROLLER. Nous avons encore ici un fond de tonneau à boire, et un reste de chanson à écouter.

LE CHŒUR.

Qui vole ainsi de sommets en sommets ?
   Des monts ils quittent la clairière.
Les voilà cachés dans ces bois épais ;
Le hurra se mêle au bruit des mousquets,
   Les tyrans mordent la poussière !

Le noir chasseur répond en ces mots :
     Hurra !
     Hurra !
C'est la chasse... c'est la chasse de Ludzow !

Qui meurt entouré de ces cris d'horreur,
   Qui meurt sans regretter la vie ?
Déjà du trépas ils ont la pâleur :
Mais leur noble cœur s'éteint sans terreur,
   Car ils ont sauvé la patrie ?

Le noir chasseur répond en ces mots :
     Hurrah !
     Hurrah !
C'est la chasse... c'est la chasse de Ludzow !

XI. — Les mêmes, FLAMING, revenant.

FLAMING. Ouvrez, ouvrez; ciel et terre, ouvrez donc.

LE ROI. Qu'y a-t-il?

FLAMING. Ce qu'il y a?... Un détachement de troupes cerne l'auberge... on vient d'arrêter Frantz, M. de Waldeck et les témoins; je me suis sauvé en sautant par dessus le mur...

LE ROI. Qui a osé faire cela?

XII. — Les mêmes, LÉO BURCKART.

LÉO. Moi, messieurs.

LE ROI. Et qui êtes-vous?

LÉO. Je suis Léo Burckart.

LE ROI. Ah! le nouveau conseiller intime; et vous entrez en fonctions par l'oppression, par l'arbitraire!

LÉO. J'entre en fonctions par le maintien des lois, messieurs. Pour être des étudiants, vous n'en êtes pas moins des Allemands, soumis au code de votre pays, et qui devez obéir; car un jour vous serez tous quelque chose dans la famille ou dans l'État, et il faudra bien qu'on vous obéisse à votre tour.

LE ROI. Nous avons des priviléges, monsieur...

LÉO. Vos priviléges... d'abord, pourquoi réclamer des priviléges... Eh bien! tels qu'ils sont, je les admets, et je leur ai fait une part large. Vous avez quitté la ville, je vous ai laissés faire; vous vous êtes emparés de cette hôtellerie, je vous ai laissés faire encore!... mais on est venu prendre chez vous des témoins pour un duel... le duel est défendu; défendu dans l'armée, défendu parmi les citoyens, défendu aux universités... Amenez les prisonniers.

XIII. — Les précédents, DIANA et MARGUERITE *veulent entrer par une porte de côté, accompagnées du* CHEVALIER; *la porte, ouverte latéralement, les cache à une partie des personnages.*

LE CHEVALIER. Oh! n'entrez pas, madame, attendez.

MARGUERITE. Mais ils vont le tuer, il est seul contre tous.

DIANA. Rassure-toi, sois tranquille.

MARGUERITE. Qui fait-il arrêter, grand Dieu! mais c'est Frantz... Frantz Lewald; il ne sait donc pas que j'ai été insultée dans ce bal; et que M Frantz, l'ami de ma famille, s'est battu pour moi...

DIANA. Oh! ne lui dis pas, ne lui dis jamais cela, Marguerite... (On voit arriver les prisonniers amenés par quelques soldats.)

LES ÉTUDIANTS. Les voici!

ROLLER. Mais, ils n'iront pas en prison!

TOUS. Non! non!

LÉO. Faites approcher ces messieurs.

MARGUERITE. Diana, Diana! il est blessé... blessé pour moi... eh bien! cela ne te fait-il rien?

DIANA. Son adversaire est mon frère, Marguerite; peut-être est-il aussi blessé.

LÉO. Monsieur est officier... monsieur est citoyen... ces messieurs sont étudiants, la peine sera égale pour tous. La loi vous condamne à vingt jours de prison, messieurs... vous irez en prison vingt jours.

WALDECK. Moi? un aide de camp du prince! vous ne savez ce que vous faites, monsieur, ni qui vous condamnez... ni quelle est la cause du duel que vous condamnez!

FRANTZ (s'élançant vers lui). Taisez-vous, vous m'avez juré...

LÉO. Emmenez ces messieurs!

WALDECK. Bien, vous me payerez cet outrage! (Les prisonniers sortent.)

ROLLER. Et nous les laissons partir ainsi?

TOUS. Non! non! non!

LÉO. Si, messieurs! car vous êtes des enthousiastes, des enfants; mais vous n'êtes pas des rebelles... Écoutez-moi un instant. Vous qui croyez aux futures grandeurs de l'Allemagne régénérée, s'il vous reste dans tout le corps une goutte du vieux sang germanique, et dans le cœur une étincelle de son nouvel esprit de liberté... écoutez-moi : Vous êtes tous des hommes ! Eh bien, à quoi vous occupez-vous ici !... A des jeux d'enfants, à des espiègleries d'écoliers... Est-ce là le baptême des patriotes qui ont vu mourir Kœrner, et des soldats de 1813? Il y a mieux que de la bière et du vin dans le monde, mieux que des villes à mettre en rumeur, et des auberges à piller ! Il y a toute une Allemagne à refaire avec les longs travaux de la pensée et les dures veilles du génie ! mettez-vous à l'œuvre. Architectes, prenez l'équerre ! législateurs, prenez la plume ! soldats, tirez l'épée ! (Rumeurs en sens divers.) Toutes les carrières vous sont ouvertes ! l'avenir n'a plus de barrières privilégiées : moi-même, vous le voyez, je suis une preuve vivante que l'on peut arriver à tout. Moi, c'est-à-dire un de vous ; moi, qui, après vous avoir parlé en maître, vais vous parler en père. Allons, enfants, vous valez mieux que vous ne croyez vous-mêmes ; pesez-vous à votre poids, et ne jetez pas vos belles années à la dissipation, comme des grains de sable au vent... Rentrez à l'université, seuls, libres, en chantant vos chansons, qui sont les nôtres... et qu'on a eu tort de proscrire... rentrez tous ensemble, comme vous en êtes sortis, vos torches d'une main, vos épées de l'autre ; que l'on voie bien que vous avez cédé à la persuasion, et non à la force. Le marchand a eu tort, il payera une amende. Les juges se sont laissés entraîner à un mouvement de violence... le mandat d'arrêt sera rapporté. Messieurs Frantz et Henri de Waldeck ont transgressé les lois, ils seront punis : ainsi justice sera faite à tous, et, avec l'aide de Dieu, nous soutiendrons dignement le vieux nom de l'Allemagne ! (Les musiciens prennent la tête du cortége en jouant de leurs instruments. Les étudiants sortent derrière sans chanter.)

LE ROI DES ÉTUDIANTS. Éteignez les torches et remettez les rapières dans le fourreau... nous sommes des vaincus, et pas autre chose !

TROISIÈME JOURNÉE.

Les jardins de la résidence du prince au coucher du soleil. Les promeneurs passent et repassent. La façade du palais s'illumine peu à peu.

I. — FLAMING, ROLLER *en costume d'étudiant.*

FLAMING. Allons donc, encore un instant !

ROLLER. Non, ma foi ! je ne puis rester si longtemps sans boire et sans fumer ; et la vue d'un palais ne me réjouit pas tellement les yeux, que cela me fasse oublier la pipe et la bière.

FLAMING. Et les jolies promeneuses ?

ROLLER. Crois-tu qu'elles viennent ici pour nous ? C'est pour ces messieurs à ceinture pendante et à sabre traînant. Aux étudiants les filles d'auberge, c'est assez bon pour eux. Tiens, ne me parle pas de ces villes d'université, qui sont en même temps résidence royale. Vive Bonn, vive Heidelberg !... D'ailleurs, voilà qu'on nous chasse. (On entend les clairons sonner la retraite.)

FLAMING. Il n'est pas l'heure.

ROLLER. N'est-ce pas fête au palais? Qu'importe qu'il ne soit pas l'heure pour le peuple, s'il est l'heure pour le prince? D'ailleurs, c'est bientôt le moment de notre assemblée définitive, à la taverne *des Chasseurs*; le jour est proche, Flaming! et ce sera le jour de demain, peut-être : c'est pourquoi il faut se tenir debout et la ceinture serrée, comme à la veille des saintes Pâques!... Mais qu'est donc devenu Diégo?

FLAMING. Te défierais-tu de lui?

ROLLER. De lui? oh! non; c'est le cœur le plus brave et le plus loyal que je connaisse, mais aussi, c'est la plus pauvre tête que j'aie sondée. Ces hommes du Midi n'ont pas plutôt avalé trois ou quatre bouteilles de bière, qu'il n'y a plus moyen d'en tirer une parole sensée ni une action raisonnable.

FLAMING. Eh bien?

ROLLER. Eh bien! tu sais qu'il a reçu ce soir ses lettres pour Heidelberg, et l'argent de sa route. J'ai des inquiétudes sur tout cela. Adieu.

FLAMING. Non, je m'en vais avec toi.

ROLLER. Pourquoi ne restes-tu pas? Tu as un oncle chambellan, tu peux prendre ta part des plaisirs aristocratiques, toi. Et qui sait? Une de ces grandes dames qui se sera brouillée la veille avec son amant te fera peut-être l'aumône d'un coup d'œil : ce sera honorable pour l'université.

FLAMING. Tu es fou, Roller ; tu sais bien que j'ai cessé de voir mes parents pour être tout à vous. Si l'on se défie de moi parce que je suis de famille noble, on n'a qu'à me le dire...

ROLLER. Eh non ! c'est que j'ai le cœur plein d'amertume, voilà tout. Tiens... il suffit d'avoir un habit brodé pour entrer là d'où nous sortons.

II. — Les mêmes, FRANTZ.

FLAMING. N'est-ce pas Frantz Lewald, vraiment ?

ROLLER. Frantz en habit de cour !... Frantz, qui ne nous connaît plus... parce qu'il est méconnaissable !

FLAMING. Ce collet brodé !

ROLLER. Cette épée !

FLAMING. A quel ordre appartiens-tu, philosophe ?

ROLLER. De quel titre faut-il te saluer, républicain ?

FRANTZ. Mon ordre ? celui des frères de la Jeune Allemagne... Et mon nom est Frantz Lewald, toujours le même. Eh ! mon Dieu, pourquoi tant de surprise ? N'est-ce pas une chose bien singulière que de me voir ici ! On m'a invité au palais, comme tout le monde, comme tout bourgeois honorable a droit de l'être. Fais demander un billet à ton oncle, Flaming ; va mettre un habit, Roller ; revenez tous deux, et le maître des cérémonies vous accueillera comme il va m'accueillir.

FLAMING. Frantz, nous te plaignons sincèrement. Au lieu d'aller avec eux, viens avec nous, je te le conseille. Au lieu de nous exciter à revêtir une livrée, quitte la tienne! A moins qu'elle ne serve à cacher une résolution glorieuse, à moins que le bouffon ne recouvre le Brutus.

FRANTZ. Adieu, frère. Je ne suis pas Romain, mais Allemand; je n'étudie pas la liberté dans les livres, mais dans les faits. Les époques ne sont jamais semblables, et les moyens diffèrent aussi. Quand tout sera prêt, appelez-moi, faites-moi un signe, et vous me retrouverez courageux et fidèle. En attendant, laissez-moi marcher dans mes plaisirs et dans mes peines : je hais cet esprit de liberté farouche, qui méprise toute fantaisie, toute gaieté, tout amour!... qui foule aux pieds les fleurs, et qui se défend de toutes joies, comme s'il n'était pas impie de repousser les dons du ciel!... Ah! donnez-moi l'occasion de servir enfin notre patrie; mais délivrez-moi du tourment de haïr, de méditer des plans funestes! faites qu'il n'y ait un jour qu'un bras à joindre aux vôtres, un grand coup à frapper au péril de ma vie, et si c'est aujourd'hui, si c'est tout à l'heure, eh bien, dites-le-moi! pour que je dépouille cet habit, et que je me mette à l'œuvre, le front levé et les mains nues.

FLAMING. Non, Frantz! non! Tu peux baisser le front encore en passant devant les altesses; tu peux offrir ta main gantée au maître des cérémonies, et tu n'en seras pas moins le bienvenu pourtant à faucher bientôt la moisson que nous avons semée. Nous lisons dans ton cœur, Frantz Lewald; ton cœur est pur et sincère, et nous nous plaignons seulement de ne pas l'avoir tout entier!

FRANTZ. Eh bien! oui, plaignez-moi. Adieu! nos cœurs se comprennent, et j'ai honte des choses que nous pensons tous trois en ce moment, sans oser les dire... Pourtant, je vous demande d'être discrets, comme si j'étais confiant!

ROLLER. C'est bien, c'est bien; et pourvu que ton sang soit toujours aussi prêt à couler pour la patrie... qu'il l'a été dernièrement à couler pour une femme...

FRANTZ. Oh! silence, mes amis, silence!... à demain!

FLAMING. A cette nuit, tu veux dire.

FRANTZ. Y a-t-il donc quelque chose d'arrêté?

FLAMING. Tu le sauras; adieu!

III. — LES MÊMES, UN OFFICIER.

L'OFFICIER. Sortez, messieurs, il est l'heure, sortez...

FRANTZ. Pardon, j'entre au palais, je suis invité.

l'officier. Votre billet.

frantz. Le voilà.

l'officier. Laissez passer monsieur.

flaming. Allons, Roller.

roller. Mais Diégo, Diégo, tu ne l'as pas vu sortir?

l'officier. Messieurs, les portes se ferment.

flaming. Viens donc, il sera parti et nous attend à la taverne.

IV. — L'OFFICIER, DIÉGO, Soldats.

le concierge. Peut-on fermer la porte, mon lieutenant?

l'officier. Oui, sans doute. On relèvera les sentinelles au dehors, sans ouvrir les grilles, afin que les invités puissent se promener dans les allées. (On amène Diégo entre deux soldats.)

diégo. Lâchez-moi! je vous le dis, lâchez-moi, ou j'ameute contre vous toute l'université!

l'officier. Qu'est-ce? un promeneur en retard, un bourgeois de la ville? Laissez sortir.

diégo (un peu ivre). Un bourgeois... pour qui me prenez-vous? je ne suis pas un bourgeois, je suis un brave étudiant!

l'officier. Qu'est-ce qu'il a fait?

premier soldat. Au moment où tout le monde sortait, il se cachait derrière une statue.

DIÉGO. Je ne me cachais pas : je méditais.

DEUXIÈME SOLDAT. Il dégradait les monuments publics.

L'OFFICIER. Qu'est-ce enfin, et de quoi s'agit-il?

PREMIER SOLDAT. Vous savez bien, mon commandant, ce guerrier d'autrefois, habillé en Romain, sur la terrasse du midi : cet homme s'en est approché en faisant de grands gestes, comme s'il jouait la tragédie. J'étais en faction ; je n'ai rien dit ; la consigne ne défend pas aux bourgeois de causer avec les statues.

DIÉGO. Eh! je ne suis pas un bourgeois!

L'OFFICIER. Est-ce tout?

PREMIER SOLDAT. Non, mon commandant ; alors j'ai fait semblant de tourner le dos, alors le bourgeois s'est mis à graver quelque chose sur le piédestal.

L'OFFICIER. Qu'a-t-il écrit?

PREMIER SOLDAT. Rien : des mots sans suite. Il a gâté le marbre, voilà tout ; d'ailleurs, je ne sais pas lire.

L'OFFICIER (à l'autre). Qu'a-t-il écrit.

DEUXIÈME SOLDAT. Il a écrit : « *Tu dors, Brute.* »

PREMIER SOLDAT. Voyez-vous? mon commandant, des injures à un factionnaire! Oh! que non, je ne dormais pas, bourgeois.

DIÉGO. Ignorant! qui prend pour lui un souvenir de l'antiquité, une citation latine... Mais vous connaissez cela, vous, commandant?

L'OFFICIER. Je ne connais que mon service, monsieur; et tout ceci commence à me devenir suspect. Avec quoi avez-vous gravé ces mots?

PREMIER SOLDAT. Avec un poignard.

DIÉGO. Avec quoi donc? avec le tuyau de ma pipe... et cela vous est-il suspect aussi, un poignard d'étudiant?

L'OFFICIER. C'est selon les circonstances.

PREMIER SOLDAT. Hum!... un étudiant de cet âge-là...

DIÉGO. On apprend à tout âge.

DEUXIÈME SOLDAT. C'est un bourgeois, mon commandant!

DIÉGO, furieux. Un bourgeois?... Tiens, connais-tu cela? (Il tire un ruban caché sous ses habits.)

L'OFFICIER. C'est le cordon où ils inscrivent leurs duels... c'est la médaille qu'ils portent en souvenir de 1813. C'est bien, emmenez cet homme au corps de garde; il y passera la nuit, et demain il se fera réclamer par le doyen des études.

DIÉGO. Au corps de garde?... un étudiant au corps de garde!

V. — LES MÊMES, LE CHEVALIER.

LE CHEVALIER. Qu'est-ce que cela? Un étudiant qu'on arrête... C'est toi, Diégo?

DIÉGO. Vils sicaires!

LE CHEVALIER. Commandant, je connais cet homme.

L'OFFICIER. Vous, monsieur le chevalier?

LE CHEVALIER. Ne troublez pas la fête pour si peu de chose... laissez-nous, je réponds de lui.

L'OFFICIER. Il suffit. Marchons...

LE CHEVALIER (à Diégo.) Tu vois que les frères ne s'abandonnent pas... Je t'ai sauvé, tu es libre.

DIÉGO. Ah! Paulus... c'est toi!... toujours parmi les esclaves?

LE CHEVALIER. Moi-même. Et toi? toujours parmi les ivrognes!

DIÉGO. Je n'ai pas changé de religion, au moins, aussi, toujours prêt à risquer ma vie pour la bonne cause! toujours voyageur, ambassadeur des républiques! ces jours derniers à Gœttingue, à Leipsick; demain à Heidelberg.

LE CHEVALIER. Tu vas à Heidelberg?

DIÉGO. En voiture, en grand seigneur : tiens, voilà des sequins de Venise, des ducats, des piastres d'Espagne...

LE CHEVALIER. Et qui t'a donné cela?

DIÉGO. Qui m'a donné cela? Celui qui veille pendant que le maître est endormi. En voilà, en voilà encore!

LE CHEVALIER. Mais tu as une somme!

DIÉGO. Il y a de quoi faire sauter la banque... si le jeu n'était pas défendu! Infâmes tyrans, qui ont défendu le jeu : mais dans trois mois il n'y en aura plus de tyrans ; je les abolis !... j'ai là leur condamnation. Adieu, Paulus ; il faut que je parte demain matin au point du jour !

LE CHEVALIER. Eh bien, tu as le temps : écoute-moi ; à ta place, avant de supprimer les tyrans, je voudrais les voir de près. Veux-tu que je te présente aux tyrans ?

DIÉGO. Oui, pour les frapper dans leur fête !

LE CHEVALIER. Non, pour manger leurs glaces, boire leur vin et gagner leur argent.

DIÉGO. Gagner leur argent ! On joue donc à la cour ?

LE CHEVALIER. On ne joue plus que là, puisque le jeu est défendu ailleurs.

DIÉGO. Oh ! les despotes ! Eh bien, oui, je veux gagner leur argent ; oui, je veux boire leur vin ; oui, je veux manger leurs glaces ! Conduis-moi à eux.

LE CHEVALIER. Un instant. Diable, il faut changer de costume ; viens chez moi, je te prêterai un de mes habits. Tu ne parleras qu'espagnol ; mais tu mangeras, tu boiras et tu joueras comme un Allemand. Cela te convient-il ?

DIÉGO. Si cela me convient, pardieu !

LE CHEVALIER. Silence, quelqu'un s'approche, c'est le grand maréchal ; partons, qu'il ne te voie pas sous ce costume. Viens chez moi.

DIÉGO. Tu est mon sauveur ! tu sers la liberté à ta manière, c'est bien.... (Ils sortent).

VI. — LE GRAND MARÉCHAL, MARGUERITE, DIANA.

LE GRAND MARÉCHAL. Mesdames, les jardins sont libres, et vous pouvez vous y promener en toute sécurité. Pardon...

DIANA. Nous vous remercions. L'air des salons est étouffant.

LE GRAND MARÉCHAL. C'est une critique dont nous allons profiter ; madame, tout sera ouvert dans un instant.

VII. — DIANA, MARGUERITE.

DIANA. Eh bien ! toujours triste ?

MARGUERITE. Oh ! ne comprends-tu pas, Diana, que cette vie m'est insupportable ? Constamment séparée de Léo, réduite à regretter le temps où je me plaignais de le voir à peine ! Depuis trois mois, c'est au plus s'il m'a donné quelques jours, et le voilà absent encore depuis six semaines... Forcée de venir à ce bal, je fais ce que je puis pour remplir en tout mon devoir. Ma vie est attachée à des conventions que je respecte... et je regrette de n'avoir pas assez de religion pour les supporter sans souffrir !

DIANA. Mais ton mari revient, tu le sais ; les conférences de Carlsbad sont achevées... tu vas le revoir tout glorieux de son triomphe.

MARGUERITE. Eh bien ! sa présence, vois-tu, m'est souvent plus douloureuse encore que son éloignement !... Ah ! j'ai le cœur plein d'amertume et d'ennui !... Étais-je née pour devenir l'épouse d'un ministre ? moi, pauvre femme, élevée dans la classe bourgeoise, et à qui l'on ne craint pas de le rappeler souvent !

DIANA. Que veux-tu dire ? N'aimes-tu pas ton mari ?... Je pensais que vous vous étiez unis par amour...

MARGUERITE. Ah! Diana! l'amour pour de telles natures n'est rien qu'un caprice, une fantaisie ; le mariage n'est que l'accomplissement d'un devoir envers la société, et ne leur offre tout au plus qu'un repos passager à des ambitions plus dignes de les émouvoir... Est-ce assez pour une femme, Diana ? Et ne puis-je regretter de n'avoir pas confié le soin de mon honneur à quelque esprit plus humble, et moins préoccupé du bonheur de tous ?

DIANA. Prends garde ; tu t'es condamnée en avouant que la foi manque à ton cœur... Ah ! Marguerite !... la résignation est la plus grande vertu des femmes ; c'est l'amour d'elles-mêmes qui les perd, plus souvent encore que l'autre amour, et ceux qui les séduisent ne sont que les complices de leur orgueil !... Il en est tant parmi nous qui trouveraient ta position digne d'envie ! Ce repos dans le devoir, cet honneur dans le sacrifice, n'est-ce pas la vraie couronne que

Dieu réserve à notre carrière !... Mais il y a des fronts qu'il a jugés indignes de la porter jamais !

MARGUERITE. On vient, Diana... rentrons.

LE MARÉCHAL. Mesdames, le prince est descendu dans les jardins, et s'étonnait tout à l'heure de ne point vous y rencontrer. (Il sort).

MARGUERITE. Nous sommes aux ordres de Son Altesse.

DIANA. Je l'aperçois qui passe dans cette allée... Écoute-moi, Marguerite : j'ai besoin de parler au prince un instant ; assieds-toi là, près de ces fleurs ; je te rejoins et te présenterai ensuite.

MARGUERITE. Tu vas me laisser seule ?...

DIANA. Quelques minutes au plus ; écoute, cela est grave, vraiment : mon frère est disgracié, et c'est ton mari qui lui a fait perdre ses emplois... Je vais parler au prince en sa faveur. Mais, tiens, voilà notre ami Frantz Lewald, qui voudra bien t'accompagner pour rentrer au palais. (Elle sort.)

MARGUERITE. Diana !...

FRANTZ. Un seul mot, madame, au nom de notre ancienne amitié !...

VIII. — FRANTZ, MARGUERITE.

MARGUERITE. Que voulez-vous me dire ?

FRANTZ. Ne le devinez-vous pas, mon Dieu !... c'est que je ne comprends plus rien à votre conduite avec moi. Suis-je donc devenu maintenant pour vous un ennemi ? Je ne puis plus vous voir que devant des étrangers, comme tout le monde, moins que tout le monde.

MARGUERITE. Pardon... Non, il vaut mieux que je vous dise tout dès à présent : si je ne vois plus en vous un ami, c'est que vous n'êtes plus le même, monsieur Frantz ! Vous voulez me compromettre, vous voulez me perdre : vous me suivez partout, monsieur; et je ne puis tourner la tête sans vous retrouver sombre et pensif derrière moi ! Si vous me parlez devant des étrangers, c'est avec des paroles ambiguës, avec une émotion singulière souvent ! Et même... n'avez-vous pas osé m'écrire?... M'écrire comme vous l'avez fait, c'est une trahison ! J'ouvre votre lettre sur la foi d'une ancienne et pure amitié, et j'y trouve des phrases insensées ! Ah ! monsieur...

FRANTZ. Grand Dieu ! vous m'avez si mal jugé ! Mais j'avais la tête perdue ! Vous ne savez peut-être pas... Deux fois je me suis présenté chez vous, comme autrefois, et votre porte m'a été fermée.

MARGUERITE. Mon mari était absent, absent pour le service du prince... de l'État.

FRANTZ. Votre mari ! ah ! tenez, ne me parlez pas de votre mari !... ou je vous en parlerai, moi !

MARGUERITE. Je me retire.

FRANTZ. Marguerite !... ne me privez pas de cet

instant, dussiez-vous m'arracher le cœur, comme avec vos premières paroles! Écoutez!... Si je ne suis pas reçu de vous, si je ne vous vois pas à toute heure, comme le premier indifférent peut le faire... c'est que vous savez bien que des liens sacrés me rattachent aux ennemis de votre époux. Je ne le méprise pas, vous voyez... Il a d'autres principes, et des opinions sévères nous séparent jusqu'à la mort! Marguerite, ah! ne me défendez pas de vous aimer... non, je veux dire de penser à vous seulement, et votre mari, qui vous délaisse, ne s'apercevra jamais d'une sympathie d'âmes, si pure, si discrète, qu'elle ne prétend rien sur la terre, et qu'elle est, pour ainsi dire, un espoir de la vie du ciel!...

MARGUERITE. Comment pouvez-vous penser à Dieu et me parler ainsi?

FRANTZ. Dieu n'a pas prononcé l'éternité des unions humaines : il y a dans certains pays des lois qui peuvent les dissoudre... Et partout il y a la mort!

MARGUERITE. Taisez-vous.

FRANTZ. La mort! elle nous entoure, elle rampe sous ces fleurs et aux lueurs de cette fête! Pardonnez-moi de vous frapper de crainte, mais il faut que vous le sachiez pourtant! Vous ne voyez donc pas qu'il se prépare ici des luttes sanglantes! Avant deux jours, peut-être, les amis et les époux se chercheront, inquiets et pleurants, comme le lendemain d'un combat ou d'un incendie!

MARGUERITE. Quelle pensée avez-vous, ô ciel?... Mon mari serait menacé!...

FRANTZ. Eh! je ne parle ici que de la possibilité de ma mort!... Je vous demande un peu de bonté... comme celui que le couteau menace, et qui obtient la pitié même de ses juges! Marguerite! dites-moi seulement que notre pensée s'unit en Dieu, afin que je me dévoue s'il le faut avec plus de courage... (Il lui prend la main).

MARGUERITE. Non! non! laissez-moi : voici Diana qui revient! — Grand Dieu! vous avez été blessé là, blessé pour moi! Oh! malheureuse! Frantz, il y a a donc entre nous un sort bien fatal. Je ne voulais pas vous affliger, Frantz! Mon Dieu... mais que puis-je faire!... Diana!... je suis sauvée.

IX. — LES MÊMES, DIANA.

DIANA (tout émue de son côté). Rentrons, tout ceci m'indigne...

MARGUERITE (à part). Elle ne s'aperçoit de rien!

DIANA. Le prince m'a refusé la grâce de mon frère!...

MARGUERITE. De ton frère, Diana... M. de Waldeck?

DIANA. Et c'est ton mari qui l'avait fait destituer à la suite de ce duel fatal!

MARGUERITE. Dieu!

DIANA. Et parce que ce jeune homme imprudent, furieux, a prêté l'oreille à ces conspirateurs de tragédie, dont on fait tant de bruit depuis quelques jours!... rien ne peut désarmer le prince; mon crédit s'y est perdu! il m'a refusée, moi!

MARGUERITE. Rentrons, mon amie; cette fête est triste et funèbre... Je vais partir.

DIANA. Ton mari revient ici cette nuit. (Elles rentrent.)

X. — FRANTZ, SEUL.

Enfin, je l'ai vue! j'ai tout avoué... j'ai tout dit! elle m'a entendu sans colère... Oh! il y a bien près de son silence à un aveu! Comment ai-je trouvé dans mon âme cette hardiesse inespérée, dont je m'étonne encore? Qui m'a inspiré cette résolution soudaine? à moi si timide jusque-là?... Qui sait? les sons de la musique, l'enivrement de la fête... Ah! elle avait tout deviné, tout compris! Elle suivait les progrès de cet amour qui s'amassait en moi; et elle y répondait peut-être avant même qu'il n'eût éclaté. Oh! qui saura jamais le secret de tous ces cœurs de jeunes filles, qui ne peuvent répondre qu'à l'amour qui leur est offert, et qui ont souvent à cacher des préférences qu'on ignore! Aujourd'hui seulement, je mesure toute la folie de mes espérances d'hier!... Une femme si jeune et si noble d'esprit, et qui devait être gardée de tout amour à l'ombre d'un nom illustre... Oh! l'amour, l'amour sincère et tout-puissant n'est donc pas une invention des poëtes? L'amour triomphe de tous les obstacles! Il brise, en un instant, ces inégales conventions de la société, qui enchaînent la colombe à l'aigle, la femme aimante à l'homme de marbre!... Oh! je suis heureux! je suis fier! Qu'on ne vienne plus me parler de complots, d'ennemis, à présent : je n'ai plus rien d'amer dans l'âme; je suis heureux, je suis aimé!...

XI. — FRANTZ, WALDECK.

WALDECK. Pardonnez-moi, monsieur, d'avoir surpris vos dernières paroles... Vous parliez d'ennemis, et je saisis cette occasion de vous dire que j'espère ne plus être compté parmi les vôtres.

FRANTZ. Il est inutile de réveiller ce souvenir.

WALDECK. Veuillez m'accorder un instant. Quand les épées de deux hommes d'honneur se sont une fois rencontrées, il y a entre eux dans l'avenir plus de chances pour l'amitié que pour la haine.

FRANTZ. Je n'ai nul motif de haine contre vous, monsieur, je vous ai adressé une provocation, vous m'avez rendu une blessure; nous sommes quittes.

WALDECK. Oh! nous ne pouvons plus être indifférents l'un à l'autre. A compter de cette heure, nous devenons compagnons de danger, frères d'opinion.

Dès aujourd'hui, j'appartiens comme vous à la Jeune Allemagne. Demain je ne serai plus un instrument de la tyrannie, mais un citoyen de la patrie régénérée. Depuis longtemps c'était mon espoir, et je rêvais en secret la liberté de l'Allemagne.

FRANTZ. Et vous gardiez ce secret-là avec une discrétion que je vous recommande encore !

WALDECK. C'est tout ce que vous avez à me répondre ?

FRANTZ. Je réponds que si des gens de cœur, qui rêvent l'affranchissement de leur pays, sont obligés de grossir leurs rangs avec des conspirateurs intéressés ou d'ambitieux transfuges, du moins ils ne les admettent jamais ni à leur amitié, ni à leurs confidences... parce qu'ils savent trop que ces alliés de la veille sont les traîtres du lendemain !

WALDECK. C'est bien, je sais maintenant ce que je dois attendre de vous, monsieur ! Il me reste à m'acquitter d'un message... venant des hommes mêmes, qui m'ont jugé plus digne que vous ne le pensez de leur confiance et de leur amitié ! (Il lui laisse un billet et sort.)

FRANTZ. Demain la réunion... demain ! Que faire ? Tout se confond, tout s'obscurcit devant mes yeux !

XII. — LE MARÉCHAL, *suivant de loin Frantz qui s'éloigne.*

Monsieur !..... (Seul.) Il me semble que ces deux

invités se parlaient un peu haut... Serait-ce encore une provocation?

XIII. — LE MARÉCHAL, LE CHEVALIER, DIÉGO *vêtu d'un habit de général.*

LE CHEVALIER. C'est cela ; un peu plus de cambrure aristocratique dans la taille : la main gauche à la garde de l'épée ; saluons gravement, et ne répondons qu'en portugais ou en espagnol.

DIÉGO. Me courber devant ces vils courtisans!

LE CHEVALIER. Monsieur le maréchal, permettez que je vous présente l'illustre étranger pour lequel je vous ai demandé une lettre d'invitation.

LE MARÉCHAL (s'inclinant). Monsieur...

LE CHEVALIER. Le seigneur don Diégo Ramirez de la Plata...

LE MARÉCHAL. Seigneur...

LE CHEVALIER. Ancien conseiller d'État du gouvernement provisoire de Tampico...

LE MARÉCHAL. Ah! ah!...

LE CHEVALIER. Ex-ambassadeur du grand Bolivar, à différents souverains et empereurs.

LE MARÉCHAL. Monseigneur...

LE CHEVALIER. Ex-grand chambellan...

DIÉGO (bas.) Assez!.... tu m'humilies avec toutes ces grandeurs.

LE MARÉCHAL. Votre Seigneurie veut sans doute être présentée à Son Altesse.

LE CHEVALIER (bas). Réponds en espagnol, il ne le sait pas.

DIÉGO. *Yo que soy contrabandista!*

LE CHEVALIER (bas au maréchal). Il ne connait pas un mot de notre langue : j'ai eu toutes les peines du monde à le décider.

LE MARÉCHAL. Alors vous permettez... Il faut que je surveille, que je sois partout.

LE CHEVALIER. Comment donc..... Allez, allez, monsieur le grand maréchal. (A Diégo.) Salue donc.

XIV. — DIÉGO, LE CHEVALIER.

DIÉGO. Oui, va ramper plus loin, esclave doré! va-t'en changer de couleur, caméléon.

LE CHEVALIER (arrêtant un valet qui porte un plateau). Un verre de punch! allons.

DIÉGO. Oui! digérons toutes ces bassesses.

LE CHEVALIER. Un autre verre!

DIÉGO. Quand je pense que ce breuvage de courtisan est trempé des pleurs des victimes!...

LE CHEVALIER. Tu le trouves trop faible, n'est-ce pas? Eh bien, tiens, voici une tranche d'ananas dans un verre de Tokay... apprécie un peu ce rafraîchissement.

DIÉGO. Hélas!... la sueur des malheureux noirs a arrosé ce fruit délicat!... Si nous allions jouer, Paulus, maintenant que je suis présenté.

LE CHEVALIER. Revenons au punch!... hein?

DIÉGO. Oui! qu'il ne leur en reste plus une goutte! Mais tu ne bois pas, toi?...

LE CHEVALIER (marchant de travers). Moi?... je suis gris! ma parole... je n'y vois plus; je ferai des folies.

DIÉGO. Nous nous soutiendrons. Allons jouer, mon argent me brûle!

XV. — LES MÊMES, LÉO BURCKART.

LÉO (à un domestique). Allez dire au plus grand de ces deux hommes que quelqu'un désire lui parler.

LE DOMESTIQUE (au chevalier). C'est son Excellence...

LE CHEVALIER (à Diégo). Tiens : la salle au fond ; je t'y rejoins... va. Monseigneur revient en bonne santé ?

LÉO. Merci.

LE CHEVALIER. Son Altesse est-elle prévenue de votre arrivée ?

LÉO. Je lui ai fait demander ses ordres. Le prince m'a fait répondre : A demain les choses sérieuses! Mais, comme il faut que je le voie, et que je ne puis entrer dans les salons avec ce costume... prévenez-le, Paulus; que j'attends ici, et que je serais reconnaissant qu'il voulût bien m'accorder quelques minutes, soit dans les jardins, soit dans son cabinet.

LE CHEVALIER. Nous avons eu des nouvelles de Votre Excellence; elle a fait des merveilles au congrès, et je suis heureux d'être le premier à l'en féliciter.

LÉO. J'avais toujours dit que celui qui de nos jours ferait de la diplomatie franche et loyale, tromperait tous les autres. Ils ne peuvent se figurer que l'on pense ce que l'on dit, ni que l'on dise ce que l'on pense; et, tandis qu'ils cherchent le sens caché de paroles qui n'en ont pas, on arrive au but, comme la tortue de la fable, en allant droit son chemin. Et ici?

LE CHEVALIER. Oh! ici il y a bien des choses. D'abord grande effervescence dans l'université...

LÉO. Je sais.

LE CHEVALIER. Mais, de plus, conspiration établie, marchant à son but aussi, moins franchement que vous, monseigneur; mais ayant cependant bien des chances d'y arriver, si, par un hasard...

LÉO. Est-ce que vous savez...

LE CHEVALIER. Je sais... c'est-à-dire je saurai quelque chose cette nuit. Donnez-moi seulement congé jusqu'à demain, monseigneur.

LÉO. Vous êtes libre : seulement, prévenez le prince.

LE CHEVALIER. Dirai-je un mot de votre retour à madame?

LÉO. Non, je vous prie : l'État avant tout, mon bonheur après; allez.

XVI. — LÉO, SEUL.

Oui, oui, conspiration ici, conspiration là-bas ! C'est un immense réseau qui enveloppe toute l'Allemagne, et voilà à quoi s'occupent les princes, tandis que les complots rampent autour d'eux !...... Des complots d'écoliers, il est vrai, auxquels la grande foule demeure indifférente, et qui reposent sur des idées... non pas nouvelles, mais apprises des Grecs et des Romains... apprises par cœur ! Et ce serait un noble effort pourtant, si la vraie et solide liberté, la liberté de l'avenir n'était pas à la merci de ces tentatives impuissantes !... Hélas ! pourquoi faut-il que les idées généreuses aient toujours la vue si courte !

XVII. — LÉO, DIANA.

DIANA. Ah ! c'est vous, monsieur... venez, le prince vous attend.

LÉO. Madame... Et vous m'accompagnerez près de lui.

DIANA. Oui, monsieur.

LÉO. Allons...

XVIII. — LES MÊMES, MARGUERITE.

MARGUERITE (bas). Diana, Diana.

DIANA. Marguerite.

MARGUERITE. Est-ce que je ne pourrai pas le voir à mon tour? Est-ce que je ne pourrai pas lui parler, moi, sa femme?

DIANA. Votre femme demande à vous parler un instant : cela est juste. Je me rends près du prince. Je vous annoncerai. (Elle sort.)

LÉO. Marguerite...

MARGUERITE. Léo, mon ami!

LÉO. Tu ne recevras plus dans ta maison mademoiselle de Waldeck : je te dirai pourquoi.

MARGUERITE. Pourquoi? ah! n'importe; c'est à elle que je dois le bonheur de te parler. Tu reviens, Léo, et tes premières paroles sont à des étrangers!

LÉO. Appelles-tu l'Allemagne une étrangère? Appelles-tu le prince un étranger?

MARGUERITE. Ah! que je suis heureuse de te revoir; j'avais besoin de ton retour, Léo. C'est Dieu qui te ramène. Tu ne sais pas ce qu'il y avait en moi de doutes et de craintes. Mais te voilà, je ne veux pas demeurer plus longtemps à ce bal; partons.

LÉO. C'est impossible, mon enfant; il faut que je reste près du prince. En ce moment le prince m'attend dans son cabinet.

MARGUERITE. Eh bien! je rentre toujours; je t'attendrai.

LÉO. J'aurai probablement à travailler jusqu'au jour, et demain encore.

MARGUERITE. Ainsi, te voilà revenu, et je ne pourrai te voir davantage!

LÉO. C'est pourquoi je ne voulais pas que l'on t'apprît mon retour ce soir.

MARGUERITE. Oh! si l'on m'avait dit autrefois que nous serions dans la même ville, et qu'il y en aurait un de nous qui cacherait sa présence à l'autre...

LÉO. Si l'on t'avait dit cela, eh bien!... tu ne m'aurais pas choisi pour mari; n'est-ce pas ce que tu veux dire? C'est juste : les femmes ont besoin que l'on ne s'occupe que d'elles. Il faut qu'un mari soit toute sa vie un amant, et qu'il songe sans cesse à les divertir de cet ennui profond qui les accable toutes, depuis que la société leur a imposé le désœuvrement comme une convenance !

MARGUERITE. Assez, mon ami; vous n'avez pas besoin de vous armer contre moi de vos graves idées de réforme. L'amour n'est pas dans les longues heures perdues, il est dans un mot qu'on dit, dans une main qu'on serre, dans l'expression d'un adieu.

UN DOMESTIQUE. Son Altesse attend monseigneur dans son cabinet.

LÉO. Tu vois, mon amie. Que veux-tu que je te dise encore? Le temps est changé : proscrit, toutes mes heures étaient à moi, et par conséquent à nous; ministre, tous mes instants sont au prince, au peuple, à l'Allemagne. Pardonne moi, Marguerite, je ne t'en aime pas moins pour cela ; mais la nécessité est là, il faut y céder... Adieu, mon enfant.

MARGUERITE (seule). Un baiser froid comme son cœur.

XIX. — MARGUERITE, FRANTZ.

FRANTZ. Madame!

MARGUERITE. Frantz!... vous nous écoutiez, monsieur!

FRANTZ. Je n'entendais pas ; mon cœur est tout bouleversé. Ne me repoussez pas cette fois. Un mot, un mot terrible! et plus tard tout vous sera dit.

MARGUERITE. On va nous remarquer, monsieur.

FRANTZ. Je vous ai parlé, n'est-ce pas, de ce pouvoir suprême et mystérieux auquel il fallait que j'obéisse... eh bien! il est venu me chercher jusqu'au milieu du bal, jusque sous vos yeux. Un homme m'a remis un billet. Demain, Marguerite, demain, à minuit, une chose terrible se décidera, qui va m'envelopper, m'entraîner, m'emporter loin de vous; peut-être pour longtemps, peut-être pour toujours.

MARGUERITE. Eh bien! nous serons malheureux chacun de notre côté, voilà tout; un peu plus de souffrance, qu'importe?

FRANTZ. Oui; mais je ne veux pas vous quitter ainsi, Marguerite; je ne veux pas, si l'avenir me garde le sort de Kœrner ou de Staps, mourir sans vous avoir parlé une dernière fois... Oh! la mort me serait trop cruelle alors, et je ferais quelque lâcheté!

MARGUERITE. Mais que me dites-vous là, Frantz?

FRANTZ. Je vous dis tout ce que je puis vous dire, et ce que je vous cache est le plus terrible... Marguerite! oh! j'ai besoin de vous voir demain!

MARGUERITE. Me voir!... eh bien! demain je pourrai vous recevoir chez moi, Frantz.

FRANTZ. Chez vous?... ah! ce n'est pas cela! chez vous... c'est chez M. Léo Burckart! Je n'entrerai pas devant tous, en plein jour, chez l'homme qui est devenu l'ennemi de tous mes frères, et dont les mains auront peut-être à se teindre un jour de leur sang!

MARGUERITE. Frantz!

FRANTZ. Oh! c'est un homme d'honneur, j'en conviens... mais, je vous l'ai dit, il est le soldat d'une opinion et moi je suis celui d'une autre... Hélas! quelle âme humaine a jamais été soumise à de telles épreuves?... Écoutez! point de coquetterie ici, point de vaines terreurs; quelque chose me dit que cette nuit de demain me sera funeste... Que je vous voie seulement! que j'entende quelques douces paroles à ce moment suprême... Autrement, seul au monde... à qui dirais-je le secret de ma vie et de ma mort? Ma mère n'est plus, et je n'ai point d'autre sœur que vous!

MARGUERITE. Ah! que faire?

FRANTZ. Ce billet, écrit à la hâte à la lueur de ces flambeaux, vous dira tout, Marguerite.

MARGUERITE. Mais on vient...

UN DOMESTIQUE. La voiture de madame est avancée.

FRANTZ (haut). Me permettez-vous, madame, de vous donner la main jusque-là? (On sort en foule du palais. Frantz remet à Marguerite son billet, en l'accompagnant jusqu'à la grille.)

QUATRIÈME JOURNÉE.

Cabinet de Léo Burckart. — Une table chargée de papiers.

I. — MARGUERITE.

MARGUERITE. Il n'est pas de retour encore... il n'est pas même revenu ici. Ses papiers, ses livres... tout est à la même place, et comme il l'a laissé en partant ! Oh ! je n'ai pas fermé l'œil de la nuit ; ma tête est brûlante : les heures se sont écoulées à l'attendre, et à craindre son retour ! Étrange situation que la mienne ! Qu'ai-je donc fait pour trembler ainsi ? Frantz demande à me voir, à me dire adieu !... Frantz est un ami d'autrefois, le seul ami qui me soit resté ; et, d'après tout ce qu'il m'a dit, il me semble que je ne puis repousser sa demande. Lisons encore cette lettre... elle est écrite sur le papier même qui lui assigne le rendez-vous fatal dont il me parlait... L'écriture est déchirée, mais il y reste un cachet funèbre : une tête de mort et des poignards en croix ; puis des mots latins que je ne puis comprendre... Oh! mon Dieu! les voilà bien ces lignes tracées au crayon...

« Il y a une heure de chaque soirée où votre mari
« se rend d'ordinaire au château... à cette heure-là,
« je le sais, vous avez l'habitude de prier dans votre
« oratoire, dont une porte donne sur le cloître des
« Augustins. Laissez seulement une clef à cette
« porte, ordinairement fermée : cela paraîtra, si
« l'on s'en aperçoit, l'effet d'une négligence, et suf-
« fira pour que je puisse parvenir auprès de vous,
« si vous prenez soin d'éloigner vos gens de cette
« partie de la maison. Votre honneur sera-t-il ras-
« suré par le choix que j'ai fait d'un tel lieu pour
« notre entrevue? C'est dans un oratoire, devant
« Dieu, que je prendrai congé de vous, pour tout
« jamais peut-être... ce sera la veille du 18 octo-
« bre... *et c'est ce jour-là même, qu'en* 1813 *je me*
« *dévouais à la mort...* »

Cette dernière ligne est leur devise à tous!... Mon Dieu! ne suis-je pas appelée à détourner Frantz d'une résolution funeste à lui-même, funeste à mon mari? J'irai. Frantz ne demande aucune réponse... j'ai la clef... lorsque la nuit sera tombée, j'ouvrirai cette porte comme pour mieux entendre les chants du cloître... Ah! n'y a-t-il pas une faute dans tout cela? (Elle sonne.) Qui fait ce bruit?

UN DOMESTIQUE. Quelques personnes qui attendent monseigneur.

MARGUERITE. Que tenez-vous là ?

LE DOMESTIQUE. Le journal de monseigneur.

MARGUERITE. Donnez... (Seule.) Monseigneur... quand on l'appelle ainsi, il me semble que c'est un autre que l'on nomme... « A monseigneur le conseiller, président de la régence, Léo Burckart... » Et c'est à tous ces titres qu'il a sacrifié son bonheur, sa tranquillité ; qu'il m'a sacrifiée, moi... J'en suis réduite à chercher dans les journaux ceux qui parlent de lui, pour avoir de ses nouvelles ; et presque toujours comment le traitent-ils ? Une alliance entre le prince et la Bavière ? un mariage... ah ! mon Dieu... un mensonge sans doute ! Vendu à l'Angleterre !... lui, Burckart vendu... oh ! les infâmes ! Il me semble que si j'étais à sa place, j'aurais besoin du bonheur de ma famille pour oublier toutes ces calomnies. Je m'attends toujours à le voir revenir à moi ! le cœur brisé et le front abattu... Revenir à moi !... pourquoi ai-je tressailli à cette idée ?... Oh ! mon Dieu ! mon Dieu ! ce rendez-vous, c'est une trahison ! Frantz est un cœur loyal, mais il s'abuse lui-même. Je n'irai pas. Pendant qu'il me parlait hier... oh ! je vous l'avouerai à vous seul, mon Dieu ! j'étais touchée, ma raison s'égarait par moments... je me suis dit, je crois, que, libre, un tel amour m'aurait rendue heureuse...... J'ai regretté même un instant que Frantz fût revenu si tard de son voyage ! Je ne le reverrai plus... Je n'irai pas. Mais, comme il viendra, lui, comme il ferait peut-être une imprudence, je vais lui écrire... lui dire tout ce que j'ai pensé; et, pour plus de sûreté encore, j'irai passer la journée chez Diana. Ah! mon Dieu! mon mari m'a défendu de la voir... mais pourquoi? Il y a autour de moi bien des choses inexpliquées, des secrets terribles... il faut tout de suite écrire à Frantz. Je sens en moi-même que je fais bien!

UN DOMESTIQUE. Madame la comtesse Diana de Waldeck.

MARGUERITE. Elle! et je n'ai pas songé... Je n'y suis pas!

II. — MARGUERITE, DIANA.

DIANA. Tu n'y es pas!

MARGUERITE. Oh! pardon... j'ignorais...

DIANA. Au reste, ma visite n'était pas pour toi, mais pour ton mari.

MARGUERITE. Il est à la résidence.

DIANA. Je le sais... et je viens l'attendre ici.

MARGUERITE. Il a travaillé toute la nuit avec le prince.

DIANA. Oui... et leur travail a déjà porté ses fruits... La ville tout entière est en tumulte. Il s'agit de choses vraiment sérieuses, de conspirations, de complots... Les écoles devaient se révolter demain, dit-on, à l'occasion de l'anniversaire de la bataille de Leipsick, le 18 octobre. Tout était prêt;

et, comme elles comptaient sur les anciens soldats de la landwerth, on a ordonné un désarmement général.

MARGUERITE. Hélas!... comment tout cela finira-t-il?

DIANA. Bien, il faut l'espérer. Dis-moi, tu as vu Frantz hier?...

MARGUERITE. Moi! oui... un instant... je crois.

DIANA. Le reverras-tu aujourd'hui?

MARGUERITE. Pourquoi cette question, Diana?

DIANA. Mais elle est bien simple et bien naturelle, ce me semble... Frantz est notre ami... le tien surtout, maintenant.

MARGUERITE. Oui; mais... mais je ne le vois pas... Je le rencontre, comme cela, par hasard.

DIANA. J'en suis fâchée... j'aurais voulu, par un intermédiaire, lui faire parvenir un avis, que je ne puis lui donner moi-même. C'est peut-être une trahison de ma part... mais, peu importe.

MARGUERITE. Une trahison? mon Dieu, qu'y a-t-il donc?... tu m'effrayes...

DIANA. C'est inutile... si tu ne dois pas le voir...

MARGUERITE. Mais enfin... Je le verrai peut-être : on peut lui écrire...

DIANA. Il n'est pas chez lui.

MARGUERITE. Comment le sais-tu?

DIANA. On s'est présenté ce matin pour l'arrêter.

MARGUERITE. L'arrêter!...

DIANA. Oui; il paraît qu'il est compromis dans toutes ces conspirations. Il fait partie d'une société secrète... tu sais bien...

MARGUERITE. Ah!...

DIANA. Et je voulais lui faire dire de ne pas rentrer chez lui, de quitter la ville...

MARGUERITE. Je m'en charge. C'est-à-dire, si je le vois, moi; je ne sais où je pourrai le voir... Silence! on vient par cette galerie. C'est Léo, sans doute. Oui, le voilà... enfin !

III. — Les mêmes, LÉO.

MARGUERITE. Oh! comme tu es pâle et défait... mon Dieu!

LÉO. Rien... de la fatigue... voilà tout..(A Diana.) Pardon, madame.

DIANA (à Léo). J'ai besoin de vous parler à vous seul.

LÉO. Je le pensais aussi... Laisse-nous, ma bonne Marguerite; j'irai chez toi tout à l'heure.

IV. — DIANA, LÉO.

DIANA. Vous devinez ce qui m'amène, monsieur?

LÉO. A peu près...

DIANA. Je viens vous faire une seule question.

LÉO. J'écoute.

DIANA. Croyez-vous que ce journal soit ordinairement bien renseigné?

LÉO. Mais... oui, madame.

DIANA. Eh bien! veuillez me dire ce que vous pensez de ce passage :

LÉO. « Les deux voix de la Bavière ont été don-« nées, à condition que le prince Frédéric épouserait « la grande duchesse Wilhelmine. » Ce que j'en pense, madame, c'est qu'il y a jusque dans les conseils les plus secrets des espions et des traîtres.

DIANA. Ainsi donc, c'est vrai... ainsi cette nouvelle, vous ne la démentez pas?

LÉO. La démentir serait une insulte pour un pays, dont l'appui nous est nécessaire; d'ailleurs, il est dans mes principes politiques, madame, de ne jamais tromper... un mensonge dût-il être utile à la cause que je sers.

DIANA. Ainsi, monsieur, vous m'avouez à moi que ce bruit... cette nouvelle a quelque consistance.

LÉO. A vous, madame, comme à tout le monde, et à vous peut-être plutôt qu'à tout le monde encore; car je sais combien les vrais intérêts du prince vous sont chers.

DIANA. Donc cette alliance... vous croyez qu'elle se fera?

LÉO. Je l'espère.

DIANA. Mais... mais le prince m'aime, vous le savez bien.

LÉO. Je le sais depuis mon retour seulement... Son Altesse me l'a dit elle-même.

DIANA. Ah!... il vous l'a dit.

LÉO. Hélas! qu'est-ce que cela prouve?... Puisque vous me forcez de parler politique avec vous, madame, je vous dirai que la raison d'État n'a pas de cœur... Les princes, vous le savez bien, ne se marient pas; ils s'allient... Heureux encore ceux que la diplomatie n'est pas venue fiancer au berceau, et qui ont eu le temps de goûter d'un amour libre et mutuel.

DIANA. Très-bien! et j'aurais dû m'attendre à tout cela... Voilà comme vous me remerciez de ce que j'ai fait pour vous.

LÉO. Peut-être vous ai-je de grandes obligations, madame; et alors je vous ferai un reproche, c'est de me les avoir laissé si longtemps ignorer.

DIANA. Vous êtes oublieux, monsieur... c'est une des qualités des fortunes qui s'élèvent vite, que de ne plus se souvenir de ceux qui ont aidé à leurs commencements.

LÉO. Oh! je crois vous entendre, madame... vous voulez parler du jour où le prince est venu chez moi.

DIANA. Qui l'y a conduit?... Voyant le désespoir de votre famille, les larmes de Marguerite... qui a été le chercher? Ah! vous avez cru qu'il était venu de lui-même et pour admirer l'auteur pseudonyme de quelques articles de journal ou de pamphlets obscurs... La prétention est orgueilleuse, et pourtant elle ne m'étonne pas.

LÉO (après un silence). Madame, je suis bien aise d'apprendre ce que je vous dois... pardonnez-moi de ne vous en avoir aucune reconnaissance. Je n'ai jamais vu dans ma mission qu'une tâche rude à accomplir, et j'aspire au repos auquel j'aurai droit après l'avoir finie. Seulement, je vous crois ici plus injuste envers le prince qu'envers moi-même, et j'aime à penser que vous n'avez fait que lui indiquer ma demeure... Hélas! je lui ai plus donné qu'il ne m'a rendu! et, dans ce haut rang où il m'a placé, je me vois moins puissant que je ne l'étais avant d'y atteindre. (Il va à la table.) Cette plume, madame, cette plume était un sceptre plus réel que le sien... et j'ai peur, en la reprenant, d'en avoir usé le prestige!

DIANA. Ainsi, c'est une guerre déclarée entre nous, n'est-ce pas?

LÉO. Dans laquelle je vous laisserai tout l'honneur de l'attaque et tout l'orgueil de la victoire.

DIANA. Monsieur... adieu.

V. — LÉO, LE CHEVALIER.

LE CHEVALIER. Enfin vous êtes seul, monseigneur.
LÉO. Vous attendiez depuis longtemps, monsieur?

LE CHEVALIER. Oui, monseigneur.

LÉO. C'est bien... Passez dans votre cabinet, et ouvrez la correspondance.

LE CHEVALIER. Monseigneur ne me demande pas si j'ai réussi.

LÉO. En quoi?

LE CHEVALIER. Mais dans mon entreprise d'hier.

LÉO. Laquelle?

LE CHEVALIER. Monseigneur se souvient que je lui ai demandé la permission...

LÉO. Eh bien! je vous l'ai donnée.

LE CHEVALIER. Que je lui ai montré un homme...

LÉO. Je ne me souviens pas.

LE CHEVALIER. Eh bien! cet homme, monseigneur... c'était un de mes amis.

LÉO. Un de vos amis?

LE CHEVALIER. Oui, un frère des sociétés secrètes.

LÉO. Vous êtes de ces sociétés, monsieur?

LE CHEVALIER. Je vous l'ai dit, je m'en suis fait recevoir... pendant que je travaillais au journal... et que nous faisions de l'opposition ensemble, monseigneur.

LÉO. Je croyais que vous y faisiez de la science, et moi de la politique.

LE CHEVALIER. C'est cela... Et dans mes courses archéologiques j'allais visiter les vieux châteaux de l'Italie, de la Saxe, de la Souabe. Là, de temps en temps, je trouvais dans les ruines une vingtaine d'amis, amateurs comme moi d'antiquités... puis, par occasion, nous parlions de politique... de sorte que, comme je l'ai dit à Votre Excellence... je suis affilié à tout... Je suis carbonaro en Italie; ici, membre de la Jeune Allemagne.

LÉO. De sorte...

LE CHEVALIER. De sorte qu'au moment où il allait partir pour Heidelberg, y portant le plan de la conspiration, j'ai avisé un de mes anciens camarades... il était un peu animé déjà par un certain nombre de coups de l'étrier... Je l'ai décidé à venir à la cour. Le punch et le vin du prince l'ont achevé! A cette heure il dort en prison, grâce à mes soins; et dans les poches de l'habit qu'il a quitté chez moi, il y avait ce paquet...

LÉO. Et la chose s'est passée ainsi que vous me le dites?

LE CHEVALIER. Tout à fait.

LÉO. Vous ne vous vantez pas.

LE CHEVALIER. En aucune manière.

LÉO. Vous étiez affilié à ces sociétés secrètes?

LE CHEVALIER. Je le suis encore.

LÉO. Vous avez enivré cet homme pour lui prendre ces papiers.

LE CHEVALIER. J'ai complété seulement son état d'ivresse.

LÉO. Et cet homme sait que vous m'appartenez,

que vous êtes mon secrétaire. Cet homme croira que vous avez agi par mes ordres...

LE CHEVALIER. Il ne s'en doutera pas, monseigneur.... Il croira avoir perdu les papiers...

LÉO. Mais s'il s'en doute, monsieur... Savez-vous bien que vous avez compromis mon nom ; un nom que j'avais juré de conserver pur... un nom que vous venez de tremper dans votre...

LE CHEVALIER. Pardon, je croyais avoir bien fait, monseigneur.

LÉO (se contenant, à part). Allons, voilà que j'allais me faire un traître avec un lâche ! (Haut.) Vous irez trouver le directeur de la police avec un mot de moi.

UN DOMESTIQUE. Monseigneur...

LÉO. J'avais défendu qu'on fît entrer personne.

LE DOMESTIQUE. Son Altesse Royale monseigneur le prince régnant.

LÉO (au chevalier). Passez dans votre cabinet, monsieur ; et réunissez-y vos papiers avant de quitter l'hôtel.

VI. — LÉO, LE PRINCE.

LÉO. Votre Altesse dans ma maison... dans la maison d'un de ses sujets !

LE PRINCE. Vous vous trompez, Léo ; je ne viens pas chez un sujet, je viens chez un ami. D'ailleurs, pourquoi vous étonner ? ce n'est pas la première fois que je vous rends visite... Un jour, j'ai frappé comme aujourd'hui à une porte en demandant Léo Burckart... alors c'était pour lui confier le soin des affaires publiques et de ma propre sûreté.

LÉO. Et aujourd'hui, je suis prêt à répondre de ma conduite, monseigneur; et j'aime mieux que ce soit ici qu'autre part. Cette demeure n'est pas beaucoup plus riche que celle où vous m'avez rencontré pour la première fois; cet habit est le même, et le cœur qu'il recouvre bat aujourd'hui, ainsi qu'alors, pour la liberté de l'Allemagne!

LE PRINCE. Mais, comme chacun entend ce mot de liberté à sa manière, les uns vous accusent de la servir trop ardemment, les autres, de l'avoir trahie!

LÉO. En acceptant le pouvoir, monseigneur, me suis-je un instant dissimulé ce résultat inévitable? La pensée pure et droite appartient au ciel, et l'action lente et pénible appartient à la terre ; ce que j'ai écrit dans d'autres temps, j'espère encore le réaliser; mais qui me voit marcher aujourd'hui par des chemins difficiles, peut douter que je tende toujours au but, où l'imagination m'emportait autrefois sur ses ailes! Je veux accomplir, par des voies pacifiques, ce que d'autres espèrent obtenir plus vite par des conspirations, par des révoltes. Je me vois forcé de combattre à la fois des haines calculées et des sympathies imprudentes...

LE PRINCE. Et maintenant vous êtes tranquille;

vous avez désarmé les unes et calmé les autres. Votre diplomatie triomphe de tout...

LÉO. Ma diplomatie est seulement de la franchise et du bon sens. A la conférence de Carlsbad, j'ai toujours parlé haut et parlé devant tous; j'ai fait comprendre aux députés des petits États qu'il leur importait de s'unir enfin pour faire équilibre aux grandes puissances. Le traité d'alliance et de commerce que j'ai proposé passe, vous le savez, à la majorité de neuf voix sur dix-sept; mais à une condition.

LE PRINCE. Celle de mon mariage.

LÉO. Non, monseigneur, nous y reviendrons ensuite; à deux conditions, j'aurais dû dire : la première a été de maintenir la paix dans vos États, de réprimer cet esprit turbulent des universités, qui les égare depuis quelque temps vers des utopies impossibles. J'ai accepté ce devoir avec tristesse, mais avec le sentiment d'une absolue nécessité! Une conspiration était organisée par toute l'Allemagne; notre accord l'a brisée dans tous ses anneaux à la fois. En arrivant ici, j'ai trouvé la révolution blessée, mais vivante... Les étudiants comptaient sur la landwerth, cette ancienne compagne de leur dévouement en 1813... J'ai désarmé la landwerth... Il ne restait donc aux rebelles qu'eux-mêmes, et j'ai ordonné ce matin que les chefs des rebelles fussent arrêtés... A cette heure ils doivent l'être, monseigneur.

LE PRINCE. Eh bien!... vous vous trompez! Soit hasard, soit prévoyance, les chefs sont libres... Vous avez rendu une ordonnance pour le désarmement de la landwerth... et l'arrestation des chefs... c'est vrai, vous l'avez rendue, monsieur; mais c'est moi qui l'ai signée. C'est à mon nom que va s'en prendre la haine de ces anciens soldats et de ces jeunes rebelles... A l'heure qu'il est, ceux qui vous ont échappé et dont vous ignorez la retraite... trop peu nombreux pour faire une révolution, vont tenter un assassinat! Contre qui? contre moi, monsieur. En venant ici, j'ai probablement été suivi... en sortant, je serai assassiné peut-être.

LÉO. Assassiné!...

LE PRINCE. Eh! mon Dieu! c'est possible. Vous voyez, au reste, de quelle manière j'en parle... Au jeu que nous jouons tous les deux, vous tenez les cartes... et c'est moi qui perds ou qui gagne. Ce que je vous ai dit, monsieur, est donc à titre d'observations que vous êtes libre de ne pas écouter.

LÉO. Oh! monseigneur...

LE PRINCE. Je ne dis pas que vous faites fausse route, mon cher Burckart; je dis seulement que vous marchez en aveugle... et cela, par cette détermination étrange que vous avez prise d'éloigner de vous tous les moyens de gouvernement ordinaires... Làbas, vous croyez avoir réussi par votre éloquence, n'est-ce pas? eh bien! sur vos neuf voix, quatre ont été achetées à prix d'argent..... par l'Angleterre, dont l'intérêt se trouve être le nôtre; mais qui avilit notre cause par sa participation. Vous vous êtes contenté de donner des ordres sans vouloir vous mettre en rapport direct avec la police... Eh bien! voilà que les principaux meneurs vous sont échappés..... Voilà ma vie exposée aux attaques d'un fanatique!... et vous ne savez rien; vous ne pouvez même prévoir le coup qui frappera votre prince!

LÉO. Si, monseigneur, je sais tout.

LE PRINCE. Vous savez... Voyons alors.

LÉO (avec effort se décidant à entrer dans le cabinet). Donnez-moi les papiers que vous avez pris sur l'émissaire des étudiants, monsieur le chevalier. (Il revient et étale des papiers sur la table.) Vous voyez bien, monseigneur, que je n'ai plus les mains si pures!... et que me voilà digne de prendre rang parmi les princes de la diplomatie... Voyez! ceci a été volé à un étudiant qui le portait à Heidelberg, et ce qui va vous rendre bien content et bien fier... volé chez vous, car il était de votre bal. Tenez... vous demandez ce qu'ils doivent faire ce soir... Ce soir, ils doivent recevoir un nouvel adepte, dont on ne dit pas le nom, mais qui tient à la cour... un homme très-important enfin. Puis ensuite ils doivent... vous ne vous trompiez pas... vous mettre en accusation et vous juger. Votre police est bien faite, monseigneur... mais vous voyez que la mienne est meilleure encore.

LE PRINCE. Et le lieu de cette réunion?

LÉO. Je l'ignore... mais je le saurai. Rentrez dans votre palais : et soit que l'on en ouvre ou ferme les portes... dormez tranquille. Je veille sur vous; je réponds de vous : ma poitrine couvre la vôtre!

LE PRINCE. Vous êtes un fidèle et loyal serviteur, Léo.

LÉO. Oh! cela, je le sais, monseigneur; mais, maintenant, j'attends autre chose de vous que la reconnaissance de cette vérité. Maintenant que j'ai fait mon devoir; qu'à ce devoir j'ai sacrifié ma popularité, mon honneur, et que, s'il le faut, je lui sacrifierai ma vie... faites le vôtre!

LE PRINCE. Le mien?

LÉO. Oui. Des obligations pareilles nous sont imposées; et la tâche la moins lourde est à vous, monseigneur... Je me suis engagé avec la Bavière, en votre nom. Donnez-moi votre parole.

LE PRINCE. Mais vous savez bien ce qui s'y oppose.

LÉO. Votre amour, n'est-ce pas? Eh bien! mon amour à moi... c'est encore un de ces sacrifices que j'ai faits à Votre Altesse, et dont je ne lui ai pas même parlé. Croyez-vous, monseigneur, que je n'aime pas ma femme autant que vous aimez votre maîtresse? Eh bien! ai-je hésité un instant à m'en séparer?...

LE PRINCE. A vous en séparer?...

LÉO. Eh, mon Dieu! monseigneur, n'est-ce point une séparation réelle que la vie que je mène... Croyez-vous que j'ignore ses chagrins... que je ne voie pas ses larmes; eh bien! j'ai sacrifié mon bonheur domestique à vos intérêts... je veux dire à ceux du pays! Faites aussi vous-même le sacrifice d'un vain amour, et qu'on ne dise pas que c'est une femme hardie... instrument peut-être de quelques sombres intrigues anglaises, qui a guidé jusqu'ici vos sympathies pour la liberté... et qui les retient où il lui plaît!

LE PRINCE. Ah! monsieur!... faites votre devoir de ministre, et ne vous mêlez pas de me juger : vous êtes allé trop loin! Et vous, homme glacé, qui savez si bien froisser le cœur des autres avec votre main de pierre... rentrez donc aussi dans vous-même : peut-être aussi vous occupez-vous trop des choses publiques... regardez quelquefois dans votre maison. Votre femme est délaissée, dites-vous? Les femmes belles comme la vôtre ne le sont jamais... Vous savez tout, dites-vous? Apprenez donc une chose que je sais, moi : que je sais presque seul, et parce que je dois tout savoir; une chose, que je dois vous dire, parce qu'il faut qu'un ministre soit respecté de tous...

LÉO. Prince!

LE PRINCE. Oh! nul n'accuse votre femme! mais

il y a un homme qui la compromet par ses assiduités... Et c'est un homme... qui s'est battu un jour pour elle, puisqu'il faut qu'on vous dise tout !

LÉO. Pour elle !

LE PRINCE. Et que vous avez fait mettre en prison vous-même...

LÉO (violemment). Frantz ou Waldeck ?

LE PRINCE. Il suffit... je vous laisse. En cet instant solennel je n'ai dû rien vous cacher... Nous avons été loin tous les deux ; mais il fallait que ces choses-là fussent dites. Adieu, adieu, oublions tout cela. (Il lui présente sa main, que Léo feint de ne pas voir.)

LÉO. Je salue humblement Votre Altesse.

VII. — LÉO, LE CHEVALIER.

LÉO. Monsieur le chevalier ?

LE CHEVALIER. Que me veut Votre Excellence ?

LÉO. Je m'étais mépris sur votre capacité en ne faisant de vous qu'un simple secrétaire ; au lieu de 3,000 florins d'appointement que vous aviez, je vous en donne 12,000. Voici votre nomination comme inspecteur aux bureaux de la police générale du royaume ; elle est, vous le voyez, antidatée de deux mois... c'est-à-dire de l'époque où vous avez commencé à exercer. Vous vous ferez faire un rappel de vos appointements ; c'est une gratification que je vous offre de la part du prince pour le service que vous venez de lui rendre... Maintenant, comme vos fonctions sont individuelles et vous éloignent de moi... vous ne serez pas astreint comme par le passé à manger à ma table... Quand je désirerai vous y recevoir, j'aurai l'honneur de vous inviter.

LE CHEVALIER. Monseigneur, soyez certain que mon dévouement...

LÉO. Je vais le mettre à l'épreuve.

LE CHEVALIER. J'attends.

LÉO. Vous êtes convoqué pour ce soir?

LE CHEVALIER. A dix heures.

LÉO. Le lieu de la réunion?

LE CHEVALIER. Je l'ignore.

LÉO. Vous l'ignorez?

LE CHEVALIER. Comme tous.

LÉO. Et par quel moyen devez-vous le savoir?

LE CHEVALIER. Lorsque l'heure sera venue, les plus jeunes des étudiants, les nouveaux... sans savoir ce qu'ils font, ni pourquoi ils le font, parcourront les rues, en chantant un chant patriotique, *la Chasse de Ludzow*... ce sera le signal. Alors tous les affiliés sortiront de la ville ; et, à chaque porte, un homme les attendra : à cet homme ils demanderont en quel lieu est la lumière... et le lieu que désignera cet homme sera celui de la réunion.

LÉO. Et les membres de cette réunion sont masqués?

LE CHEVALIER. Toujours... car il y a parmi les affiliés telles personnes qui approchent assez du prince, pour désirer qu'on ne voie pas leur visage.

LÉO. Et vous recevez ce soir une de ces personnes?

LE CHEVALIER. Oui.

LÉO. Savez-vous son nom?

LE CHEVALIER. M. de Waldeck.

LÉO. Mais comment êtes-vous si bien au courant des choses, vous que l'on sait être mon secrétaire?

LE CHEVALIER. La première loi de l'association est que ses membres accepteront toutes les places, afin d'envelopper le pouvoir de tous côtés.

LÉO. Bien. Faut-il un costume particulier pour assister à cette réunion?

LE CHEVALIER. La redingote de l'étudiant; la casquette avec ses trois feuilles de chêne; un manteau brun; un masque sur le visage, et ce ruban sur le cœur.

LÉO. Pouvez-vous me procurer un costume complet pour huit heures du soir... et venir me prendre avec ce costume?

LE CHEVALIER. C'est difficile.

LÉO. Le pourrez-vous?

LE CHEVALIER. Oui.

LÉO. Je vous dirai mes intentions tout le long de la route, et, en échange, vous m'apprendrez, vous, les paroles sacramentelles à l'aide desquelles je pourrai répondre...

LE CHEVALIER. C'est dit.

LÉO. Et maintenant, monsieur, qui me répond de vous?

LE CHEVALIER. Mon intérêt.

LÉO. Cependant, s'ils réussissaient, vous auriez droit peut-être à quelque chose de meilleur que ce que je puis vous donner.

LE CHEVALIER. Ils ne réussiront pas.

LÉO. Oh! vous êtes prophète! eh bien, réussirai-je, moi?

LE CHEVALIER. Vous ne réussirez pas non plus, monseigneur...

LÉO. Et puis-je savoir où vous avez puisé cette conviction?

LE CHEVALIER. Dans les faits passés... dans votre conduite passée... dans vos projets.

LÉO. Donc, à votre avis, j'ai manqué de capacité... Répondez-moi franchement.

LE CHEVALIER. Non, monseigneur, mais d'adresse.

LÉO. Voyons?

LE CHEVALIER. Un ministre qui veut demeurer en place doit s'appuyer sur le peuple ou sur le prince. Or l'un de vos appuis vous manque déjà, et l'autre va vous manquer bientôt. Le peuple vous manque, parce que, souvenez-vous bien : dans cette auberge, où les étudiants s'étaient réunis... vous avez, personnellement, fait emprisonner plusieurs d'entre eux... au lieu d'abandonner ce soin à un magistrat inférieur, et de n'arriver, vous, que pour faire grâce. Le peuple vous manque, parce que, au lieu d'envoyer à la diète un député que vous pouviez désavouer à son retour, vous y êtes allé vous-même ; de sorte que, comme vous avez adopté des mesures répressives, et que quelques-uns sont corrompus, on ne croit pas à votre conscience... et vous vous trouvez confondu dans l'idée qu'on a de la corruption générale... Le peuple vous manque, parce qu'il est toujours sympathiquement et instinctivement de l'avis du faible contre le fort, et qu'il fera demain des martyrs de ceux dont vous faites des coupables aujourd'hui. En ce cas, il vous restait le prince... Mais voilà que vous êtes venu vous heurter contre une intrigue d'amour, qui ne vous nuisait en rien, et qui pouvait, au besoin, vous servir, si vous l'eussiez comprise ou ménagée... Sur toute autre chose le prince vous eût cédé sans doute : sur celle-là il sera inflexible ; et cette Pénélope au rebours défera chaque nuit l'ouvrage de votre journée ! Or le seul moyen qui vous reste, pardon, monseigneur, si je vous dis de pareilles choses, c'est de céder sur ce point de mariage, de renoncer à votre rêve de coalition... et de devenir aux mains du prince un moyen de despotisme, au lieu d'être, comme vous l'aviez cru, un instrument de liberté.

LÉO. Jamais, monsieur, jamais!

LE CHEVALIER. Alors vous tomberez... monseigneur.

LÉO. Mais, dans cette prévision, comment pouvez-vous me servir?

LE CHEVALIER. Parce que plus je vous aurai été utile, plus je serai nécessaire à votre successeur...

LÉO. Vous avez raison, et je puis me fier à vous. Ainsi, ce soir, à huit heures, au premier refrain de ce chant qui doit servir de signal... venez me prendre, et conduisez-moi.

LE CHEVALIER. J'y serai.

VIII. — LÉO, SEUL.

LÉO (seul). Ah!... me voilà donc arrivé au bout de mon rêve! Je n'aurais pas cru pouvoir sitôt regarder ma carrière de l'autre côté de l'horizon. O ma belle vie! ô ma réputation sainte!... je vous ai donc laissées en lambeaux tout le long du chemin à ces buissons infâmes dressés par la calomnie! Et cet homme... cet homme, que j'appelais mon prince, et qui m'appelait son ami! cet homme à qui j'ai tout sacrifié : tranquillité, réputation, bonheur privé... et qui, pour tout remerciement, vient essayer de me mordre le cœur avec un soupçon!... Marguerite! Marguerite!... oh! je n'ai pas même une inquiétude! mais je souffre. (La nuit est tombée; il est assis et plongé dans la rêverie, la tête dans ses mains.)

IX. — LÉO, MARGUERITE.

MARGUERITE (se croyant seule, d'abord). Sept heures et demie... Il est parti, et j'ai préparé tout pour cette entrevue qui m'est demandée : pourtant j'hésite encore. Ah !... Léo !

LÉO. Oui, Marguerite, oui, c'est moi... Viens, mon enfant chérie, viens sur mon cœur, dont tu as été si longtemps, non pas absente, mais éloignée.

MARGUERITE. Léo ! Léo ! que me dis-tu là !... prends garde : je ne suis plus habituée à ces douces paroles ; je les avais presque oubliées. Oh ! c'est maintenant un écho si lointain que je ne puis croire à la voix qui me les dit.

LÉO. Oui, tu as raison ; et, crois-moi, le moment est bien choisi pour me faire ce reproche... Plains-moi, Marguerite, plains-moi ; car j'ai bien souffert, et je souffre bien encore... J'ai la tête brûlante et le cœur brisé !

MARGUERITE. Ah ! mon ami.

LÉO. Autrefois, mon Dieu ! quand j'étais fatigué par des rêves, au lieu d'être écrasé comme je le suis aujourd'hui par la réalité... je n'avais qu'à m'approcher de toi, Marguerite ; à poser ma tête sur ton épaule ; comme si ton haleine avait le pouvoir céleste de chasser toute triste pensée et tout fatal souvenir !

MARGUERITE. Ah ! Léo ! pourquoi m'as-tu oubliée si longtemps ? Pourquoi reviens-tu si tard ? Comment n'as-tu pas vu combien je souffrais ? Que tu m'aurais épargné de larmes, Léo... (à part) et de remords peut-être...

LÉO. As-tu regretté quelquefois notre petite maison de Francfort, le temps où nous étions pauvres, inconnus, où notre amour était notre richesse et notre lumière ?

MARGUERITE. Tu le demandes, Léo ! Ah ! Dieu m'en est témoin, combien de fois, seule dans mon oratoire... (Elle hésite, en pensant au rendez-vous de Frantz.)

LÉO. Eh bien ?

MARGUERITE. Ah !

LÉO. Achève donc ?...

MARGUERITE. J'ai demandé, les genoux sur le marbre, le front dans la poussière, j'ai demandé au ciel, pardonne-le-moi, Léo ! qu'il t'enlevât ton rang, tes honneurs, ton génie même, pour que nous nous retrouvions seuls à seuls avec notre amour.

LÉO. Eh bien ! Marguerite, Dieu t'a exaucée !

MARGUERITE. Que dis-tu ? On t'enlève tout cela ?

LÉO. Non, je m'en dépouille !... Un jour encore, et j'aurai arraché de mes épaules cette robe de Nessus qui me dévorait !... Marguerite ! nous reverrons notre maison; Marguerite! nous nous y retrouverons seuls, et, je l'espère, tu oublieras ce que tu as souffert pendant le temps où nous l'avons quittée.

MARGUERITE. Vois-tu, Léo, je ne crois pas à ce que tu me dis, et il me semble que je rêve... Si cela était... tu ne me parlerais pas avec une voix si triste et des yeux si abattus.

LÉO. C'est qu'entre aujourd'hui et demain, Marguerite... il y a un abîme : un abîme où je puis tomber en essayant de le franchir.

MARGUERITE. Que me dis-tu, Léo !... As-tu quelque chose à craindre? Cours-tu quelque danger? Mon Dieu, mon Dieu, parle, réponds-moi?

LÉO. Ah! j'aurais dû me taire... j'aurais dû avoir la force de te quitter sans me plaindre; mais je suis tellement abattu, tellement accablé... Ah ! j'en ai honte, vraiment !

MARGUERITE. Me quitter? Tu vas me quitter encore !

LÉO. Embrasse-moi.

MARGUERITE. Écoute; tu me fais peur; parle.

LÉO. Non, Marguerite, non, il n'y a rien à craindre; je suis fou de m'abandonner ainsi, sois tranquille; songe que si je réussis cette nuit, demain nous sommes libres et heureux.

MARGUERITE. Un danger, un danger... tout le monde me parle de danger !

LEO. J'avais besoin de revenir à toi, de te presser

sur mon cœur; il y avait si longtemps que nous n'avions eu entre nous une heure pareille.

MARGUERITE. Tu es bien coupable, Léo!... Ah! sais-tu que j'ai cru un instant que tu avais cessé de m'aimer; sais-tu que j'ai espéré que je ne t'aimais plus!

LÉO. Moi, ne plus t'aimer; moi à qui tu viens de rendre le seul bonheur que j'ai eu depuis six mois : tiens, tous les rêves des hommes sont insensés... il n'y a que l'amour sur la terre, et Dieu dans le ciel !

MARGUERITE. Mais qu'ai-je donc fait pour mériter un pareil bonheur, juste en ce moment, juste à cette heure même?... Mon Dieu, mon Dieu, je vous remercie! mon Dieu, vous avez eu pitié de moi; m'ayant vue faible et chancelante, vous m'avez tendu la main et vous m'avez relevée!... Je suis à toi, Léo... Oh! je t'aime! je t'aime!

LÉO. Écoute; n'as-tu pas entendu?...

MARGUERITE. Quoi?

LÉO. Une chanson lointaine... un chœur d'étudiants.

MARGUERITE. Qu'importe?

LÉO. Il faut que je te quitte, Marguerite.

MARGUERITE. Pour longtemps?

LÉO. Pour quelques heures seulement, je l'espère...

MARGUERITE. Où vas-tu?

13.

LÉO. Je ne sais pas... On me conduit.

MARGUERITE. Et qui cela ?

LÉO. Le chevalier Paulus, qui doit m'attendre.

MARGUERITE. Et tu ne peux te dispenser de sortir à cette heure ?

LÉO. Impossible.

MARGUERITE. Oh ! je t'accompagnerai.

LÉO. Oui, jusqu'à la porte du jardin; ensuite... (Il sonne; un domestique entre.)

MARGUERITE. Que veux-tu ?

LÉO (au domestique). Laissez brûler une lampe ici : je rentrerai peut-être dans la nuit, et je veux trouver de la lumière.

MARGUERITE. Mon Dieu! mon Dieu, protégez-nous ! (Ils sortent. — Le domestique apporte la lampe et se retire.)

X. — FRANTZ, seul.

FRANTZ (entrant avec précaution par une porte latérale, couvert d'un manteau sombre, un masque à la main). Personne : j'avais cru entendre des voix... Depuis une heure j'attends dans l'oratoire, et elle n'est pas venue, que veut dire cela?... Que faire? il faut que je la voie, il faut que j'aille à notre assemblée. Jusqu'à présent je n'ai rencontré personne; mais ici, où suis-je? au cœur de la maison, sans doute... Du bruit? Ce n'était rien... Ah ! je suis dans le cabinet de Léo ; c'est cela : il est au palais probablement. Quelle étrange chose d'errer ainsi dans une maison inconnue, où l'on peut être surpris à chaque instant et à chaque pas, et cependant de sentir qu'on ne peut s'en arracher !... Oh! Marguerite! Marguerite! il faut que je la voie !... aucun bruit... personne... Le cœur me bat comme si je faisais une action infâme. Si je savais où me cacher... Me cacher ? puis-je attendre ? dans cinq minutes le chœur des étudiants va passer, il m'a semblé l'entendre déjà... (Il s'accoude à la table et machinalement ses yeux tombent sur les papiers.) Mon nom ?... le nom de Flaming ? le nom de Roller : qu'est-ce que cela ? Eh bien, que fais-je donc ? ces papiers, ai-je le droit de les lire ? Je suis entré ici pour dire un dernier adieu à Marguerite, et non pour voler les secrets de son mari !... Mais ce secret, c'est le mien... le mien ? que m'importerait encore ! Mais c'est celui des autres aussi. N'est-ce pas, au contraire, Dieu qui m'a conduit ! qui a empêché qu'elle ne vînt pour que je vinsse, moi ? Nos projets de cette nuit... il sait tout. Oh ! mon Dieu, mon Dieu ! ils sont perdus. (Le chœur passe plus près de la maison.) Pas un instant de retard ! qu'ils fuient ! qu'ils se dispersent... Quelqu'un ? (Au moment de sortir, il se trouve face à face avec Marguerite, qui revient du jardin.)

XI. — FRANTZ, MARGUERITE.

MARGUERITE. Qui va là?

FRANTZ. Marguerite!

MARGUERITE. Frantz? Partez, monsieur, partez; il y a un grand danger qui vous menace...

FRANTZ. Je le sais... je le sais.

MARGUERITE. Je n'ai consenti à vous voir que pour vous dire cela; je vous l'ai dit, allez.

FRANTZ. Marguerite...

MARGUERITE. Allez, monsieur : vous n'avez pas un instant à perdre, quittez la ville!

FRANTZ. Oui; mais auparavant, j'ai encore quelques dernières paroles à vous dire. Vous me reverrez, Marguerite! cette nuit même peut-être...

MARGUERITE. Non, ne revenez pas... Adieu. Vous m'effrayez ! (Seule.) Cette agitation... ce costume... ce masque... que veut dire tout cela? Oh! pourtant, mon Dieu, je te remercie! Dans ces dangers qui menacent à la fois ces deux hommes, c'est pour Léo que j'ai eu peur... c'est Léo que j'aime! (Elle tombe à genoux, le chœur des étudiants s'éloigne.)

CINQUIÈME JOURNÉE.

Le château de Wirtzburg.— Salle en ruines, d'architecture saxonne, ouverte au fond sur les montagnes éclairées par la lune.

(La scène présente un tableau d'étudiants, de paysans et de soldats vêtus d'uniformes étrangers ; quelques-uns buvant, d'autres comptant des armes qu'ils rangent en tas, d'autres roulant des tonneaux de poudre. Quelques-uns sont masqués.)

I. — ROLLER, FLAMING, HERMANN, WALDECK.

ROLLER (faisant passer cinq paysans devant les autres étudiants). En voilà encore cinq d'Eisenburg ; de braves gens... c'est la même famille. Le père a soixante et dix ans ; et les femmes, voyant déjà partir les deux fils et les deux neveux, voulaient garder le vieillard, disant qu'il en avait fait assez dans sa vie, depuis 92 jusqu'à 1815 ; mais j'ai montré ceci, la croix des braves de Leipsick, et le père m'a dit : Est-ce contre l'empereur de France qu'il faut marcher encore? En ce cas, je suis trop vieux ! — J'ai répondu : Non ! l'aigle est toujours blessé, toujours captif sur son rocher de Sainte-Hélène :

ce sont les aigles à deux têtes qui nous dévorent, et nous allons leur donner la chasse, cette fois. — Je suis à vous, s'est écrié le vieux paysan. Et vous, femmes, a-t-il ajouté, vous vous trompiez ; je n'ai pas le droit de me reposer ici ; je n'ai pas fini ma journée !

FLAMING. Bien. Ont-ils des armes?

ROLLER. Le décret royal, exécuté hier, leur a enlevé jusqu'aux armes d'honneur du vieillard et de l'aîné.

FLAMING (montrant le tas). Qu'ils en prennent... celles-là aussi deviendront des armes d'honneur !

ROLLER. Où faut-il placer ces hommes?

FLAMING. Au nord, du côté du fleuve. Et maintenant, voici toutes les avenues gardées. Si notre rendez-vous est découvert, nous avons de quoi soutenir un siége de plusieurs jours dans ces ruines, jusqu'à l'arrivée de nos frères de Gœttingue.

ROLLER. Les princes ont tenu un conseil à Carlsbad ; nous tenons le nôtre à Wirtzburg ! Ces vieilles ruines s'étonnent de servir d'asile à la liberté, après avoir été si longtemps le repaire des oppresseurs !

FLAMING. Ne médisons pas de nos aïeux, Roller : pour les juger, il faudrait mieux savoir l'histoire que nous ne la savons, pauvres étudiants que nous sommes !

ROLLER. Mais n'est-ce pas ici même que se tenaient

les séances du tribunal secret?... Les cachots sont par là, tiens; la porte est faite d'un seul bloc de pierre, et il faut trois hommes seulement pour la faire tourner sur ses gonds. Ici les nobles seigneurs s'asseyaient en nombre impair; voici leurs siéges de rocher. Les condamnés tombés en leur pouvoir entraient par cette porte. Il en était d'autres que les juges ne pouvaient atteindre qu'avec la pointe d'un poignard; ceux-là mouraient plus vite et souffraient moins.

FLAMING. Eh bien! étudie mieux tes livres, et tu verras que ces terribles seigneurs étaient, comme nous, des ennemis de la tyrannie; qu'ils frappaient l'oppresseur étranger ou le prince félon que la loi ne pouvait atteindre; et que ce tribunal ne versait que le mauvais sang.

ROLLER. Oh! toi, l'on te connaît : quand il s'agit de noblesse, tu es prêt toujours à contrarier toutes nos idées. Ce n'étaient pas des manants, à coup sûr, qui jugeaient les tyrans dans de si belles salles ornées de statues et d'armures?... Les manants n'ont jamais fait construire de châteaux.

FLAMING. Qui te dit le contraire?... Mais ce fut la noblesse qui comprit toujours le mieux l'indépendance.

ROLLER. Pour elle-même, soit.

FLAMING. Et pour le peuple aussi; mais la bourgeoisie est l'humble servante des princes, et c'est la bourgeoisie armée qui nous a contenus hier.

WALDECK (approchant). Pour moi, nobles ou princes, je n'en fais pas de différence. Tenez, messieurs... tenez, frères, veux-je dire, je suis venu à vous de moi-même, et me suis donné de tout point; je suis noble, c'est vrai; mais, si j'avais pu choisir, je voudrais être né dans la plus basse condition, et m'élever par mon génie. Tenez, j'ai un aïeul parmi ces statues, ainsi que vous pouvez le voir au blason qui décore ce piédestal, eh bien, ce blason, je le renie, je le dégrade... faites-en si vous voulez autant des autres. (Il raye l'écusson avec son poignard.)

FLAMING. Arrêtez!... Si vous reniez ceux-là pour vos aïeux, nous ne les renions pas pour nos grands hommes! Ce comte de Waldeck fut un brave seigneur, qui délivra Mayence des Espagnols qui tenaient les Flandres! Celui qui se targue de ses aïeux est un insensé, celui qui les outrage est un lâche. Respect à la mémoire des anciens comtes de Waldeck, amis! respect à ces héros, à ces capitaines!... ensuite, nous conviendrons, si vous voulez, que celui-ci n'en descend pas! (Il désigne Waldeck, qui s'éloigne.)

ROLLER. Mais qui donc l'a amené?

HERMANN. C'est le nouveau membre de l'association, qu'on va recevoir parmi les voyants. Ainsi, du privilége en tout, parmi nous-mêmes : parce qu'il a été puissant, parce qu'il a approché les princes, on en fait un républicain choisi, un conspirateur de première classe, on lui fait sauter deux degrés en deux jours, tandis que moi je suis encore aspirant dans le troisième.

ROLLER. Mais toi aussi, qu'as-tu fait, qu'as-tu risqué? Cet homme-là met en jeu sa tête; il perd son rang, ses places; il donne par là des gages de confiance qu'il faut reconnaître; toi, tu ne risques rien que ce qui couvre ton corps, un trou à ton habit, tout au plus, ce qui regarde surtout ton tailleur et ton hôte; peut-être encore ta liberté pour quelques mois; la belle affaire! tu travailleras la théologie en prison mieux qu'à l'université, où tu ne la travailles pas du tout!...

HERMANN. Tu veux un coup de rapière pour demain; il fallait le dire.

ROLLER. Pour tout de suite! (Ils vont pour ramasser deux épées au tas d'armes.)

FLAMING. Un instant!... ceci ne doit servir à découdre que des soldats royaux et des philistins! Tous les duels sont remis à huit jours d'ici par ordre du comité supérieur... mais les coups de poing ne sont pas défendus en attendant.

HERMANN. Merci... nous attendrons.

FLAMING. Enfants!... tenez, voici les hommes qui viennent! (Plusieurs gens masqués entrent et se mêlent à la foule; le veilleur leur fait déposer les bûchettes à mesure.)

HERMANN. Ah! moi, je n'aime pas les masques; masque d'ami, visage de traître : voilà mon opinion.

FLAMING. Avec des fous comme ceux-là, on ne réussirait à rien : mais! tu ne comprends donc pas qu'il s'agit ici d'une résolution grave, d'un jugement à mort et que, si nous ne réussissons pas, tous ceux qui seraient convaincus d'y avoir coopéré seraient traités comme des assassins, décapités tous les dix-sept, jusqu'au dernier, tandis qu'ainsi le vengeur seul risque sa vie.

HERMANN. Moi, je n'aime pas à prévoir la défaite.

FLAMING. En voici deux, puis trois, ils seront bientôt au complet; chacun donne en entrant la bûchette qui représente un des pays souverains de l'Allemagne ; en la reprenant dans l'urne, il prend le nom de la province qui lui échoit, et le reçoit comme le sien pour tout le temps de la séance. (Entrent Léo et le chevalier, qui vont se placer à part près d'un pilier, pendant que la salle continue à se remplir.)

II. — Les mêmes, LÉO, LE CHEVALIER.

LE CHEVALIER. Eh bien! monseigneur, ne comprenez-vous pas qu'il eût été insensé de vouloir faire entourer de troupes ce rendez-vous de conspirateurs! L'endroit est bien choisi, pardieu! En temps ordinaire, c'est la retraite des voleurs sans asile; aujourd'hui ils ont cédé la place; ils se sont envolés comme des hibous effrayés par la lumière... à moins, toutefois, qu'ils ne soient restés pour faire les honneurs du lieu à tous ces intrus! Je gage qu'il s'en cache plus d'un sous ces capes d'étudiants!

LÉO. Quel singulier spectacle! une conspiration sous ces voûtes humides, aux pieds de ces statues de chevaliers saxons; sous ces colonnes lourdes, taillées du temps de Charlemagne...

LE CHEVALIER. Pardon, c'est du pur byzantin; cette architecture remonte au sixième siècle, les statues sont plus modernes...

LÉO. Et c'est ici, monsieur l'antiquaire, qu'ils veulent tenir leur conseil suprême, leur tribunal, n'est-ce pas?

LE CHEVALIER. Oui, c'est ici! Pardon... vous m'avez rappelé, par ce mot, aux délices de ma jeunesse! C'est ainsi que je descendais, à la lueur des flambeaux, sous les voûtes d'Herculanum et d'Aquilée; j'allais y chercher des urnes, des statues, des choses antiques, comme ces jeunes fous viennent y méditer des pensées d'un autre temps, des idées perdues!

LÉO. En effet! la liberté ne sort pas par ces voies ténébreuses : elle aime le plein jour, le grand soleil, et lève ses bras nus dans un ciel d'azur! Toutefois, ce spectacle m'émeut profondément : n'y a-t-il pas dans ces ruines, dans ce mystère, dans cette réunion bizarre, quelque chose de saisissant pour tous ces cœurs jeunes, une poésie qui enivre, qui égare. Et, en passant à travers tout cela, n'est-on pas pris de doute sur soi-même, comme Luther qui, entrant un soir dans l'église de Wittemberg, douta de ses propres idées, et se mit à prier jusqu'au matin, le front dans la poussière, au pied des saintes images que ses disciples avaient brisées!... Hélas! monsieur, l'étude des systèmes m'avait conduit à la conviction, l'expérience des choses me rend au doute... Je vous parle avec confiance, car vous risquez votre vie avec moi, et quel que soit votre but caché, je rends justice à votre courage. Mais cela ne vous émeut-il pas vous-même, en effet?

LE CHEVALIER. Je n'ai pas les mêmes passions; ces idées me sont étrangères! Il fut un temps où mon cœur bondissait quand je retrouvais le sens perdu d'une inscription effacée, le profil d'une médaille ou le bras d'un héros de marbre... J'étais heureux comme un enfant, et mon âme s'épanouissait de joie!

LÉO. Et aujourd'hui...

LE CHEVALIER. J'ai longtemps vécu en France : là j'ai appris à rire de tout... et maintenant, je ne ris même plus; je méprise.

LÉO. Je ne doute que de l'homme; mais vous, vous doutez de Dieu!

LE CHEVALIER. Douter... c'est presque croire !

LÉO. Silence !

UN HOMME MASQUÉ. Frères ! la nuit s'avance... le temps s'écoule... quelqu'un nous manque que nous ne pouvons plus attendre. Veilleur, combien comptez-vous de voyants ?

LE VEILLEUR. Seize.

L'HOMME MASQUÉ. Le dix-septième est traître, prisonnier ou mort. Servants, faites retirer les plus jeunes, et que les voyants restent seuls ici ; car la séance va s'ouvrir. (L'ordre s'exécute ; il ne reste que seize hommes, tous masqués.)

III. — LÉO, LE CHEVALIER.

L'HOMME MASQUÉ. Maintenant combien sommes-nous ?

LE VEILLEUR. Seize.

L'HOMME MASQUÉ. Quinze de nous pourront seulement prendre part à la délibération. Frères ! n'oublions pas que, de même qu'au congrès chaque ministre représente un roi, de même ici chacun de nous représente un peuple ; le premier sorti présidera le tribunal.

LE VEILLEUR (tirant une bûchette de l'urne). Autriche.

UN VOYANT. C'est moi.

UN AUTRE. Ici, comme à la diète, il y a un sort sur ce nom-là !

LÉO (bas). Ah ! ah ! voilà que cela tourne à la parodie. Il était temps, je commençais à les prendre au sérieux.

LE CHEVALIER (de même). Pour un diplomate, vous êtes bien ennemi des formes.

LÉO. Surtout des mots.

LE CHEVALIER (haut). Tire ton nom, frère.

LÉO. Holstein.

LE CHEVALIER. Et moi, Brunswick.

LÉO (bas). Je rougis vraiment de jouer un rôle dans cette comédie d'enfants.

LE CHEVALIER (bas). Votre Excellence, qu'elle me permette de le lui dire, juge un peu trop en professeur. Vous vous trompez en croyant avoir affaire à des écoliers, et vous allez bientôt voir les actions prendre un aspect plus grave.

LE PRÉSIDENT. Quel est le seizième ?

UN VOYANT. Wurtemberg.

LE PRÉSIDENT. Il assistera à la séance sans voter, et priera Dieu en lui-même pour que son esprit nous éclaire... Quel est le nom resté dans l'urne ?

LE VEILLEUR. Hanovre.

LE PRÉSIDENT. C'est bien ; prenez tous place et demeurez silencieux : nous devons recevoir un nouveau frère... Que ses parrains aillent le recevoir à la porte, et que les servants l'introduisent.

LÉO (bas). Est-ce Waldeck?

LE CHEVALIER. Oui.

LE PRÉSIDENT. Silence! (Waldeck est introduit les yeux bandés.)

IV. — LES MÊMES, WALDECK.

LE PRÉSIDENT. Frère, quelle heure est-il?

WALDECK. L'heure où le maître veille et où l'esclave s'endort.

LE PRÉSIDENT. Comptez-la.

WALDECK. Je ne l'entends plus depuis qu'elle sonne pour le maître.

LE PRÉSIDENT. Quand l'entendrez-vous?

WALDECK. Quand elle aura réveillé l'esclave.

LE PRÉSIDENT. Où est le maître?

WALDECK. A table.

LE PRÉSIDENT. Où est l'esclave?

WALDECK. A terre.

LE PRÉSIDENT. Que boit le maître?

WALDECK. Du sang.

LE PRÉSIDENT. Que boit l'esclave?

WALDECK. Ses larmes.

LE PRÉSIDENT. Que ferez-vous de tous les deux?

WALDECK. Je mettrai l'esclave à table, et le maître à terre.

LE PRÉSIDENT. Êtes-vous maître ou bien esclave?

WALDECK. Ni l'un ni l'autre.

LE PRÉSIDENT. Qu'êtes-vous donc?

WALDECK. Rien... mais j'aspire à devenir quelque chose.

LE PRÉSIDENT. Quoi encore?

WALDECK. Voyant.

LE PRÉSIDENT. En savez-vous les fonctions?

WALDECK. Je les apprends.

LE PRÉSIDENT. Qui vous enseigne?

WALDECK. Dieu et mon maître.

LE PRÉSIDENT. Avez-vous des armes?

WALDECK. J'ai cette corde et ce poignard.

LE PRÉSIDENT. Qu'est-ce que cette corde?

WALDECK. Le symbole de notre force et de notre union.

LE PRÉSIDENT. Qu'êtes-vous selon ce symbole?

WALDECK. Je suis l'un des fils de ce chanvre, que l'union a rapprochés et que la force a tordus.

LE PRÉSIDENT. Pourquoi vous a-t-on donné la corde?

WALDECK. Pour lier et pour étreindre.

LE PRÉSIDENT. Pourquoi le poignard?

WALDECK. Pour couper et pour désunir.

LE PRÉSIDENT. Êtes-vous prêt à jurer que vous ferez usage du poignard ou de la corde contre tout condamné dont le nom sera inscrit au livre de sang?

WALDECK. Oui.

LE PRÉSIDENT. Jurez-le.

WALDECK. Je le jure!

LE PRÉSIDENT. Vous dévouez-vous à la corde et au poignard vous-même, s'il vous arrivait de trahir le serment que vous venez de faire, sur ce livre d'une main, et sur l'Évangile de l'autre : sur le glaive et sur la croix?

WALDECK. Je m'y dévoue. (En ce moment, on entend un grand bruit à la porte du fond, et comme un froissement de fer; en même temps, quelques coups de tambour battant sourdement la charge, puis enfin des coups aux portes.)

LÉO. Quel est ce bruit?

LE PRÉSIDENT. Écoutez!

UN SERVANT, entrant. Nous sommes perdus! tout est découvert.

LE PRÉSIDENT. Qu'y a-t-il?

LE SERVANT. Les soldats royaux qui frappent à la porte.

L'OFFICIER (dehors). Au nom du prince! ouvrez, ouvrez!

LE PRÉSIDENT. Lâches sont ceux qui fuient! nous mourrons en martyrs!

LÉO, bas. Qu'est-ce que cela? Le savez-vous, Paulus? je n'ai donné aucun ordre.

LE CHEVALIER. Silence!

V. — Les mêmes, UN OFFICIER, soldats.

L'OFFICIER. Au nom du prince, messieurs, vous êtes prisonniers.

LE PRÉSIDENT. Soit... d'autres accompliront notre tâche.

L'OFFICIER. Quel est celui que je vois un poignard à la main?

LE PRÉSIDENT. Un de nos frères!

L'OFFICIER. Que voulait-il?

LE PRÉSIDENT. Ce que nous voulons tous : frapper au cœur la tyrannie!

L'OFFICIER. Qu'il meure le premier, et comme un rebelle; car il est pris les armes à la main.

LE PRÉSIDENT. Il ne mourra pas seul; car nous sommes tous ses complices.

L'OFFICIER. Qu'il meure d'abord... Apprêtez les armes!

WALDECK (laissant tomber la corde et le poignard, et allant vivement à l'officier). Arrêtez, monsieur l'officier; prenez garde à ce que vous allez faire : je suis ici pour un dessein que je veux expliquer au prince...

L'OFFICIER. Soldats...

WALDECK. Je suis le comte de Waldeck, monsieur; je vous demande à être conduit au prince, entendez-vous?

L'OFFICIER. Soldats...

WALDECK. Monsieur, n'entendez-vous pas ce que je dis?... vous répondrez de ce que vous allez faire!

L'OFFICIER. Vous le voyez, vous êtes ici face à face avec la mort; soyez donc franc. Êtes-vous fidèle au prince? je vous conduis à lui... Êtes-vous fidèle à ces hommes? vous allez mourir.

WALDECK. Je suis fidèle au prince, monsieur; fidèle aux lois : je n'avais d'autre intention que de pénétrer ce complot, de connaître les conspirateurs, et de tout découvrir ensuite. (Les deux parrains ramassent silencieusement, l'un la corde, l'autre le poignard, et s'approchent par derrière.)

(L'officier se découvre et montre sous son manteau un habit d'étudiant.)

L'ÉTUDIANT. Frères! cet homme vous a reniés trois fois, il est à vous.

PREMIER PARRAIN (le frappant du poignard). Voilà pour le lâche!

UN AUTRE (l'étranglant). Voilà pour le traître!

TOUS. Vive l'Allemagne! (Les étudiants, qui étaient vêtus en soldats, se mêlent à cette acclamation et serrent les mains de leurs camarades[1].)

LE PRÉSIDENT. Prions Dieu! (Tous s'agenouillent.)

---

[1] Une des épreuves de la charbonnerie et du *tugendbund* consistait, en effet, à supposer l'intervention de la police pour éprouver le récipiendaire.

LE CHEVALIER (bas à Léo). Vous voyez... c'était une épreuve.

LÉO (se levant). De par le ciel!...

LE CHEVALIER (bas). Arrêtez!

LÉO. Laissez-moi, cela ne peut se supporter.

LE CHEVALIER. Vous allez nous perdre!

LÉO. Un meurtre, monsieur, un meurtre devant moi!...

LE CHEVALIER. Taisez-vous. Ici, nous sommes égaux; si vous dites un mot de plus, je vous livre.

LÉO. Peu m'importe...

LE CHEVALIER. Et le prince est perdu.

LÉO. Le prince!...

LE CHEVALIER. Je suis ici pour ou contre vous, à mon gré : silencieux, vous me trouverez fidèle; imprudent, non-seulement je vous abandonne, mais encore je vous dénonce, et je déclare à tous que je vous ai attiré ici dans un piége. Ah! vous voyez bien que vous vous trompiez... ce ne sont point ici des jeux d'enfants!

LE PRÉSIDENT. Devant ce poignard teint du sang du parjure, et devant la croix dont il est l'image... jurons qu'ainsi mourra tout transfuge et tout lâche; et remercions le ciel de nous avoir permis de donner cet exemple.

TOUS. Nous le jurons!

LE PRÉSIDENT. Et maintenant, qu'on porte ce corps sanglant au milieu des plus jeunes de nos frères, et qu'ils apprennent à leur tour comment la trahison est entrée ici, et comment elle en est sortie.

UN VOYANT. Frères, la nuit s'avance, et nous avons encore beaucoup de choses à faire avant le jour ; sous l'impression de ce grand exemple, jugeons des ennemis plus puissants et plus dignes de notre colère.

LE PRÉSIDENT. Reprenons nos places. Vengeurs, quelle heure est-il ?

L'ACCUSATEUR. L'heure des confidences.

LE PRÉSIDENT. Vengeurs, quel temps fait-il ?

L'ACCUSATEUR. Le temps est sombre.

LE PRÉSIDENT. Vengeurs, où est le saint Wehmé ?

L'ACCUSATEUR. Mort en Westphalie, ressuscité ici.

LE PRÉSIDENT. Quelle preuve avons-nous de sa résurrection ?

L'ACCUSATEUR. Napoléon abattu, l'Allemagne délivrée, les quatorze universités liées du même serment, des villes révoltées, des traîtres punis...

LE PRÉSIDENT. Frère, je te donne la parole pour accuser. Accuse, nous jugerons.

L'ACCUSATEUR. Frères ! en 1806, les princes d'Allemagne vinrent à nous ; ils nous dirent : Peuples et noblesse, nous avons un maître qui nous pèse, venez en aide à notre puissance, et nous serons en aide à votre liberté. Un de nous fut choisi par le sort et s'avança contre Napoléon plein de bonne foi et de confiance, comme David contre le géant ; mais le jour de cet homme n'était pas venu, et le sang de Frédéric Staps devint le baptême de notre *Union de Vertu*[1]. Quatre ans plus tard, les princes nous crièrent encore : Il est temps, levez-vous!... Toutes les épées étaient aux mains du vainqueur; nous en fîmes fabriquer d'autres avec le fer des charrues; mais, en commandant son épée, chacun de nous commanda un poignard du même fer à l'ouvrier qui la forgeait. Les épées nous ont conduits jusqu'au cœur de nos ennemis, et nous les avons frappés au cœur; les poignards nous conduiront jusqu'aux cœurs de nos maîtres, et nous les frapperons de même!... Le moment est venu! A nos prières, à nos menaces, on a répondu par l'amende, par la prison, par la mort! Hier encore, et c'est par toute l'Allemagne comme ici, les compagnons de la landwerth, les braves de 1813, ont été dépouillés de leurs armes. Frères! on a brisé l'épée, mettons au jour le poignard!...

TOUS. Vive l'Allemagne!

L'ACCUSATEUR. Je n'ai plus qu'un mot à vous dire : cette ordonnance émane du prince. J'accuse le prince de forfaiture et de trahison.

LÉO (se levant). Et moi je le défends, messieurs!

LE CHEVALIER (bas). Dites *frères!* et déguisez votre voix, ou vous nous perdez.

---

[1] Tugenbund.

LE PRÉSIDENT. Attendez. Le frère représentant la Saxe n'a-t-il rien à ajouter ?

L'ACCUSATEUR. Non. J'écoute.

LE PRÉSIDENT. J'ouvre la bouche au frère représentant le Holstein ; il peut parler.

LÉO. Eh bien ! accusez les coupables selon vous, mais les coupables seulement. Le prince ne vous a rien juré, ni en 1806, ni en 1813 ; car ce n'était pas lui qui régnait alors...

L'ACCUSATEUR. Il a accepté le serment en acceptant la couronne.

LÉO. Que lui reprochez-vous ?... de ne pouvoir disposer d'assez de millions d'hommes pour faire la loi aux grandes puissances ?... Il a accepté les arrêts de la conférence ; mais il a fait ses réserves en faveur de nos libertés.

L'ACCUSATEUR. Frère, tu oublies que nous sommes ici au-dessus des fictions politiques et légales. Les princes de la terre ne sont pas nos princes, à nous ! Pense à tes serments... Le prince perdra son trône, parce qu'il n'y aura plus de trônes. Perdra-t-il en même temps la vie ? voilà la question.

UN VOYANT. Le frère représentant le Holstein a le droit de faire ses réserves en faveur des princes ; car notre société admet les deux nuances d'opinion, qui reposent également sur le grand principe de l'unité germanique : la sainte fédération ou le saint empire. C'est une querelle à vider plus tard entre vainqueurs.

PLUSIEURS. Oui! oui!

LE PRÉSIDENT. Poursuivez.

LÉO. Donc je défends le prince, et j'en ai le droit!

L'ACCUSATEUR. Alors, vous accusez le ministre. Deux noms sont au bas de cette ordonnance : Frédéric-Auguste et Léo Burckart.

LÉO. Je dis que les résolutions ont été acceptées par l'envoyé plénipotentiaire avant que le prince les connût.

L'ACCUSATEUR. Qui peut le savoir, si ce n'est un de leurs conseillers?

LE PRÉSIDENT. Frère, tu t'oublies! nul de nous n'a le droit d'interroger celui qui parle sous le masque.

LÉO. Je dis que le ministre est le seul coupable; et, s'il y a crime à vos yeux, sur mon honneur, c'est lui qui l'a commis! c'est donc lui qui doit en répondre.

UN VOYANT. Frères, c'est aussi mon avis. Le prince a montré en plusieurs circonstances le cœur d'un véritable Allemand. Il n'y a eu que faiblesse dans sa conduite; dans celle du ministre, il y a eu trahison.

LÉO. Trahison?

LE CHEVALIER (bas). Prenez garde!

LÉO. Trahison!... Que vous a-t-il promis?... A-t-il été des vôtres? a-t-il juré votre fédération, prêché votre république?... Lisez ses écrits, lisez ses livres... et posez ses actions d'aujourd'hui sur ses principes d'hier : les uns et les autres se répondront.

L'ACCUSATEUR. Défendez-vous aussi le bras qui nous frappe, l'ennemi qui nous abat?

LÉO. Je défends...

TOUS. Assez, assez.

LE CHEVALIER (bas). Silence!

LÉO. On accuse mon honneur...

LE CHEVALIER. Un mot de plus, et je vous arrache votre masque. (Tumulte au dehors.)

LE PRÉSIDENT. Qui ose troubler ainsi la séance du saint tribunal?...

VI. — LES MÊMES, FRANTZ LEWALD.

LE PRÉSIDENT. Veilleur, pourquoi laissez-vous passer?

LE VEILLEUR. C'est un des voyants ; il a le masque et la croix.

LE PRÉSIDENT. Pourquoi entrez-vous, étant venu si tard, sans les formules exigées?

FRANTZ. Frères, ce n'est pas le moment des cérémonies et des formules... Nous sommes vendus, trahis, livrés... Je n'ai pas besoin d'en dire plus ; lisez : (Il remet les papiers trouvés chez Léo Burckart.)

LÉO (bas). Que veut dire cela?

LE CHEVALIER. Cette fois, je n'en sais rien. Écoutons.

LE PRÉSIDENT. Les papiers confiés à Diégo pour nos frères d'Heidelberg...

L'ACCUSATEUR. Diégo serait-il un traître?

UN VOYANT. Diégo peut être en prison, Diégo peut être assassiné; mais ce n'est pas un traître : je réponds de lui comme de moi.

LE CHEVALIER (bas). Sur mon âme! ce sont les papiers saisis! Où les avez-vous donc laissés, monseigneur?

LÉO. Dans mon cabinet, sur mon bureau... Je n'y comprends rien... il faut qu'il y ait magie!

LE CHEVALIER. Ou trahison.

LÉO. Ils étaient peut-être expédiés en double.

LE PRÉSIDENT. Et entre les mains de qui étaient ces papiers?

FRANTZ. Entre les mains du ministre.

TOUS. Du ministre? de Léo Burckart!

FRANTZ. Oui... ainsi, il sait nos noms, il connaît nos desseins.

LE CHEVALIER (bas). Ce sont bien les mêmes.

L'ACCUSATEUR. Et comment sont-ils tombés entre les tiennes?

FRANTZ. Je ne puis le dire...

TOUS. Parle! parle!

LE PRÉSIDENT. Le frère a le droit de refuser toute

explication à cet égard ; d'ailleurs elles seraient inutiles. Les papiers étaient entre les mains du ministre, donc le ministre sait tout ; donc nous sommes tous morts demain, s'il ne meurt cette nuit.

LE CHEVALIER (bas). Entendez-vous?

TOUS. Oui, oui, qu'il meure!

L'ACCUSATEUR. Il n'y a pas un instant à perdre ; nous n'avons de temps ici ni pour l'accusation, ni pour la défense. Que ceux qui sont pour la mort lèvent la main!

PRESQUE TOUS. La mort! la mort!

LE PRÉSIDENT. Il y a majorité. Veilleur, apportez l'urne, et mettez-y seize boules blanches et une boule noire; celui qui tirera la boule noire sera l'élu. Vous en remettez-vous au sort?

TOUS. Oui, oui.

LE PRÉSIDENT. Silence, frères!... Procédons par ordre, et avec le calme et la dignité qu'exige une pareille résolution. Songeons qu'il y a de ce moment, parmi nous, un vengeur ou un martyr. Chacun prendra son rang selon la lettre alphabétique du pays qu'il représente. (Tous se rangent.)

LE PRÉSIDENT. Moi qui représente l'Autriche, je tire le premier. (Il tire la boule, et la laisse tomber dans un plateau.) Blanche.

UN VOYANT (s'approchant de l'urne). Blanche.

HERMANN. Blanche.

UN AUTRE. Blanche.

FRANTZ (tirant à son tour). Noire!...

TOUS. Noire!

LE PRÉSIDENT. Vive l'Allemagne, frères! L'élu est nommé!...

FRANTZ. O mon Dieu! mon Dieu!

UN VOYANT. Frère! voilà le poignard.

UN AUTRE. Frère, voilà la corde.

LE PRÉSIDENT. Rappelle-toi ton serment sur le livre de sang et sur l'Évangile. Tu as douze heures pour l'accomplir.

FRANTZ. C'est bien.

LE PRÉSIDENT. Maintenant, tu sais le sort qui attend les lâches et les traîtres... C'en était un celui dont, en passant, tu as vu le cadavre. (On ouvre les portes, les étudiants non masqués entrent, et se mêlent aux autres.)

TOUS. Vive l'Allemagne!

CHŒUR.

Amour des nobles âmes,
Sur nous répands tes flammes!
Au nom du Dieu vengeur qu'ici nous implorons!
Jurons! Jurons!
Et pour la liberté qu'un jour nous espérons,
Mourons! Mourons [1]!

---

[1] Ces vers sont faits comme ceux de la *Chasse de Lutzow* sur la musique des célèbres chœurs de Weber.

SIXIÈME JOURNÉE.

Chez Léo Burckart.

I. — LÉO, LE CHEVALIER, *rentrent et déposent leurs masques et leurs manteaux.*

LÉo. Et vous me dites que vous connaissez la demeure des chefs..... de tous ceux qui étaient masqués ?

LE CHEVALIER. Et celle aussi de presque tous ceux qui ne l'étaient pas. Beaucoup logent dans la campagne, chez des paysans... d'anciens militaires. Les étudiants sont presque tous logés dans les mêmes maisons ; les proscrits sont plus faciles encore à ressaisir : on en prendra des centaines d'un coup de filet ; car, comme dit le vieux proverbe : « N'est pas bien échappé qui traîne son lien !... » Quant aux députés des autres centres de conspiration...

LÉo. Assez... assez... vous feriez emprisonner une moitié de l'Allemagne par l'autre : vous étudiez profondément les complots, monsieur ; et vous n'en perdez aucun fil. Je vais vous faire une seule demande et une seule condition : il y avait avec nous quinze hommes masqués...

LE CHEVALIER. Oui.

LÉO. Les connaissez-vous bien?

LE CHEVALIER. Oui.

LÉO. Quel est le nom de celui qui est venu apporter les papiers..... ces papiers qui m'ont été volés?

LE CHEVALIER. Je l'ignore.

LÉO. Connaissez-vous celui qu'ils ont choisi pour être mon assassin?

LE CHEVALIER. C'était le même.

LÉO. Vous en êtes sûr; c'est quelque chose. Mais comment ignorez-vous son nom, les connaissant tous?

LE CHEVALIER. Monseigneur, tous étaient masqués, drapés de manteaux, déguisant leurs voix, méconnaissables. Les précautions qu'ils prennent ne sont pas illusoires, et c'est à cela même que vous devez d'avoir pu assister à leur conseil. Je vous les livre tous les quinze. Votre voleur, votre assassin est là-dedans. Tous sont solidaires, tous seront punis de mort si vous voulez.

LÉO. Et vous pouvez me répondre de ceci : qu'avant le jour ils seront tous arrêtés?

LE CHEVALIER. J'en réponds.

LÉO. Je vais vous donner l'ordre.

LE CHEVALIER. Bien. Je vois avec joie que Votre Excellence ne ménage plus les ennemis de l'État.

LÉO. C'est que ce ne sont plus seulement des conspirateurs que je poursuis, ce sont des assassins : toute ma vie, monsieur, je verrai ce malheureux Waldeck frappé, étranglé devant moi, sans que je pusse lui porter secours...

LE CHEVALIER. Et puis, ne serait-il pas insensé de risquer votre vie, précieuse à l'État, à faire de la clémence? Demain matin, vous viendrez reconnaître les quinze têtes dont nous n'avons vu que les masques, et la plus consternée sera assurément celle du *Vengeur*.

LÉO. Quinze têtes! jamais!... Il y avait dans tout cela beaucoup d'égarements, de folie. Des fanatiques de l'antiquité!... Je les fais arrêter parce qu'ils sont dangereux, mais non pas seulement pour moi. Ils seront jugés, condamnés à quelques années de séjour dans une forteresse. Ils le méritent... Un service, monsieur!...

LE CHEVALIER. Parlez, monseigneur.

LÉO. Je suis encore ministre; je puis rester ministre si je veux; mais, quoi que je fasse demain, ma signature de cette nuit est toujours une signature ministérielle. Voici un bon de 20,000 florins sur le trésor : c'est une fortune. J'en devrai parler au prince; son consentement n'est pas douteux. Vous avez rendu un immense service à l'État, quels qu'aient été les moyens employés. Je vous donne ce bon de 20,000 florins.

LE CHEVALIER. Quelle est la condition?

LÉO. La voici. Quand les arrestations auront eu lieu, vous aurez à faire, ainsi que moi, votre déclaration ou procès-verbal au chef de la police du royaume, touchant les crimes ou projets dont vous avez connaissance...

LE CHEVALIER. Oui, monseigneur.

LÉO. Bien. Vous ne parlerez ni de ma présence à cette réunion, ni du projet d'attentat qui ne concerne que moi.

LE CHEVALIER. Monseigneur...

LÉO. Vous ferez ainsi... ni des papiers surpris chez moi. Vous laisserez tomber tout ce côté de la conspiration.

LE CHEVALIER. Vous le voulez...

LÉO. Je pense avoir ce droit. Si le prince trouvait la somme trop forte, ce billet sera une traite sur ma propre fortune.

LE CHEVALIER. Vous avez ma parole, monseigneur.

LÉO. Je n'ai pas fini. Je vais rentrer dans l'obscurité, monsieur; mais un homme qui a passé par le ministère, et qui le quitte comme je le fais, est toujours un homme puissant. Un homme de cœur qui résout une chose, et qui la veut jusqu'à la mort, peut toujours tout sur un autre homme, qui n'est pas le dernier des lâches. Eh bien! souvenez-vous qu'aucun des conspirateurs qui n'étaient pas masqués ne doit être par vous reconnu, livré ni trahi. N'oubliez pas cela! ce n'est pas une condition de votre fortune, c'est une condition de votre vie ou de la mienne.

LE CHEVALIER. C'est bien, vous pouvez compter sur moi. Je rends grâce à Votre Excellence, et j'accomplirai loyalement ses ordres.

II. — LÉO, SEUL.

LÉO (seul). Adieu, monsieur, adieu!... Voilà un homme qui ira loin. Et cependant il était arrivé à la moitié de sa vie sans avoir trouvé l'occasion de se mettre en lumière; il ne lui fallait qu'un tourbillon qui l'attirât dans un système! un homme de passage, qui le fît briller en s'éteignant!... il l'a trouvé. Qui peut prévoir son avenir? Moi je n'ai plus tant de courage. Voilà un cercle accompli, et peut-être n'aurai-je pas la volonté d'en recommencer un autre. J'ai détourné sur moi l'orage qui menaçait le prince; j'ai changé la direction des poignards : comme l'aimant, j'ai attiré le fer! Le prince n'a rien à me demander de plus, et je ne veux rien lui accorder davantage. J'abandonne tous mes rêves d'autrefois, et toutes mes entreprises d'hier; je suis las de marcher toujours entre des fous, des corrupteurs et des traîtres... Des traîtres jusque dans ma maison!... Je me croyais sûr de mes gens, d'anciens serviteurs de ce bon professeur... (Il sonne.)

III. — LÉO, UN DOMESTIQUE.

LÉO. Personne n'est venu pendant mon absence?
LE DOMESTIQUE. Non, monseigneur.
LÉO. Vous n'avez vu aucun étranger?
LE DOMESTIQUE. Non, monseigneur.
LÉO. Vous n'avez point entendu de bruit?
LE DOMESTIQUE. Non, monseigneur. (Il sort.)

IV. — LÉO, MARGUERITE.

MARGUERITE. Léo! et l'on ne m'a point avertie!...
LÉO. Vous ne vous êtes pas couchée?
MARGUERITE. Je veillais, je pleurais. J'ai cru qu'en rentrant vous viendriez d'abord chez moi... Oh! vous m'aviez dit que vous couriez un péril; j'ai prié Dieu.
LÉO. Vous venez de votre oratoire?
MARGUERITE (à part). Grand Dieu! (Haut.) Non.
LÉO. En rentrant, j'ai trouvé ouverte la porte qui donne sur la galerie.
MARGUERITE. Ah! vous avez remarqué...
LÉO. Cette maison est isolée... trop grande pour le peu de domestiques que nous avons... Je crains qu'un homme ne se soit introduit ici.

MARGUERITE. Dieu !

LÉO. Et ne s'y puisse encore introduire.

MARGUERITE. Oh ! ciel ! pourquoi me dites-vous cela, Léo ?... Je ne sais pas, j'ignore...

LÉO. Vous n'avez rien entendu ?

MARGUERITE. Non...

LÉO. C'est bizarre : j'avais là des papiers... très importants... ils étaient là, là, sur ce bureau, à cet endroit, la lampe posée auprès. Ces papiers ont disparu... Êtes-vous sûre de tous nos domestiques ? Vous les connaissez mieux que moi.

MARGUERITE. Oh ! oui.

LÉO. On ne sait pas... Des papiers d'une certaine importance politique, cela peut valoir beaucoup d'or.

MARGUERITE. Oh ! il ne sait rien. Non ! cela ne peut être... (Haut.) Mon Dieu, je ne sais pas, moi, je ne crois pas. C'est donc un grand malheur que la perte de ces papiers. Peut-être sont-ils égarés ;... moi-même, négligemment, j'aurai pu les déranger.

LÉO. Non ; ces papiers n'ont été perdus que pour moi ! cette nuit, je les ai vus dans d'autres mains... dans les mains de mes ennemis, madame. Ce vol a un instant compromis ma vie. (Marguerite fait un signe d'effroi.) Rassurez-vous, rassure-toi, ma bonne Marguerite,... le péril est tout à fait passé. Je suis à toi, à toi pour toujours.

MARGUERITE. Grand Dieu ! mais tu ne m'as rien

appris... Qu'as-tu fait cette nuit? quelle est cette mystérieuse expédition dont tout le monde parle et dont je ne sais rien, moi? Oh! tu me fais mourir.

LÉO. Tu as lu, n'est-ce pas, dans les vieilles histoires d'Allemagne, des récits étranges d'hommes frappés par un tribunal invisible...

MARGUERITE. Le Saint-Vehmé?

LÉO. Oui, c'est cela.

MARGUERITE. Ciel!

LÉO. Des insensés tentent de le faire renaître.

MARGUERITE. Grand Dieu! je comprends tout... il y a deux mois à peine, un écrivain politique a été frappé par eux, et toi-même... ah! Léo! c'est le même sort qui te menace!

LÉO. Rassure-toi, Marguerite...

MARGUERITE. Oui, toi!... il y a des gens qui te calomnient, qui te haïssent. Aujourd'hui même un journal t'accusait de je ne sais quels crimes publics... Je ne te quitte plus : tu ne sortiras pas, vois-tu; des amis veilleront sur toi! Oh!... bien plus!... ne reçois personne... il en est qui se présentent dans les maisons, qui demandent à voir, à remettre une lettre... Tu obtiendras un congé du prince, n'est-ce pas? nous fuirons d'ici bien accompagnés, loin de ces terribles conspirateurs....

LÉO. Enfant, c'est une petite lâcheté que tu me proposes, avec tes douces craintes d'épouse ; mais, sois tranquille, puisque ton instinct bienveillant t'a fait deviner ce que je te voulais cacher encore, apprends tout : cette nuit, un homme devait tenter de me frapper.

MARGUERITE. Quel homme ?

LÉO. Je l'ignore ; il était masqué.

MARGUERITE. Ah !

LÉO. C'était celui-là même qui tenait dans ses mains les papiers qui m'ont été dérobés dans la nuit !

MARGUERITE. Ah ! Léo...

LÉO. Mais nos précautions sont prises ; et, s'il trouve encore moyen de s'introduire ici... j'ai là des armes...

MARGUERITE (à genoux). Léo ! pardonne-moi ! au nom du ciel ! je suis coupable ! Ce que je suppose est effroyable, impossible, sans doute... mais je vais t'avouer un crime... Je suis une malheureuse... je t'ai trompé, je t'ai trahi !

LÉO. Marguerite, cela n'est pas ! non ; tu es insensée !...

MARGUERITE. Un homme est entré ici cette nuit.

LÉO. Vous ne le disiez pas, madame !...

MARGUERITE. Ah ! je suis bien coupable ! mais pas autant que vous croyez.

LÉO. Son nom ?

MARGUERITE. Mais il est incapable d'un crime !

LÉO. Son nom ?

MARGUERITE. Ce n'est pas lui, soyez-en sûr... car il faut tout vous dire, n'est-ce pas ?

LÉO. Vous ne me direz pas son nom? Tenez, peu m'importe à présent!... un homme m'a volé chez moi; un homme entre chez moi comme il veut... Retirez-vous, madame : que cet homme puisse approcher.

MARGUERITE. Ah! monsieur! je me disais coupable; mais, si vous me comprenez ainsi, je vais vous jurer que je suis innocente... devant vous et devant Dieu.

LÉO. Mais vous ne voulez pas répondre!... J'ai vu un masque, et non un visage... J'ai entendu parler mon assassin, mais je ne sais pas son nom; il me l'apprendra sans doute en me frappant!... Qu'importe cela? (Il se promène.) Faites-moi l'histoire de votre liaison avec cet homme; un charmant jeune homme, n'est-ce pas?...

MARGUERITE. Léo, mon Dieu!

LÉO. Vous n'êtes pas coupable... vous vous aimiez platoniquement... des vers, des billets, quelques phrases... un baiser bien fraternel! c'est tout, n'est-ce pas! Oh! ce n'est rien!

MARGUERITE. Assez! vous me tuez! Léo, ma tête s'égare! Je vais faire une chose odieuse, peut-être! mais je vous aime... oh! oui, je suis toujours votre femme pure et fidèle. Léo! l'homme qui est entré ici... c'était M. Frantz Lewald...

LÉO. Je m'en doutais; ce Frantz s'est battu pour vous... il a été blessé pour vous... dans ce duel... où j'ai fait, moi, arrêter votre champion.

MARGUERITE. Vous savez?

LÉO. Tout! une blessure, c'est intéressant, je conçois...

MARGUERITE. Léo! plus un mot de cette affreuse raillerie, ou je meurs à vos yeux. Je vous parle fièrement, à présent!... Écoutez-moi; depuis ce duel, j'ai revu M. Frantz, pour la première fois, à ce bal de la cour, où vous étiez... J'avais le cœur brisé de votre oubli, saignant de votre indifférence! Il m'a avoué, je crois, qu'il m'aimait; je n'ai pas bien entendu; je ne sais ce que je lui ai dit... vous m'aviez blessée... je l'ai plaint, je crois... Frantz, un ancien ami... il courait à la mort; il m'a demandé une dernière entrevue dans mon oratoire, devant Dieu! Je pressentais un grand danger pour lui... comme pour vous... il devait m'expliquer tout.

LÉO. Eh bien! vous l'avez vu?

MARGUERITE. Un instant; vous veniez de partir... il m'a dit deux mots qui m'ont froissée. Oh! que je vous aimais en ce moment! Allez, mes pleurs étaient sincères. Il a fui, je n'ai pas compris... en me criant qu'il allait revenir.

LÉO. Cette nuit?

MARGUERITE. Oui, je crois... Léo! je ne vous quitte pas; mais ne craignez rien... cela, c'est impossible.

LÉO. Qui vous dit que je craigne?... C'est bien... je crois tout ce que vous me dites, c'est bien; je vous demande pardon de vous avoir si mal jugée...

Non, il n'y a nul danger ; et puis, croyez-vous que je ne défendrais pas ma vie?... Si ; je vous aime assez pour cela... Non, M. Lewald n'est pas celui que nous soupçonnons... toutes ces coïncidences sont des hasards... rentrez... laissez-moi... tout est bien fermé ; et puis, je vous le dis, j'ai des armes.

MARGUERITE. Je veux rester !

LÉO. Qui vous retient?

MARGUERITE. Une insurmontable terreur !

LÉO. Rentrez chez vous... Ah! tu es pâle, tu chancelles... Pauvre femme! je t'ai fait bien du mal, j'ai été cruel. Tiens, tu te défendais, et j'étais le coupable!... Si longtemps seule... jamais un mot du cœur... Sombre, préoccupé, je te cachais parfois ma présence ou mon retour... Oh! pardonne-moi, pauvre affligée, tout cela va changer.

MARGUERITE. Léo!... tenez, je tremble. Cette politique qui vous éloignait de moi...

LÉO. Eh bien!...

MARGUERITE. Me fait peur aussi dans un autre.

LÉO. Lewald...

MARGUERITE. Je détournais vos soupçons tout à l'heure... mais tout pour vous, pour votre sûreté!... Ce fanatisme terrible de liberté égare les plus nobles âmes... Tenez, c'est lui, croyez-moi ; je n'en doute plus! je l'ai vu ici même; il avait les papiers déjà, il m'a crié qu'il reviendrait ; il va revenir. Appelez vos gens... ou je le fais moi-même.

LÉO. N'appelez personne!

MARGUERITE. Oh! tout cela est terrible, infâme, et j'ai peur de perdre ma raison... Je ne vous ai donc pas tout dit? Il est venu; je lui ai donné les moyens d'entrer... dans la maison, dans l'oratoire; il a une clef, il est peut-être ici déjà... Ah! je crois entendre des pas dans cette longue galerie qui vient de l'oratoire ici...

LÉO. Sortez; je veux que vous sortiez!... Terreurs de femme! Il ne reviendra pas, il est arrêté... arrêté, vous dis-je, j'en suis sûr.

MARGUERITE. Non, je resterai là...

LÉO. Allons! j'ai besoin d'être seul... laisse-moi seul, je le veux.

MARGUERITE. Mon Dieu! mon Dieu!

LÉO. Je t'en prie.

MARGUERITE. Tiens cette porte fermée, n'est-ce pas... Karl dort par ici...

LÉO. Bien, bien, rentre chez toi. (Il l'embrasse et revient.) Des pas! oui, des pas... je les ai bien entendus, moi... elle était trop émue pour les distinguer... J'entends encore : il s'approche... Il hésite... Allons donc! (Il ouvre.) Entrez, monsieur, entrez, je vous attends.

V. — LÉO, FRANTZ.

FRANTZ. Que veut dire cela?

LÉO. Cela veut dire, monsieur, que je vais vous

épargner tout préambule. Vous avez ici un jugement et un poignard : ce jugement me condamne à mort, et ce poignard vous a été donné pour me frapper. Cela veut dire que je pouvais vous faire arrêter, monsieur, mais que j'ai été curieux de savoir comment un homme habitué à manier une épée s'y prendrait pour frapper avec un couteau... Ah! ne craignez rien; entrez hardiment; je n'ai pas d'armes, moi.

FRANTZ. Vous êtes bien instruit, monsieur... Oui, j'ai un jugement et un poignard; mais je ne compte ici ni me servir de l'un ni invoquer l'autre. Aux gémissements de l'Allemagne que vous avez frappée, ses fils se sont rassemblés; leur tribunal vous a condamné, et c'est moi que le sort a choisi pour exécuter l'arrêt. On m'a remis le jugement, on m'a remis le poignard... je les ai pris pour remplir une vaine formalité; mais, pourvu que j'accomplisse ma mission, peu importe de quelle manière... J'ai pris d'autres armes... et les voilà. C'est un duel que je suis venu vous proposer... un duel à mort, c'est vrai, mais un duel loyal, dans lequel vous pouvez me tuer, si vous avez la main plus sûre et plus heureuse que la mienne...

LÉO. Avez-vous prévu le cas où je refuserais?

FRANTZ. Oui, monsieur.

LÉO. Et que devez-vous faire alors?

FRANTZ. Quelque résolution qu'il ait prise, il y a des moyens de forcer un homme à se battre.

LÉO. Même quand cet homme n'a qu'à étendre la main pour vous faire arrêter.

FRANTZ. Si cet homme manque à la loyauté dont je lui donne l'exemple, alors il me dégage de tout devoir en lui.

LÉO. Et alors?

FRANTZ. Et alors, monsieur... eh bien! c'est encore un duel, et un duel pour lequel il faut plus de courage que pour tout autre, croyez-moi; car, si l'on a devant soi un homme sans armes... on a derrière soi le bourreau, qui est armé!

LÉO. Eh bien! moi, monsieur, je ne vous ferai pas arrêter, et je ne me battrai pas avec vous. . Je ne vous ferai pas arrêter, parce que j'ai contre vous des motifs de haine personnelle... et je ne me battrai pas avec vous, parce que je ne me bats pas avec un homme qui est sorti d'ici comme un voleur, et qui y rentre comme un assassin!

FRANTZ. Monsieur! je vous ai dit que j'avais toujours un moyen de vous forcer à vous battre... eh bien! que ce ne soit plus un duel entre un conspirateur et un homme d'État: un homme d'État ne se bat pas, je le sais... et la preuve, c'est qu'un jour la femme d'un de ces hommes a été insultée, et que je me suis battu pour elle.

LÉO. Vous voulez dire que je vous redois un duel...

FRANTZ. A peu près.

LÉO. C'est juste; demain à midi, monsieur, je suis à vos ordres.

FRANTZ. Non; maintenant...

LÉO. Je choisis l'heure et je suis dans mon droit... d'ici là, je ne m'appartiens pas, monsieur.

FRANTZ. Vous voulez dire qu'il vous faut tout ce temps pour faire arrêter mes amis, pour vendre notre vie à vos confrères de Carlsbad... non! tout s'achèvera ici... voici un pistolet, tenez.

LÉO. Nous sommes seuls... ce n'est pas un duel, cela.

FRANTZ. C'est un combat! Moi, pour mon parti, vous, pour le vôtre!

LÉO. A demain! monsieur.

FRANTZ. Monsieur Léo Burckart! vous voulez que je vous insulte; d'abord, soyez tranquille, nous ne sortirons pas d'ici... vous ne donnerez pas d'ordres; et, s'il entre quelqu'un, je vous tue, malgré vos airs de grandeur! Vous comprenez que je suis déshonoré, si je reparais devant mes frères sans les avoir délivrés de vous... Rien ne doit donc me coûter, monsieur. Je suis déjà venu ici ce soir, j'y devais revenir encore; non pour vous, mais pour votre femme : je l'aime, votre femme!... et c'est une clef qu'elle m'a donnée qui m'a ouvert votre maison!

LÉO (s'élançant). Oh! nous n'avons plus qu'un pistolet, monsieur; mais, tenez, j'ai là deux épées...

VI. — Les mêmes, MARGUERITE.

MARGUERITE. Vous dites là des choses indignes, monsieur Frantz!... Je vous écoutais, j'attendais cela : vous trompez mon mari, monsieur; vous vous vantez!... vous me déshonorez sans fruit, il ne vous croira pas! Je vous avais accordé un entretien comme ami, non comme amant!... j'ai eu quelque pitié pour vous, non de l'amour!... vous vous êtes abusé bien tristement. Mon mari sait tout, je lui ai tout dit. Sortez donc, vous n'avez pas le droit d'être ici... Allez attendre à la porte, au coin d'une rue, celui que vous avez mission d'assassiner!

LÉO. Tu es une noble et digne femme!

MARGUERITE. Votre femme, c'est le titre qui m'est le plus cher.

FRANTZ. Madame!... vous me jugez mal... madame, je voudrais vous dire...

LÉO. Abrégeons. Demain, à midi, je n'appartiens plus à l'État... Vous pensiez sauver vos amis en m'arrêtant par un duel; vous vous trompez : à l'heure qu'il est, ceux que vous appelez vos frères sont arrêtés, non comme conspirateurs, mais comme assassins du comte de Waldeck. Je puis témoigner que vous n'avez en rien participé à ce meurtre effroyable, mais vous ferez bien de vous éloigner au plus tôt; voici un sauf-conduit; partez, quittez le pays.

MARGUERITE. Oui, partez, monsieur Frantz; pardon si, dans un premier mouvement, je vous ai offensé... Partez, oubliez tout ce qui s'est passé, comme on oublie un rêve terrible, et nous... Eh bien! nous conserverons de vous peut-être un bon et triste souvenir...

FRANTZ. Merci, Marguerite... votre main?

MARGUERITE. La voilà.

FRANTZ. Adieu, adieu!

MARGUERITE (à Léo Burckart). Oh! mon ami... c'est un homme de cœur pourtant, et nous l'avons trop humilié... (On entend un coup de pistolet.)

LÉO. Tenez... le voilà qui se relève!

FIN.

RHIN ET FLANDRE.

RHIN ET FLANDRE.

I. — Le Rhin.

J'ai mis le pied une fois encore sur le *Steamboat* du Rhin. — C'est toujours la Lorely qui m'appelle. A partir de Mayence, lorsqu'on voit décroître et plonger les six tours derrière les bois et les montagnes que traverse le Necker, qui vient apporter ses eaux paisibles au grand fleuve; lorsqu'on a vu l'immense dôme, et tout ce bel édifice en pierre rouge disparaître sous les derniers versants du Taunus, — on s'engage dans une sorte de rue obscure que bordent, comme de gigantesques maisons, les vieux châteaux qu'ont détruits tour à tour Barberousse et Turenne. Goëtz de Berlichingen fut le Don Quichotte de cette chevalerie, abritée dans les tours rougeâtres et dans l'ombre des forêts de pins toujours vertes qui montent jusqu'au pied des murs.

La vigne étend ses longues lignes vertes sur les coteaux inférieurs, et de temps en temps les vieilles villes commerçantes du moyen âge sont indiquées par le coup de cloche du bateau.

Près de Bieberich, à droite, j'ai vu le pèlerinage des fidèles du dernier Bourbon légitime. — C'est plus tard, à gauche, Coblentz avec son monument de Hoche, qui appartient au Rhin, comme celui de Kléber, près Strasbourg. La ville est bien une ville d'émigrés, une *petite Provence* politique comprise dans l'angle que forment le Rhin et la Moselle, sa sœur rivale.

Le vin de Moselle ne se conserve pas dans d'immenses tonnes, comme celles d'Heidelberg et d'autres lieux ; mais certains crus rivalisent avec les meilleurs des coteaux du Rhin, — en exceptant toujours ceux du Johannisberg, lesquels justifient les honneurs que l'on a rendus à la famille de Metternich, dans la cathédrale de Mayence.

La nuit vient. On se lasse peu à peu d'admirer au clair de lune cette double série de montagnes vertes que la brume argente.

La *cajute* est garnie suffisamment de tabourets en forme d'X. La question pour chaque voyageur est d'en amasser au moins trois avec lesquels on se fait un lit dont l'oreiller est formé par les coussins du divan qui règne autour de la salle. J'ai dormi ainsi à deux pieds d'une charmante comtesse qui ve-

naît de rendre au prétendant l'hommage dû par
ses ancêtres. Elle a ouvert ses beaux yeux le matin,
— ne sentant plus la secousse des machines qui
avait bercé son sommeil, a passé ses mains dans
ses cheveux dénoués et a dit : « Où sommes-
nous ? » — Cela pouvait s'adresser au voisin de
gauche, mais il dormait profondément. J'ai répondu, connaissant les lieux et l'heure : « Madame la
comtesse, nous arrivons à Cologne. » Un sourire de
dents blanches, accompagné d'un *Ah!* modulé, m'a
payé de cette réponse qui n'était que bien naturelle.

II. — De Cologne à Liége.

J'ai un bonheur singulier pour me trouver dans
les pays au moment des fêtes. Cologne respirait la
joie. On fêtait la Vierge d'août, et tous les quartiers catholiques, qui forment la majorité dans cette
ville, étaient en kermesse avec des bannières flottant au vent, des guirlandes à toutes les fenêtres, des branches de chêne formant une épaisse
litière sur le pavé des rues. Des processions triom-
phales se dirigeaient vers les églises et surtout
vers la cathédrale, dont l'abside terminée est livrée au culte, tandis que le transept, encombré
de matériaux et de charpentes, coupe en deux,
par l'absence de ses constructions, les portions
plus avancées. Les énormes grues qui dominent le

chevet de l'église rappellent ces mots de Virgile :

> ...... Pendent opera interrupta, minæque
> Murorum ingentes, æquataque machina cœlo.

Cette église est l'image de la constitution allemande, qui n'est pas près non plus de se voir terminée, malgré tous les soins qu'y apportent les peuples et les princes.

Comme commerce, on peut avouer que Cologne abuse du nom de Farina. Tout un quartier est occupé par ces marchands d'eau de toilette. On peut aller voir Deutz, le faubourg, au bout du grand pont de bateaux, faire de petites excursions à Dusseldorf, la ville des artistes, à Bonn, la ville des étudiants;— les *vapeurs* et le chemin de fer vous conduisent, en une heure, à l'une ou à l'autre. Les gens pressés jettent un dernier coup d'œil aux tours qui regardent le fleuve aux vertes promenades, situées au sud de la ville, et le chemin de fer du Nord, les mène, en trois heures, à la station d'*Aachen*, que nous appelons Aix-la-Chapelle.

On connaît ce vieux séjour de Charlemagne, le lac voisin où il jeta son anneau, l'église byzantine où sa tête incrustée d'or, son bras gigantesque et ses ornements impériaux sont montrés aux fidèles à certaines fêtes de l'année. La ville est au reste toute classique et presque neuve, avec de grandes rues, où l'ombre n'existe guère et cette belle place devant le casino des bains où coule la fontaine chaude. Chacun peut descendre dans la crypte et s'y faire servir, gratis, une verre d'eau minérale que distingue un goût prononcé d'œufs pourris. Trois heures après vous quittez le duché du Rhin, en saluant les braves soldats de la Prusse, vêtus en Romains du Nord, avec des casques à pointes qu'on voit étinceler de loin. On traverse douze tunnels, espacés par de fraîches vallées où serpente un ruisseau paisible qui se plaint doucement dans les cailloux. On a laissé Spa sur la gauche, Verviers sur la droite; — la ville de Liége apparaît du fond de sa vallée, côtoyée par la Meuse qui se découpe entre les montagnes et la forêt des Ardennes, comme un long serpent argenté.

J'ai quitté le Rhin en infidèle, mais en infidèle reconnaissant. J'aurais pu gagner la Hollande en prenant les bateaux de Dusseldorf; — on m'a dit que les rives s'aplatissaient au-delà de cette ville, que les bords marneux et sablonneux ne présentaient plus ces beautés solennelles qu'on n'admire pleinement que de Mayence à Cologne. J'ai cédé alors au désir de traverser la Flandre septentrionale et le Brabant, et je ne suis point fâché, certes, de m'arrêter à Liége pour un jour.

III. — Liége.

Allons vite au plus pressé, c'est-à-dire au plus beau.

La cour du palais de justice de Liége est un vaste carré long, entouré de magnifiques galeries aux colonnes de granit sculptées; les voûtes et les murs sont en brique rouge, sur laquelle se détache la colonnade noire et polie, ce qui rappelle certains palais de Venise. Des boutiques et des étalages garnissent partout les galeries à l'intérieur, comme dans tous les palais de justice du monde. L'extérieur, du côté de la place, ne répond pas à ces magnificences : c'est l'aspect d'un hôpital ou d'une caserne, et pourtant c'est le plus bel édifice de Liége. Il en est de même à peu près des églises, le dehors en est peu remarquable, et trois ou quatre d'entre elles offrent des intérieurs merveilleux. Je ne me hasarderai pas à les décrire après tant d'autres voyageurs, après Dumas surtout, qui traversa Liége il y a quelques années.

Les habitants de cette bonne cité ne peuvent pardonner à Dumas d'avoir prétendu qu'on ne peut y trouver à dîner qu'à une certaine heure du milieu de la journée, où ces peuples ont l'habitude de prendre leur nourriture; secondement, que le pain y est inconnu, et qu'on n'y mange que du gâteau et du pain d'épice; ensuite, que les Wallons, habitants de la province de Liége, ne peuvent souffrir leurs compatriotes les Brabançons; enfin, que les draps de lit sont étroits comme des serviettes, les couvertures à l'avenant, et qu'un Français ne peut demeurer couvert dix minutes dans un lit liégeois. Il y a pourtant beaucoup de vrai dans ces quatre remarques d'Alexandre Dumas.

Seulement il aurait pu généraliser son observation pour une grande partie de la Belgique et ménager davantage ces braves Wallons, qui sont pour ainsi dire nos compatriotes, tandis que les Flamands se rapprochent beaucoup plus de la race des peuples du Nord. C'est une chose, en effet, qui frappe vivement le voyageur, qu'à sept ou huit lieues de la frontière prussienne on rencontre toute une province où le français se parle beaucoup mieux que dans la plupart des nôtres ; le patois wallon n'est lui-même qu'un français corrompu qui ressemble au picard, tandis que le flamand est une langue de souche germanique.

La journée était superbe, et j'ai pu monter à la citadelle pour juger la ville d'un seul coup d'œil. Une longue rue de faubourg, qui commence derrière le palais de justice, conduit jusqu'aux remparts d'où l'on découvre toute la vallée de la Meuse. Liége s'étale magnifiquement sur les deux rives avec ses quartiers neufs à droite, et ses vieilles maisons aux toits dentelés à gauche de la citadelle et sur l'autre rive du fleuve ; plusieurs églises, et notamment Saint-Thomas, appartiennent à cette architecture carlovingienne qu'on admire à Aix-la-Chapelle, à Cologne et dans toutes les villes du Rhin. La Meuse est large à peu près comme la Seine et se perd à l'horizon en détours lumineux ; la forêt des Ardennes garnit le flanc des collines les plus éloignées, et la vue s'anime encore dans la campagne des vieilles ruines de tours et de châteaux, si fréquentes dans ce pays.

Quant à la citadelle, d'où l'on jouit de ce beau spectacle, elle appartient à ce genre de forteresses tellement imprenables, qu'elles sont invisibles. Aucun touriste n'a jamais su trouver la citadelle d'Anvers, à moins de s'y faire conduire ; mais il faudrait du malheur pour ne pas rencontrer celle de Liége, située au sommet d'une montagne. Eh bien! du rempart où j'étais tout à l'heure, et qui présente l'aspect d'un simple coteau, il faut descendre encore par une foule de sentiers obliques pour arriver par une porte masquée dans l'intérieur de la place, enfoncée dans la montagne comme la gorge du Vésuve.

Les citadelles qu'on bâtissait avant Vauban étaient beaucoup moins terribles, mais plus favorables au coup d'œil. On sait ce qui arriva à celle de Liége, lorsqu'elle dominait la vallée avec des tours majestueuses et de beaux remparts crénelés. Les bourgeois invitèrent un jour toute la garnison aux noces de la fille d'un de leurs bourgmestres, qu'on appelait *la belle Aigletine*. On était alors en pleine paix, et nul n'avait de méfiance. Pendant la nuit d'un bal où les belles Liégeoises déployaient leurs séductions dans un but patriotique, tous les ouvriers de la ville réunis parvinrent à démolir le fort de fond en comble, de sorte que les soldats, en y retournant au point du jour, trouvèrent la montagne nue comme la main. Le fort actuel défie toute tentative pareille ; il faudrait non pas le démolir, mais le combler.

Il est une heure, et je me hâte de descendre vers la ville, suffisamment averti que plus tard il serait impossible d'y dîner convenablement. Les tables d'hôte sont d'ailleurs excellentes ; le vin ordinaire coûte trois francs la bouteille comme dans toute la Belgique ; quant à la bière, à Liége, elle cesse d'être forte ; c'est une bière brune qui ressemble à nos bières de Lyon. Le faro, le lambick, la bière même de Louvain sont considérés là comme des boissons étrangères. Quant au pain, on l'a dit fort justement, il n'y en a pas, et là se trouve réalisé le vœu de cette princesse qui disait : « Si le peuple n'a pas de pain, il faut lui donner du gâteau. »

Je me remets à dévider l'écheveau fort embrouillé des vieilles rues de la ville. C'est l'occupation la la plus amusante que puisse souhaiter un voyageur, et je plains sincèrement ceux qui se font conduire aux endroits curieux. Dans toute ville, les trois centres importants sont l'hôtel de ville, la cathédrale et le théâtre. Chacun de ces quartiers a,

16.

d'ordinaire, une physionomie spéciale ; mais, dans les villes anciennes, il faut chercher d'abord le quartier où se tiennent les halles ; là est le noyau, l'alluvion de trois siècles, la population caractéristique. Ce quartier, à Liége, doit à ses rues étroites et tortueuses plutôt qu'à la forme de ses maisons une couleur antique encore prononcée. Un carrefour triangulaire, où aboutissent sept ou huit rues, encombré de marchands, de foule et de voitures, rappelle tout à fait le premier décor de *la Juive* avec sa porte d'église à droite, à gauche une rue en escalier qui descend vers la Meuse, et au fond, une voie plus large qui conduit au pont des Arches, un vrai pont du moyen âge fortement cambré, et dont les piles énormes ont dû jadis porter des maisons. Il remonte, du reste, à 1100, quoique souvent réparé depuis. Du milieu de ce pont, la vue est magnifique de tous les côtés : les hauteurs de la citadelle et les coteaux qui fuient vers le midi, parés des dernières verdures de la saison, la Meuse qui se perd dans les noires Ardennes, les tours et les clochers de briques que le soleil rougit encore; le faubourg d'outre-Meuse coupé par une autre rivière, l'Ourthe, qui y trace de joyeux îlots : puis, sur le quai de la rive gauche, un vaste emplacement où se tient la foire, où se presse la foule bariolée autour des étalages, des cirques et des bateleurs.

Ayant vu la ville des deux côtés du pont et de la

citadelle, il ne m'était plus difficile de m'y reconnaître. — En redescendant la rue qui conduit au pont des Arches, on se trouve sur une place longue, plantée d'arbres, moitié boulevard, moitié marché, ornée au milieu de trois fontaines dans le goût de la renaissance, construites en forme de pavillon comme celle des Innocents. En face, à gauche, est l'hôtel de ville, qui n'a rien de remarquable, le seul du reste en Belgique qui ne soit pas un chef-d'œuvre d'architecture gothique. Cela suffit pour indiquer que Liége n'a jamais été une cité républicaine comme ses sœurs du pays de Brabant.

A cette longue place en succède immédiatement une autre plus carrée, où se trouve le palais de justice, dont nous avons déjà parlé. Ensuite vient la troisième place, encore contiguë aux deux autres, plantée en quinconce et qu'on appelle la place Verte. Après quoi on arrive au théâtre, grand et lourd, bâti sur le modèle de l'Odéon, et dont mademoiselle Mars a posé la première pierre en 1818. Cela ne nous rajeunit pas.

De ce côté s'étend toute la ville neuve, aux larges rues bordées de trottoirs en bitume, aux boutiques parisiennes, offrant derrière leurs vitrages de cuivre et de glaces les étalages les plus splendides; bien plus, un passage, le passage Lemonnier, qui ne fait plus l'envie et le désespoir de Bruxelles, depuis qu'on a ouvert dans cette ville les galeries de Saint-

Hubert. Les rues voisines du passage sont brillantes ; il faut pénétrer assez loin encore, de ce côté, pour retrouver un fragment de l'antique Liége autour de la cathédrale consacrée à saint Paul. En descendant de nouveau vers la Meuse, on traverse un quartier presque entièrement en construction. J'aperçus au fond d'une place un de ces édifices modernes à colonnes, qui servent indifféremment, comme l'a remarqué Victor Hugo, de bourse, d'église, de palais, de temple, d'hôpital, etc. Une porte était ouverte, j'y pénétrai avec toute l'indiscrétion d'un flâneur. Une soixantaine de Liégeois s'y préparaient à l'élection d'un conseiller municipal. Quelqu'un m'ayant demandé si j'étais pour M. Lamaille, et si je votais avec le parti catholique, je compris ma position d'intrus, et je laissai les catholiques, les libéraux et les orangistes, ballotter paisiblement leurs candidats.

On peut revenir vers le centre par un long boulevard qui fait un arc depuis la Meuse, et au delà de la cathédrale, jusqu'à la place du Spectacle ; à gauche le faubourg s'échelonne vers les hauteurs et présente deux ou trois églises perchées au plus haut de la côte ; à droite se développent les bâtiments et les jardins de la Sauvenière, riante abbaye aux tours de brique rouge et aux clochers d'étain effilés ; une petite rivière, bordée de peupliers et de longs berceaux de feuillage, entoure ce quartier paisible dont la physionomie appartient encore à la ville gothique.

Il me reste à dire que toute la ville de Liége est éclairée au gaz, et que la cathédrale n'a pu elle-même échapper à ce progrès des lumières que nos curés parisiens ont repoussé jusqu'ici.

Liége s'honore d'avoir produit Grétry, auquel elle vient d'élever une statue.

On reprend les chemins de fer et l'on laisse Louvain à droite. Cette ville, célèbre par sa bière, n'a guère que trois édifices que l'on puisse signaler : l'hôtel de ville, la cathédrale et la maison des brasseurs. On les voit en passant avec leur frêle architecture, — qui dure depuis plusieurs siècles, et dont les proportions élégantes amusent et séduisent. — Une heure plus tard nous arrivons à Malines, puis une heure ensuite à Bruxelles.

IV. — Bruxelles.

Que dire de Bruxelles que l'on n'ait pas dit : c'est une ville qui ne vaut pas Gand comme étendue ni comme situation. Et d'abord, ainsi que je disais l'été dernier à propos de Munich, il n'y a pas de grande ville sans fleuve. Qu'est-ce qu'une capitale où l'on n'a pas la faculté de se noyer?... Gand a l'Escaut, Liége a la Meuse; Bruxelles n'a qu'un pauvre ruisseau qu'il intitule la *Senne*, triste contrefaçon. Imaginez ensuite au centre du pays le plus plat de la terre une ville qui n'est que montagnes : montagne de la Cour, montagne du Parc, montagne des Larmes, montagne aux Herbes potagères, etc.; on y éreinte les chevaux ou les chiens pour une course de dix minutes ; tout flâneur y devient poussif; des rues embrouillées au point de passer parfois les unes sous les autres; des quartiers plongés dans les abîmes, tandis que d'autres se couronnent de toits neigeux comme les Alpes; le tout offrant du reste un beau spectacle, tant d'en haut que d'en bas. On rencontre dans la rue Royale, qui longe le parc, une vaste trouée, d'où l'on peut voir, à vol d'oiseau, le reste de Bruxelles mieux qu'on ne voit Paris du haut de Notre-Dame. Les couchers de soleil y sont d'un effet prodigieux. Sainte-Gudule s'avance à gauche sur sa montagne escarpée comme une femme agenouillée au bord de la mer et qui lève les bras vers Dieu ; plus loin, du sein des flots tourmentés que figurent les toits, le bâtiment de l'hôtel de ville élève son mât gigantesque ; ensuite vient un amas confus de toits en escaliers, de clochers, de tours, de dômes ; à l'horizon brillent les bassins du canal, chargés d'une forêt de mâts; à gauche s'étendent les allées du boulevard de Waterloo, les bâtiments du chemin de fer, le jardin botanique avec sa serre qui semble un palais de féerie, et dont les vitres se teignent des ardentes lueurs du soir. Voilà Bruxelles dans son beau, dans sa parure féodale, portant, comme des bijoux d'ancêtres, ses toits sculptés, ses clochetons et ses tourelles. Il faut redescendre et plonger dans les rues pour s'apercevoir qu'elle a revêtu les oripeaux modernes et n'a gardé du temps passé que sa coiffure étrange et splendide.

La rue Royale, garnie de palais et d'hôtels aristocratiques, est éclairée déjà d'un double rang de candélabres à gaz. Les dernières teintes du soir dessinent à gauche les arbres effeuillés du parc, ses blanches statues, ses ravins factices où reposent les soldats hollandais de septembre; le palais de la Nation, d'architecture classique, avec colonnes et fronton, s'étend encore à gauche du jardin. Six ministères font partie de cette vaste ligne de bâtiments. En se dirigeant le long du parc, vers la place Royale, on rencontre, au milieu d'une trouée de maisons donnant encore sur la ville basse, la statue élevée au général Belliard. — Une terrasse, chargée de balustres et de vases antiques, se profile plus loin sur le ciel jusqu'à la montagne de la Cour, et donne aux bâtiments qui l'accompagnent les airs d'une villa romaine. Le parc s'arrête à cet endroit de l'autre côté de la rue, et borde encore de ses gracieux ombrages la place irrégulière du palais Léopold. Ce palais est modeste et contemple humblement celui de la Nation, situé à l'autre extrémité du parc, avec son arbre de liberté planté au milieu de sa cour.

La place Royale commence en retour d'équerre de cette longue ligne de bâtiments; c'est là le centre aristocratique de Bruxelles, comme la place du Marché en est le centre populaire, comme la place de la Monnaie en est le centre industriel et bourgeois. Une église, en forme de temple, occupe le fond de ce carré régulier d'hôtels et de palais modernes, et fait face à la rue de la Montagne, qui, prolongée de celle de la Madeleine, est devenue la grande artère de la circulation et du commerce bruxellois. Cette voie lumineuse et toujours frémissante de foule et de voitures, serpente longuement de la ville haute à la ville basse, avec ses tournants, ses places étroites, ses descentes rapides, le luxe antique de ses maisons sculptées, l'éclat moderne de ses boutiques parisiennes, dont la double ligne, rayonnante de gaz, de marbre et de dorures, ne s'interrompt pas un seul instant. Ce long bazar a plusieurs appendices encore qui s'en vont animer les quartiers voisins. Hors de là, tout est calme et sombre; le gaz des réverbères et des estaminets n'éclaire plus que de longs quartiers solitaires, ou des faisceaux de ruelles inextricables; des bassins, des bras de rivière obstrués de masures, les longs boulevards qui donnent sur la campagne, les quais multipliés qui bordent les canaux, les estaminets même, sont paisibles, quoique remplis de monde. Quelquefois seulement une rue *en kermesse* étale ses transparents, ses illuminations et ses images de héros saints ou profanes, et fourmille de danseurs, de musiciens et de chanteurs, sans que sa joie et son enthousiasme se répandent plus loin.

Le jour, la physionomie de la ville n'offre rien de plus remarquable; c'est la vie de Paris dans un cercle étroit. Seulement le peuple dîne vers une heure, les bourgeois de trois à quatre, les gens riches de cinq à six. Le soir, les estaminets, les cercles et les théâtres, se disputent ces divers éléments de la population. On sait qu'à l'époque des combats de septembre, les Hollandais et les Belges suspendaient d'un commun accord les hostilités, vers une heure, pour aller dîner, et vers sept heures du soir pour aller passer leur soirée à l'estaminet. Ces peuples se comprenaient du moins dans ces habitudes régulières de la vie flamande. Le Parc et le boulevard de Waterloo sont le rendez-vous du beau monde vers le milieu du jour. Là circulent les brillants équipages qui, pour de plus longues promenades, se dirigent vers Laeken ou vers les campagnes charmantes situées hors de la porte de Louvain. Là sont les maisons de plaisance, les villas, les châteaux princiers.

On sait combien la religion est toujours puissante en Belgique; aussi les églises présentent partout un air de vie qui satisfait. Les sonneries retentissent souvent; mais les carillons ont disparu de Bruxelles, et, dans les autres villes même, n'exécutent plus guère que des airs d'opéras. Je ne parlerai pas de Sainte-Gudule, de sa chaire bizarrement sculptée, de ses magnifiques vitraux de la renaissance qui vous font rêver en plein Brabant l'horizon bleu de l'Italie, traversé de figures divines. Le musée s'est bien appauvri par la restitution des tableaux du prince d'Orange. Il offre encore quelques Rubens, quelques Van Dyck et un Jordaens célèbre. Tout cela a été décrit bien des fois. La bibliothèque, située dans le bâtiment du musée qui communique à la place Royale, est connue surtout par une magnifique collection de manuscrits. Dans une autre aile se trouvent le musée de l'industrie et une collection d'armures antiques assez pauvre pour un tel pays. Ajoutez à cela des Instituts, des Conservatoires, des écoles de Beaux-Arts, aussi nombreux qu'à Paris et aussi utiles, et répondant surtout à la prétention qu'ont les Belges de ne nous être inférieurs en rien !

V. — Théâtres et Palais.

Bruxelles s'agrandit ; cette ville est bâtie, comme on sait, sur le versant peu *modéré*, pour nous servir d'une expression de Sainte-Beuve, de l'unique montagne du Brabant ; c'est l'enfer des chevaux bien plus que Paris. Ces animaux auraient plus de plaisir à monter au clocher de Compostelle qu'à gravir la rue de la Madeleine et la rue de la Montagne. Aussi Bruxelles commence à se diviser en ville haute et en ville basse, lesquelles n'auront bientôt ensemble aucune communication. Il est plus simple pour l'habitant de la place de la Monnaie de se rendre à Anvers que sur la place de la Montagne de la Cour. Aussi, pour que la population croissante trouvât des plaisirs à sa portée et à sa hauteur, a-t-on imaginé d'agrandir le théâtre du Parc, et d'y faire jouer l'opéra-comique, afin d'épargner aux habitants des hauts lieux le voyage du théâtre de la Monnaie; et, comme ce dernier gagne des spectateurs en raison de l'agrandissement de la ville basse, on a créé sur le boulevard extérieur un théâtre des Nouveautés, qui est le prodige de l'optique et qui marche à la vapeur.

Ce théâtre laisse bien en arrière nos théâtres parisiens. Tout y est nouveau, l'éclairage, les décorations, le ciel, le jeu des machines. Malheureusement l'homme vient gâter ce séduisant ensemble; il existe sur la scène une illusion que le jeu des acteurs détruit souvent; on pourrait dire qu'au théâtre une décoration trop vraie fait paraître l'acteur plus faux.

Imaginez d'abord une salle ronde couverte d'une coupole de cristal; il n'y a pas de lustre, mais des becs de gaz nombreux, disposés au delà de verres dépolis, et dont le reflet seul est visible, versent sur l'assemblée une lumière douce, pareille à celle du jour; des guirlandes de fleurs transparentes parcourent ce ciel factice, où les lueurs mobiles imitent l'éclat des nuages pourprés. C'est charmant, c'est idéal, et cela éclaire peu; mais des girandoles nombreuses sont placées aux premières galeries, et ne diminuent leur lumière que pour les scènes de nuit, où ce système d'éclairage triomphe incontestablement.

Tournez-vous maintenant vers la scène, et vous y verrez d'autres merveilles. Et d'abord, plus de ces affreux morceaux de toile que l'on appelle des *bandes d'air*, plus de ces nuages tachés et recousus qui sont plus lourds que les arbres et les maisons. Le fond du théâtre est occupé par un ciel invariable, ayant la forme d'une demi-coupole, et où les gradations et dégradations de lumière s'exécutent admirablement. Un vrai soleil, une vraie lune, c'est-à-dire deux globes lumineux, éclairent tour à tour, comme dans la nature, ce ciel magique, au delà duquel on pourrait soupçonner l'infini. Un oiseau s'y briserait les ailes; des reflets de transparents y projettent les brouillards ou les nuages; le soleil s'y couche ou s'y lève au milieu des vapeurs pourprées; on obtient des soleils d'Italie ou des soleils de Flandre, selon le besoin.

Songez maintenant à nos décorations arriérées, à nos *portants* de coulisses, à nos files de quinquets, à nos *praticables* : rien de tout cela n'existe au théâtre des Nouveautés. Le procédé est le plus simple du monde : on a placé autour de la scène une vaste toile sur châssis en hémicycle, découpée pour les toits ou le sommet des arbres, et qui se profile en perspective sur le ciel. La décoration placée, on ouvre comme des portes certaines parties destinées à faire avance ou à fournir un passage aux acteurs ; c'est l'affaire d'un instant. Ces vastes toiles, pliées en trois sur elles-mêmes, descendent des frises toutes seules par l'effet d'une machine à vapeur placée sous le théâtre ; le travail des machinistes se borne à les déployer ; le tout se meut sans plus d'embarras qu'à un théâtre de marionnettes. Ainsi, là encore, la machine a détrôné l'homme ; quel malheur qu'elle ne puisse pas se substituer aux acteurs !

Ce beau théâtre n'a en ce moment-ci qu'un seul défaut. Il est fermé.

Il me reste à parler des chambres, conseils et autres éléments de la machine représentative. Mais, avant d'entrer à l'hôtel de ville où se tient le grand conseil communal, arrêtons-nous un peu au carrefour d'une rue écartée, située à quelque distance de ce monument. Là est une bizarre statue servant de fontaine publique, et qui représente un enfant nu ; elle est en bronze noirci par le temps, posée sur une coquille de marbre, et dans une attitude assez triviale. C'est l'illustre *Mannekenpis*, dit le premier bourgeois de Bruxelles. On sait que cette figure est le palladium de Bruxelles, enlevé et caché plusieurs fois par des mains ennemies, et toujours miraculeusement rapporté sur son piédestal. Le Mannekenpis a eu toutes les aventures du Bambino de Naples, et ne présente toutefois aucun caractère religieux. Plusieurs souverains se sont plu à combler de faveurs ce personnage symbolique et difficilement définissable. Charles-Quint lui a donné la noblesse; Louis XIV l'a fait chevalier de Saint-Louis; Napoléon l'a créé chambellan. Son costume actuel, qu'il ne revêt que dans les grandes fêtes, est celui d'oficier de la garde civique; le Mannekenpis est partisan de tous les régimes; pourtant ce symbole de l'esprit bourgeois n'a point cessé d'être populaire.

En entrant dans l'hôtel de ville on se trouve au milieu d'une belle cour carrée ornée de groupes de sculpture en bronze et en marbre, dans le goût du XVIIe siècle. Au premier étage sont les vastes salles où régna tant de siècles cette fière bourgeoisie des Flandres, souvent asservie, rarement domptée. Que de révoltes, que de supplices sur cette place du Grand-Marché, si belle encore aujourd'hui! que de drames républicains dans ces salles dorées comme le vieux Versailles, et que Louis XIV, Marie-Thérèse et Napoléon ont vues tour à tour telles qu'elles sont aujourd'hui. Les plafonds et les tapisseries présentent une foule de sujets historiques et allégoriques, qui rappellent la gloire des Provinces-Unies. Les panneaux et les frises, splendidement dorés, ont conservé tout leur éclat; les hautes cheminées chargées de glaces, d'attributs et de rocailles, n'ont subi aucune altération; le goût misérable, l'économie de notre époque, ne paraît que dans la forme des chaises et dans l'étoffe des rideaux de calicot rouge à bordure imprimée. Ensuite imaginez une trentaine de messieurs fort laids, en habits, redingotes et paletots, assis autour d'une grande table verte et discutant sur la nécessité de rebâtir un palais de justice à colonnes et à frontons triangulaires, construit depuis vingt ans selon les règles de Vignole, et qui déjà menace ruine, discutant cela dans un édifice du douzième siècle et se querellant sur des centimes devant ces grands portraits qui les regardent en pitié. Voilà une séance de ce conseil municipal. Le public, rangé sur des chaises le long des murs, ne voit que le dos et les toupets divers de ces illustres citoyens, qui lisent des discours fort longs ou se livrent à des improvisations fort lentes. Le buste d'un nommé *Rouppe*, qui a été l'avant dernier bourgmestre de Bruxelles, jette sur l'assemblée des regards paternels.

Pour en finir avec les institutions politiques du pays, remontons la rue de la Madeleine et la Montagne de la Cour, traversons le parc dont les vieux arbres firent partie de l'antique forêt de Soignes, qui jadis couvrait le pays; nous trouverons, dans l'intérieur du palais dit de la Nation, les deux autres machines à lois fonctionnant vers la même heure : la chambre des sénateurs et la chambre des représentants.

Par un vestibule bien chauffé et tapissé on monte à une tribune drapée de calicot rouge, et pavoisée de trois étendards *tricolores* belges, c'est-à-dire jaune, noir et rouge. Il faut avouer que ces trois couleurs s'harmonisent mieux, au point de vue de l'ornementation, que nos couleurs françaises, bien qu'elles offrent presque la combinaison des nuances de l'arlequin. De la tribune où nous sommes, l'œil plonge sur une salle de médiocre grandeur, décorée dans le style de l'empire et autour de laquelle règne une table verte en fer à cheval. Une cinquantaine d'hommes mûrs sont rangés autour de cette table dont le milieu reste vide; ils lisent, causent et discutent entre eux. Là les discours sont rares et les questions doivent se résoudre plus aisément qu'ailleurs. Cette assemblée, n'étant du reste remarquable que par une profusion de calicot rouge fatigante pour l'œil, nous allons traverser le palais pour passer à la chambre des représentants.

C'est notre chambre des députés, un peu moins riche, un peu moins dorée, avec ses divisions, son président, ses questeurs, avec moins de députés et plus de places pour le public. Les orateurs parlent de leur place, bien qu'il y ait une fort belle tribune d'acajou ; et, quand la nuit arrive, on distribue partout des bougies, qui font ressembler l'amphithéâtre à un ciel étoilé. Le banc des ministres est garni de personnages assez majestueux. Il est souvent d'autant plus difficile à ces représentants de s'entendre, que beaucoup viennent de certaines provinces où l'on parle peu le français. J'ai été témoin de la colère d'un député wallon, qui se croyait insulté par le mot *susceptible*. — Est-ce que vous me croyez susceptible d'une mauvaise action ? criait-il au ministre. Il fallut lui prouver par le dictionnaire de l'Académie qu'il y avait des susceptibilités *louables*. Ce fut l'expression du ministre en lui donnant cette leçon de français.

Les représentants de Bruxelles ne sont point obligés de payer un cens, ils reçoivent une *indemnité* de 500 fr. par mois. Aussi ne manque-t-on pas de le leur rappeler souvent dans les journaux. Chaque fois que la chambre est moins nombreuse qu'à l'ordinaire, on leur reproche leurs 500 fr. de la façon la plus humiliante : — Allez donc à votre devoir, puisque vous êtes payés !... Quand on paye un domestique, il faut qu'il fasse son service !... Gagnez donc votre pain ! etc. — Telles sont les aménités qui se lisent dans les journaux belges. Il faut avouer aussi qu'elles sont fréquemment méritées, toute convenance à part.

La chambre des représentants de Bruxelles est un excellent chauffoir public. Le peu de gens inoccupés que possède cette capitale profite avec ardeur de l'étendue des magnifiques tribunes, de la mollesse des banquettes et du confort des tapis et vient sommeiller, trois heures de la journée, au murmure doux et régulier de l'éloquence flamande. Parfois seulement quelque député au sang méridional (wallon ou luxembourgeois) interrompt cette quiétude et se met à jeter des brandons imprévus dans ces graves conférences ; mais de telles surprises sont rares sous le ministère actuel, qui a su dompter la gauche et réduire le parti radical à un silence bienveillant.

LES
FÊTES DE HOLLANDE.

LES
FÊTES DE HOLLANDE.

I. — Retour à Bruxelles.

Hoffmann parle d'un promeneur solitaire qui avait coutume de rentrer dans la ville à l'heure du soir où la masse des habitants en sortait pour se répandre dans la campagne, dans les brasseries et dans les bals *parés* ou *négligés* que l'étiquette allemande distingue si nettement. — Il était forcé alors de s'ouvrir avec ses coudes et ses genoux un chemin difficile à travers les femmes en toilette, les bourgeois endimanchés, et ne se reposait de cette fatigue qu'en retrouvant une nouvelle solitude dans les rues désertes de la ville.

Je songeais à ce promeneur bizarre le 9 mai dernier, me trouvant seul dans le wagon de Mons à Bruxelles, tandis que les trains de plaisir, encombrés de voyageurs belges, se dirigeaient à toute vapeur sur Paris. Il me fallut fendre encore une foule très pressée pour sortir de l'embarcadère du midi et gagner la place de l'Hôtel-de-Ville, — afin d'y boire dans la *Maison des Brasseurs* une première chope authentique de faro, accompagnée d'un de ces *pistolets* pacifiques qui s'ouvrent en deux tartines garnies de beurre. — C'est toujours la plus belle place du monde que cette place où ont roulé les deux têtes des comtes de Horn et d'Egmont, d'autant plus belle aujourd'hui qu'elle a conservé ses pignons ouvragés, découpés, festonnés d'astragales, ses bas-reliefs, ses bossages vermiculés, — tandis que la plupart des maisons de la ville, grattées et nettoyées de cette lèpre d'architecture qui n'est plus de mode, ont été encore décapitées presque toutes de leurs pignons dentelés, et soumises au régime des toits anguleux d'ardoise et de brique. La physionomie des rues y perd beaucoup certainement.— On restaure et l'on repeint l'hôtel de ville, qui va paraître tout battant neuf, ce qui obligera la ville à faire réparer et blanchir aussi cette sombre *Maison du Roi*, dite autrement *Maison au Pain*, qui semble un palais de Venise en s'éclairant toutes les nuits derrière ses rideaux rouges.

J'ai rencontré sur cette place un grand poëte qui l'aime, et qui en déplore comme moi les restaurations. Nous avons discuté quelque temps sur la question grave de savoir si la partie haute de l'édifice était en brique ou en pierre, et si les ogives qui surmontent les longues fenêtres avaient été autrefois aussi simples qu'aujourd'hui, car les anciennes estampes les représentent contournées et lancéolées dans le goût du gothique efflorescent. On peut penser que les dessinateurs du seizième siècle ont voulu parer le monument plus que de raison, et que les arcs d'ogive ont toujours eu cette simplicité de bon goût. J'ai été assez heureux pour pouvoir raconter au savant poëte une légende que j'avais recueillie dans un précédent séjour à Bruxelles. — L'architecte qui construisit cet hôtel de ville eut le désagrément d'abord de ne pouvoir accomplir son œuvre. L'aile gauche, établie sur un terrain peu solide, s'écroula tout entière. On pensa qu'il s'agissait d'un terrain marneux, et on planta des pilotis : la construction s'effondra une seconde fois, laissant paraître un vaste abîme. On crut qu'il y avait là d'anciennes carrières, et l'on y versa des tombereaux de gravois; mais plus on en versait, plus le trou devenait profond. Enfin le malheureux architecte fut contraint de se donner au diable. Dès lors les constructions s'élevèrent avec facilité. Il mourut le jour même où l'on posait le bouquet sur le toit achevé, et l'on n'apprit qu'alors le fatal secret. L'archevêque de Malines fut appelé pour bénir l'édifice. Un craquement soudain se déclara dans les murs, et tout rentra bientôt dans le troisième dessous. On aspergea le gouffre d'eau bénite; des ouvriers munis de scapulaires osèrent y descendre, et dans le fond on trouva une tête colossale en bronze ornée de cornes portant des traces de dorures. C'était, selon les uns, une tête antique de Jupiter-Ammon, selon d'autres le buste officiel de Satan. Cette même tête a été appliquée depuis sur les épaules du maudit que transperce la lance de saint Michel sur la flèche du monument. On redore maintenant ce groupe magnifique, qui s'aperçoit dans un rayon de six lieues. J'ignore si les ouvriers qui restaurent la tête du diable se sont munis de scapulaires.

Du reste, Bruxelles est catholique toujours comme au temps des Espagnols. Nous savons à peine, à Paris, que le mois de mai est le mois de Marie : je l'ai appris en sortant de la place par l'angle opposé à la Maison des Mariniers, dont on restaure aussi le toit curieux, qui représente une poupe ancienne de galère. La rue de la Madeleine était remplie par une longue procession, au milieu de laquelle on portait une grande Vierge en bois coloriée, vernie et dorée, dont les pieds disparaissaient ainsi que l'estrade sous une montagne de bouquets. — Au-dessus des boutiques fermées, les fenêtres et les plinthes étaient garnies de branches de tilleuls, et cela jusqu'à la porte de Louvain. La garde civique, les sociétés de chant et les corporations ouvrières, avec bannières et écussons, se déroulaient sur tout cet espace. C'était un dimanche, et la kermesse d'Ixelles était annoncée aux coins des rues par d'immenses affiches.

Ixelles est un bourg situé à dix minutes de la porte de Louvain. La procession ne tarda pas à en envahir les rues, également parées de branches vertes et de poteaux soutenant de longues bandes aux couleurs nationales. Ce fut dans l'église, neuve et magnifiquement décorée, que la procession vint s'absorber tout entière pour entendre un office à grand orchestre. Les sociétés et les corporations se dirigèrent ensuite vers leurs locaux respectifs. — Les kermesses de Belgique inspireraient difficilement aujourd'hui un nouveau Rubens ou même un nouveau Téniers. L'habit noir et la blouse bleue y dominent, — ainsi que, pour les femmes, les modes arriérées de Paris. On y boit toujours de la bière, accompagnée de *pistolets* beurrés et de morceaux de raie ou de morue salée découpés régulièrement et qui poussent à boire. La musique et les pas alourdis des danseurs retentissent dans de vastes salles avec moins d'entrain qu'à nos cabarets de barrière, mais, pour ainsi dire, avec plus de ferveur. Le beau monde se dirigeait vers des casinos situés le long d'un étang chargé de barques joyeuses, et qui figure en petit celui d'Enghien. Bruxelles est la lune de Paris, aimable satellite d'ailleurs, auquel on ne peut reprocher que d'avoir perdu, en nous imitant, beaucoup de son originalité brabançonne. La fête d'Ixelles s'est terminée, comme toutes nos fêtes dominicales, par l'ascension d'un ballon jaune qui s'est élevé très haut en emportant l'écho des applaudissements de la foule.

En revenant, je suis entré dans l'église du Sablon, où reposent les cendres de Jean-Baptiste Rousseau, en face de l'hôtel d'Aremberg, dont l'ancien maître l'avait accueilli dans son exil. — Je me disais à ce propos, et en songeant aux nombreux exilés qu'avaient en divers temps recueillis les Pays-Bas, que leur séjour dans ces contrées à la fois étrangères et françaises avait toujours servi beaucoup à propager au dehors notre littérature et nos idées. Pour moi, j'ai toujours considéré les pays de langue française, tels que la Belgique, la Savoie et une partie de la Suisse et des duchés du Rhin, comme des membres de notre famille dispersée. N'existe-t-il pas, malgré les divisions politiques, un lien pareil entre les pays de langue allemande? Je n'entends parler ici que d'une frontière morale, dont les étrangers peuvent aussi, çà et là, rejeter les limites au-delà des nôtres; mais si le style est l'homme, il faut reconnaître que la partie éclairée et agissante des populations dont je viens de parler est de même nature que la nôtre, comme sentiment et comme esprit. — Je ne crois pas à la culture de la langue flamande, malgré les chambres de rhétorique et les concours de poésie, — et au contraire on connaît, ou plutôt on ne reconnaît pas chez nous, un grand nombre d'écrivains belges qui sont loin de se vanter de n'être pas Français. Paris absorbe tout, et, dépouillant Bruxelles de son atmosphère propre, lui rend ce qu'il lui emprunte en splendeur et en clarté. Qui oserait dire que Grétry n'est pas Français et ne voir dans Rousseau que le citoyen de Genève? Nos grands hommes appartiennent aussi à tous ceux qui, dans le monde, acceptent l'influence de notre langue et de nos travaux.

Le lendemain, je lisais les journaux au Café Suisse sur la place de la Monnaie, lorsque j'entendis des tambours qui battaient une marche. Deux porte-drapeaux les suivaient, l'un portant l'étendard belge, et l'autre l'étendard français surmonté d'un aigle. C'étaient les anciens soldats belges de l'empire français qui célébraient l'anniversaire du cinq mai, et qui, cette année, avaient remis au dix la cérémonie, afin qu'elle concordât avec la fête de Paris. Ils allaient se faire dire une messe et se livrer ensuite à un banquet fraternel. J'admirai la tolérance vraiment libérale du gouvernement belge et de la partie de la population qui, indifférente à ces souvenirs, saluait, sous un roi, ces vieux fidèles de l'empire. La même cérémonie avait lieu ce jour-là dans toutes les villes de Belgique.

En rentrant à mon hôtel, je trouvai une lettre qui m'enjoignait d'avoir à venir causer vers midi avec le gouvernement. C'est la première fois que cela m'arrivait en Belgique, où j'ai passé bien souvent dans ma vie, puisque c'est la route de l'Allemagne. Un sage de l'antiquité partait pour un voyage, lorsqu'au sortir de la ville on lui demanda : « Où allez-vous? — Je n'en sais rien, » répondit-il. Sur cette réplique, on le conduisit en prison. « Vous voyez bien, dit-il, que je ne savais pas où j'allais. » Je pensais à cette vieille anecdote en traversant la cour splendide de ce même hôtel de ville que je n'avais admiré que du dehors. — L'employé à qui je me présentai me dit : « Vous êtes réfugié? — Non. — Exilé? — Nullement. — Cependant vous voici inscrit sur ce livre en cette qualité. — C'est sans doute qu'à la frontière on aura porté ce jugement d'un homme qui venait seul à Bruxelles, tandis que tout Bruxelles se dirigeait vers Paris. Certes, je n'y ai pas mis d'intention, j'étais parti depuis huit jours. » Déjà j'étais effacé de la liste fatale, et l'on me dit d'un ton bienveillant : « Où allez-vous? — En Hollande. — Vous aurez peut-être de la peine à y séjourner. — Je ne le pense pas, je n'y vais que pour voir les fêtes données pour l'inauguration de la statue de Rembrandt. — Oui, dit un employé qui dressa la tête derrière une table voisine, ils disent qu'ils ont une statue, *savez-vous?* qui est encore plus belle que la nôtre de Rubens, à Anvers. Il faudra voir cela, *savez-vous?* — Je le verrai bien, monsieur, » répondis-je. Et j'admirai cette émulation artistique des deux pays, même dans les bureaux de la police.

II. — D'Anvers à Rotterdam.

Je n'étais donc pas destiné à figurer parmi les proscrits internés à Bruxelles ou dans les autres localités. Du reste, on s'aperçoit à peine de la présence d'un si grand nombre de nos compatriotes : on ne les voit ni dans les cafés, ni dans les lieux publics, ni presque dans les théâtres. La société belge n'a pas, comme on sait, de réceptions ou de soirées, et c'est dans les cercles seulement que tous les partis se rencontrent sur un terrain commun. — Êtes-vous libéral? — Êtes-vous clérical? — Ce sont les questions à l'ordre du jour. Et les Français n'ont pas même à choisir, car ces divisions sont entendues autrement qu'elles le seraient chez nous.

Après tout, l'impression qu'on emporte de Bruxelles est triste. J'ai plus aimé cette ville autrefois; je me suis trouvé heureux de respirer plus librement, au bout d'une heure, dans la solitude des rues d'Anvers. J'avais encore admiré en passant les aspects charmants du parc anglais de Laeken ; Malines, plus belle en perspective qu'en réalité; les bras de l'Escaut miroitant au loin dans leurs berges vertes et les champs de seigle ondoyant, rayés des bandes jaunes du colza en fleur. Le houblon grimpait déjà sur ses hauts treillages, réjouissant l'œil comme les pampres d'Italie et promettant à ces contrées les faveurs du Bacchus du Nord. Des chevaux et des bœufs erraient en paix çà et là dans les pâturages, dont la lisière est brodée de beaux genêts d'or. — Voici enfin la flèche d'Anvers qui se dessine au-dessus des bouleaux et des ormes, et qui s'annonce de plus près encore avec son carillon monté éternellement sur des airs d'opéra-comique.

J'ai franchi bientôt les remparts, la place de Meer, la Place-Verte, pour gagner la cathédrale et y revoir mes Rubens : je ne trouvai qu'un mur blanc, c'est-à-dire rechampi de cette même peinture à la colle dont la Belgique abuse, — par le sentiment, il est vrai, d'une excessive propreté. « Où sont les Rubens? dis-je au suisse. — Monsieur, on ne parle pas si haut pendant l'office. » Il y avait un office en effet. « Pardon! repris-je en baissant la voix ; les deux Rubens, qu'en a-t-on fait? — Ils sont à la restauration, » répondit le suisse avec fierté.

O malheur! Non contents de restaurer leurs édifices, ils restaurent continuellement leurs tableaux. Notez que la même réponse m'avait été faite il y a dix ans dans le même lieu. J'ai songé alors avec émotion à ce qui s'était passé un peu avant cette époque au musée d'Anvers. L'histoire est encore bonne à répéter. On avait confié la direction du musée à un ancien peintre d'histoire, enthousiaste de Rubens, quoique très fidèle au goût classique et n'admirant son peintre favori qu'avec certaines restrictions. Ce malheureux n'avait jamais osé avouer qu'il trouvait quelques défauts, faciles du reste à corriger, dans les chefs-d'œuvre du maître. Ce n'était rien au fond : un glacis pour éteindre certains points lumineux, un ciel à bleuir, un attribut, un détail bizarre à noyer dans l'ombre, et alors ce serait sublime. Cette préoccupation devint maladive. N'osant témoigner ses réserves ni s'attaquer en plein jour à de tels chefs-d'œuvre, craignant le regard des artistes étudiants et même celui des employés, — il se levait la nuit, ouvrait délicatement les portes du musée et travaillait jusqu'au jour sur une échelle double à la lueur d'une lanterne complice. Le lendemain, il se promenait dans les salles en jouissant de la stupéfaction des connaisseurs. On disait : C'est étonnant comme ce ciel a bleui, c'est sans doute la sécheresse, — ou l'humidité... Il y avait là autrefois un triton... la couleur d'ocre l'aura noyé par un effet de décomposition chimique. — Et on pleurait le triton. On s'aperçut de ces améliorations trop rapides bien longtemps avant d'en pouvoir soupçonner l'auteur. Convaincu enfin de manie restauratrice, le pauvre homme finit ses jours dans un de ces villages sablonneux de la Campine où l'on emploie les fous à l'amélioration du sol.

La statue de Rubens, sur la Place-Verte, est campée assez crânement, et doit consoler ce mort illustre des outrages que le bon goût lui a fait subir. Elle faisait moins bien autrefois sur le quai de l'Escaut, en face de la Tête de Flandre. Je suis entré dans un des cafés de la place pour demander une côtelette ou un beefsteak. — Nous n'avons plus de viande, me dit-on, parce que c'est demain vendredi. — Mais c'est demain que vous ne devriez pas en avoir! — Pardon, c'est que, comme on n'en vendra pas demain dans la ville, les ménages s'en approvisionnent aujourd'hui.

Je vois qu'à Anvers la religion est aussi bien suivie qu'à Londres, où l'on achète le samedi une grande quantité de porter, de sherry et de gin, afin de pouvoir se griser en liberté le dimanche, seul jour où cela soit défendu.

Pourquoi ne pas dire que les salles de danse du port, vulgairement nommées *riddecks*, sont en ce moment ce qu'il y a de plus vivant à Anvers? Pendant que la ville se couche une heure après qu'elle a couché les enfants, c'est-à-dire à dix heures, les orchestres très-bruyants de ces bals maritimes résonnent le long des canaux comme au temps des Espagnols. On parle bien à Paris du bal Mabille et du Château-Rouge : je puis donc parler ici de ces réunions cosmopolites, qui ne sont qu'un peu plus décentes. — Le jour où j'arrivais à Anvers, il y avait un banquet de soixante-deux capitaines de navires dans un des plus vastes établissements du quai de l'Escaut. Les bassins étaient si remplis, qu'un grand nombre de bricks et de frégates louvoyaient sur le fleuve en attendant leur tour. Quelle forêt de mâts, plus serrée et plus touffue qu'aucune forêt possible, car des arbres de cette taille ne sont jamais si rapprochés ! Des affiches annonçaient ce même jour quatre départs pour Archangel. — Replongeons-nous dans les rues, de peur de céder à de telles séductions.

En multipliant le nombre des capitaines de haut bord par celui des simples caboteurs, des officiers et des matelots d'une telle agglomération, on comprendra l'éclat inouï de ces *riddecks*, survivant au siècle où Rubens y a étudié les enlacements robustes de ses dieux marins et de ses océanides. Malheureusement l'imitation de Paris gâte tout. Plus de danses nationales, plus de costumes, excepté celui des Frisonnes, — qui viennent vous offrir, avec leurs coiffures de reines, leurs dentelles et leurs longs bras blancs, des œufs durs, de la morue découpée, des pommes rouges et des noix. Les vareuses et les chemises coloriées des matelots répandent aussi quelque gaieté dans cette foule. — De temps en temps, de belles personnes en costume de bal, et qui ne seraient désavouées dans aucun monde, forment le carré d'un quadrille tout féminin. Ensuite la valse mugit avec furie, imitant tous les balancements de vagues que peut créer l'union du triton et de la sirène. Des familles anglaises viennent voir cela par curiosité, car il y a des estrades consacrées aux bourgeois, où l'on ne voit naturellement s'attabler que des étrangers.

Le lendemain matin, j'étais à bord du paquebot *Amicitia*, qui, tous les jours, fait le trajet d'Anvers à Rotterdam en huit heures. Les armes des deux villes décorent le bastingage. Les mains coupées du géant d'Anvers se tendent affectueusement comme pour caresser les quatre lions de gueule et de sable de l'écusson néerlandais. On n'a rien de mieux à faire alors que de s'attabler pour plusieurs heures dans la *cajute* avec la certitude d'échapper aux prescriptions sévères du vendredi belge. La viande protestante s'étale sous toutes les formes, et, toujours trop peu cuite pour nous, inonde de son sang les pommes de terre de Dordrecht. On laisse à gauche Flessingue, à droite Berg-op-Zoom en fredonnant la vieille chanson française : *C'ti-là qu'a pincé Berg-op-Zoom*, et l'on se fatigue peu à peu de ces méandres de bras de mer et d'embouchures de fleuves qui découpent la Zélande en guipures. A la hauteur d'un certain fort qui doit s'appeler Loo, le pavillon belge nous avait salués une dernière fois, — puis nous avions retrouvé nos couleurs françaises, disposées en longueur et non plus en largeur. — Les douaniers des Pays-Bas inspectent les bagages et les marquent d'un crayon blanc. Puisse-t-il nous porter bonheur comme la craie dont les Latins marquaient les jours heureux !

Il n'y a rien à tirer de cette mer bourbeuse côtoyée de berges vertes où apparaissent çà et là les grands bœufs de Paul Potter, que n'étonne plus le passage du *steamboat*, ni sa trace d'écume, ni son panache de fumée. Parfois le roulis nous apprend que nous tournons sur un bras de mer. Ailleurs, une branche de l'Escaut ou de la Meuse offre à la navigation des difficultés toujours vaincues. On frôle en passant ou l'on courbe des bois marins, de frêles genévriers qui s'amusent à verdir dans dix pieds d'eau, et qui secouent leurs panaches après notre passage comme des chats qui font leur toilette après avoir traversé un ruisseau. — Toujours sur les berges, souvent à peine perceptibles, des maisons peintes, des fabriques ou des moulins d'une carrure imposante, égratignant l'air de leurs grandes pattes d'araignées embarrassées dans les toiles ! La cloche annonce enfin Dordrecht, et nous passons si près des quais, que nous voyons très-bien les femmes dans leurs maisons de briques, nous inspectant à leur tour dans ses miroirs placés au dehors des fenêtres qui concilient leur curiosité naturelle avec leur réserve néerlandaise. — Puis nous n'avons plus à suivre qu'un fleuve paisible bordé de magnifiques pâturages à fleur d'eau que bornent au loin des bois de sapins et de bouleaux. La cloche retentit encore. C'est déjà Rotterdam.

Je regrette de n'avoir pu m'arrêter un instant à Dordrecht. On dit qu'il s'y trouve une statue d'Érasme lisant dans un livre en face de l'horloge publique. Chaque fois qu'une heure sonne, le philosophe tourne une des pages de bronze de son livre. Naturellement il en tourne douze à midi. Je n'ai pas vu cette statue ; mais au détour du port de Rotterdam encombré de paquebots, — suivant à droite un bassin immense ombragé d'ormes où plongent les lourdes carcasses goudronnées des bateaux marchands, suivant encore longtemps la *Hochstrat* bordée de boutiques toutes parisiennes, puis tournant autour de la splendide maison de ville où il faut faire viser son passeport, — j'ai fini par rencontrer sur la place du Marché-aux-Légumes la statue du bon Érasme, qui, comme à Dordrecht, a la tête penchée sur un livre, mais qui n'en retourne pas les feuillets. On avait prétendu que, par un sentiment exagéré de propreté, les magistrats de Rotterdam faisaient écurer tous les samedis la statue de leur grand homme, ce qui finissait nécessairement par l'user. — N'est-ce qu'une fable, ou bien se sont-ils arrêtés à temps ? Il est certain qu'aujourd'hui la statue est parfaitement bronzée et n'a nul besoin d'être traitée comme un chaudron. J'ai regretté de ne pas rencontrer sur quelque autre place une statue consacrée à Bayle.

Il est vrai que ce serait la France qui la lui devrait, puisqu'il est né dans le comté de Foix; mais Rotterdam doit bien quelque chose au souvenir de cet illustre proscrit.

Au bout de la ville, au-delà d'une porte sombre qui semble un arc de triomphe des Romains, on rencontre l'embarcadère du chemin de fer d'Amsterdam, qui se dessine dans le goût du gothique anglais au milieu des villas et des jardins. Une heure après, j'arrive à La Haye en traversant de riantes prairies éclairées du soleil couchant.

III. — La kermesse de La Haye.

De la station de La Haye, que ses gens appellent *S'Gravenhage*, il y a encore un kilomètre de marche pour gagner la ville. La nuit était venue, j'ai suivi une rue très-belle, voyant peu à peu étinceler le gaz des boutiques et de plus en plus s'augmenter la splendeur des étalages, jusqu'à la place du Marché. Arrivé là, je ne sais quelle animation extraordinaire, quels sons lointains de violons et de trompettes, entremêlés de coups de grosse caisse, me révélèrent l'existence d'un divertissement public. Une petite rue très-propre, mais toute bordée de fruitiers, de marchands de tabac, de merciers et de pâtissiers, me conduisit sur la droite à une grande place plus silencieuse, entourée d'hôtels et de cafés.

— Plus loin, il n'y avait pas à en douter, des théâtres en plein vent, illuminés de lampions et décorés d'affiches monstrueuses, trahissaient les plaisirs d'une fête foraine. J'entrai dans un café pour prendre des informations, puis, à travers le ramage néerlandais du garçon, je finis par comprendre que j'arrivais en pleine kermesse : — la kermesse de La Haye, qui n'a lieu qu'une fois par an ! C'était heureux. — Du reste, pas de journaux français sur les tables, sauf des journaux belges et *l'Écho de La Haye*, qui n'a qu'une page imprimée des deux côtés. Il paraît que le *Journal de La Haye*, qui avait pris une certaine importance dans la presse européenne, n'existe plus depuis longtemps ; en revanche, *l'Echo* annonçait deux théâtres de vaudeville et un théâtre d'opéra français, plus un théâtre allemand et un théâtre flamand, sans compter une foule de cirques et de fantoccini.

Je ne tardai pas à m'engager dans la grande rue formée par les constructions légères de la fête. Le théâtre du Vaudeville jouait *les Saltimbanques*, celui des Variétés *la Dame aux Camélias* ; mais est-ce bien la peine d'aller à La Haye pour y retrouver Paris ? La foule augmente, et le bruit se continue au-delà d'une porte noire, bariolée d'affiches, qui est une ancienne porte de la ville, et des deux côtés règne une véritable comédie en plein vent, formulée par les dialogues bizarres de cinq ou six vendeurs de poisson salé qui se disputent la faveur du public. Celui qui s'époumone à débiter les turlupinades les plus comiques arrive à placer quelques morceaux de morue ou quelques anguilles fumées avidement reçues par les enfants, les jeunes filles et les militaires. — L'anguille fumée est un régal délicat, seulement il faut s'habituer au goût de suie qui en parfume la peau. Il y en a de toutes les tailles, depuis un cents (2 centimes) jusqu'à 10 cents.

Au-delà de la porte, il n'y avait qu'à choisir entre une grande rue de guinguettes, de cirques et de baraques consacrées à divers exercices, et une autre plus étroite qui bordait un vaste bassin au milieu duquel se trouve une île ronde habitée par des cygnes. A peine pouvait-on voir par échappées, sur l'autre bord, les toits solennels du grand palais des États reflétant dans l'eau leurs teintes plombées des pâles rayons de la lune. Mais que d'éclat, que de vie, que de mouvement dans cette rue improvisée ! Pour tout dire en deux mots, la kermesse hollandaise, c'est une ville en bois dans une ville en briques. Les grandes rues, les larges places, les promenades, s'effacent pour représenter l'aspect tumultueux d'une capitale immense, — et leur attitude, ordinairement paisible, n'est plus qu'un cadre obscur qui raffermit l'effet de ces décorations inouïes. — Il y avait dans cette rue une centaine de maisons, très solidement établies, peintes, vernies et dorées, qui m'ont rappelé l'aspect des plus belles rues de Stamboul pendant les nuits du Ramazan. Toutes avaient au dedans la même disposition : une salle assez grande, éclairée par des lustres de cristaux et des bras dorés, — meublée de cabinets de laque et de bois des îles surmontés de pots de porcelaine et de chinoiseries diverses ; — au fond, un vitrail de verres de couleur ; des deux côtés, quatre cabinets en forme d'alcôve, dont le cintre extérieur est soutenu par des colonnes, et qui sont garnis de rideaux en toile de Perse, en brocatelle ou en velours d'Utrecht. A l'entrée trône la maîtresse de l'établissement sur un fauteuil élevé, d'où elle préside d'un air solennel à la confection de certains gâteaux de crème frite qui ont la forme de gros macarons. A ses pieds est une grande plaque de cuivre dont les bossuages donnent à cette pâtisserie la forme nécessaire. Tenant une longue cuiller avec la majesté de la déesse Hérée, elle distribue la pâte blanche dans plusieurs séries de petites cases rondes, chauffées au-dessous par la flamme d'un grand brasier. A ses côtés brillent d'immenses coquemards en cuivre jaune, aux anses sculptées, qui ne sont sans doute là que pour l'ornement. — Ce qui frappe encore plus l'étranger qui passe, c'est que chacun de ces cafés est desservi par trois ou quatre jeunes filles frisonnes qui, avec leurs casques d'or, leurs dentelles et leurs jupes de toile de perse, se précipitent sur le passant en criant: « Dis donc, monsieur! » L'une vous enlève votre chapeau, l'autre votre manteau, la troisième vous enlève vous-même avec la force que l'habitude du lessivage des maisons et des frottements du cuivre peut communiquer à de si beaux bras, et, quoi qu'on fasse, on se trouve bientôt attablé dans un de ces cabinets-alcôves, dont il était difficile d'abord de deviner la destination.

Une fois que vous vous êtes laissé servir un plat de crème frite imprégnée de sucre et de beurre, ou des gaufres, ou toute autre pâtisserie qu'il faut digérer à l'aide de plusieurs tasses de café ou de thé, ces belles du Nord reprennent leur vertu et ne se montrent pas moins sauvages que des cigognes d'Héligoland. D'ailleurs la police l'exige. — C'est une singulière race que ces Frisonnes si grandes, si blanches, si bien découplées, et si différentes d'aspect des Hollandaises ordinaires. On ne peut mieux les comparer, je crois, qu'à nos Arlésiennes, en faisant la différence de la couleur et du climat. Sont-ce là les nixes d'Henri Heine ou les cygnes des ballades scandinaves? Elles sont très-vives, très-spirituelles même, et n'ont rien du calme flamand; cependant on sent une certaine froideur sous cette animation, qui étincelle comme les prismes irisés de la neige aux rayons d'un soleil d'hiver.

En Hollande, on boit le café comme du thé; seulement il est plus léger que chez nous. — Je sentis moi-même la nécessité d'en avaler plusieurs tasses, pour corriger l'amas de crème frite au beurre dont ces belles vous bourrent en éclatant de rire. — *Capitaine*, disent-elles, *capitaine! ah! capitaine!* — Et l'on se laisse faire comme un enfant, en admirant ces jolies têtes couronnées, ces longs cous onduleux et ces bras blancs irrésistibles. — Pourquoi vous appellent-elles *capitaine*, exactement comme le font les jolies Grecques dans les Échelles du Levant? C'est qu'elles sont aussi de la famille des antiques sirènes. Le long des quais sont rangés les bateaux qui transportent de ville en ville leurs kiosques chinois, que l'on démonte après les quinze jours de chaque kermesse. Le passant est toujours pour elles un navigateur, un Ulysse errant, qui ne se méfie pas assez souvent des enchantements de Circé. — Cela me fait souvenir qu'il existe au musée de La Haye trois sirènes à queues de poisson conservées en momies, et dont on serait mal venu à contester l'authenticité.

Sortons enfin de cette rue merveilleuse, et, laissant à droite la bibliothèque, suivons encore les longues allées de la place jusqu'à l'opéra français. Des deux côtés règne une exposition d'horticulture où les arbustes fleuris de l'Inde et du Japon forment une haie délicieuse, bordée sur le devant des tulipes les plus rares. Ensuite recommence une nouvelle cité de baraques, de tentes et de pavillons destinés aux saltimbanques, aux hercules et aux animaux savants. La foule se pressait surtout devant une femme à deux nez et à trois yeux, dont l'un occupe le milieu du front. Ce dernier n'est pas très ouvert, mais les deux nez sont incontestables, et donnent à la femme, quand elle se tourne, deux profils réguliers et différents. Il faut recommander ce phénomène aux méditations de M. Geoffroy Saint-Hilaire. J'ai pu voir encore le dernier acte d'*Haydée* et complimenter l'*impresario*, qui est l'un des fils de Monrose.

Le lendemain, j'ai fait un tour dans le célèbre *bois* de La Haye, qui, comme on sait, est planté sur pilotis, ce qui a été nécessaire pour affermir le terrain. — En revanche, j'ai vu un spectacle non moins étrange que les sirènes et la cyclopesse. On va croire que je rédige une relation à la manière de Marco Polo : ce n'était rien moins qu'une troupe de singes qui folâtraient en liberté dans les tilleuls qui bordent le canal. Les corbeaux, troublés dans leur asile, ne pouvaient comprendre cette invasion d'animaux inconnus, et défendaient avec acharnement leurs malheureuses couvées. On riait à se tordre au pied des arbres. Il est assez rare de voir rire des Hollandais; mais quand ils s'y mettent, cela ne finit plus.

Les soldats du poste montraient le corps d'un corbeau auquel l'un des singes, étourdi de ses piaillements, avoit tordu le cou fort habilement. Il n'en avait aucun remords, et tantôt s'amusait à croquer des bourgeons, tantôt se livrait sur un de ses pareils à des recherches d'entomologie. — Ces singes étaient simplement les compagnons ordinaires d'un certain *compagnon d'Ulysse* pesant douze cents livres, et amené pour la fête sur un bateau dont il remplissait la cabine. Pendant le jour, on lâchait les singes pour les distraire d'une société sans doute monotone, et il suffisait de les siffler pour les faire rentrer le soir.

La kermesse continuait dans tout son éclat, lorsque j'ai repris le chemin de fer pour Amsterdam. Après la station de Leyde et celle de Harlem, où brillaient encore les dernières tulipes de la saison, le chemin de fer passe comme une bande à peine bordée de terre entre deux mers, dont la ligne extrême coupe l'horizon avec la netteté brillante d'un damas. Celle de Harlem, plus paisible, et l'autre, plus orageuse, offrent un contraste curieux par les reflets du ciel et la teinte des eaux; mais le plus merveilleux, c'est l'œuvre de tels hommes qui, non contents de défier les éléments avec ces digues qu'on aperçoit au loin au-delà des dunes stériles, ont jeté de Harlem à Amsterdam ce formidable trait d'union dont il semble que les vaisseaux s'étonnent, comme si les oiseaux voyaient passer un cerf dans les nues, selon l'expression du poëte latin.

IV. — **Amsterdam et Saardam.**

L'entrée d'Amsterdam est magnifique : à deux pas du débarcadère on passe sous une porte hardiment découpée, qui semble un arc-de-triomphe, puis on a une demi-lieue à faire avant de gagner la place du Palais. De temps en temps on traverse les ponts des canaux, qui font d'Amsterdam une Venise régulière dessinée en éventail. Les canaux forment, comme on sait, une série d'arcs successifs dont le port est l'unique corde. La ville est trop connue pour qu'il soit nécessaire de la peindre plus minutieusement. Les grands bassins qui coupent çà et là le dessin dont je viens de donner une idée sommaire sont, comme à Rotterdam et à La Haye, bordés de magnifiques tilleuls qui se découpent en vert sur les façades de briques, dont quelques-unes sont peintes, mais où les pignons dentelés, festonnés et sculptés du vieux temps se sont conservés mieux qu'en Belgique. On a peint et décrit les bords de l'Amstel où les couchers de soleil sont si beaux, le groupe de tours qui s'élève entre le port et le grand bassin, les hautes flèches découpées à jour des anciennes églises devenues temples protestants, — et que l'on peut toujours comparer à ces coquillages splendides où l'oreille attentive croit distinguer un vent sonore, mais d'où la vie qui leur était propre s'est retirée depuis longtemps.

Si l'on veut voir la Venise du Nord dans toute sa beauté maritime, il faut d'abord parcourir le quai d'une lieue qui borde le Zuiderzée. Les vaisseaux, paisibles dans les bassins comme ces hautes forêts de pins que le vent agite à peine, font contraste à la flotte éternelle qui, de l'autre côté, sillonne la mer agitée ou paisible. Il y a là des cafés élevés sur des estacades et entourés de petits jardins flottants. Tout le quai est bordé de buffets de *restauration*,— où l'on peut consommer debout des concombres au vinaigre, des salades de betterave, des poissons salés arrosés de thé et de café. On remplace le pain par des œufs durs.

Rien n'est plus engageant que les grandes affiches et les inscriptions peintes des bureaux de *steamboat* qui annoncent des départs continuels pour Leuwarden en Frise, pour Saardam, qu'ils appellent *Zaadam*, pour Groningue, pour Heligoland, pour le Texel ou pour Hambourg. Si nous ne voulons qu'admirer la magnifique perspective d'Amsterdam, mettons le pied sur le paquebot de Saardam, qui, trois fois par jour, transporte les promeneurs sur le rivage de la Nord-Hollande. Le bateau fume et se détache de l'estacade prodigieuse chargée d'un petit village de comptoirs et d'offices maritimes, de restaurants et de cafés. — Déjà toute la ligne du port nous apparaît dentelée au loin par les découpures des toits variés de dômes et de tours aux chaperons aigus au-dessus desquels se dressent, sur trois ou quatre points, de hauts clochers ouvragés comme les pions d'un échiquier chinois. Puis le panorama s'abaisse ; chaque dôme, chaque flèche fait le plongeon à son tour. Seule, la vieille cathédrale, située à gauche, lève toujours son doigt de pierre, dont on aperçoit la dernière aiguille de l'autre côté du golfe. L'étendue de la mer est vaste ; cependant une ligne verte égayée de moulins trace partout, comme un mince ourlet, les derniers contours de l'horizon. On finit par reconnaître l'autre rivage en voyant s'y multiplier les moulins, qui autour de Saardam sont au nombre de quatre cents. Une petite anse ouverte au milieu des pâturages à fleur d'eau vous mène au port de la charmante ville, — que je me garderai bien d'appeler chinoise, parce que cela déplaît aux habitants. Voici le cadran d'une jolie église au toit pointu qui nous annonce que nous n'avons mis qu'une heure pour la traversée. Une nuée de ciçerone en bas âge s'attache à nos vêtements avec l'âpreté des Frisonnes de La Haye, mais avec des moyens de séduction moins infaillibles.

J'ai été obligé de me réfugier dans un café pour n'être pas mis en lambeaux. Un homme très poli est venu s'asseoir à ma table, et a demandé un verre de bière. En causant, il m'a parlé de la maison de Pierre le Grand, et a offert de m'y conduire. Les petits cicerone hurlaient tellement à la porte et faisaient de telles grimaces, que cet obligeant personnage crut devoir leur distribuer des coups de canne. « Monsieur, me dit-il, je me ferai un plaisir d'accompagner un voyageur qui paraît distingué, et de lui faire les honneurs de la ville. Ces drôles vous auraient volé votre argent ; ils sont incapables d'apprécier les choses d'art. Je vous préviens qu'il ne faut donner que quatre sous à la maison du czar Pierre. On abuse ici de la facilité des étrangers. Maintenant, si vous voulez voir la maison, accompagnez-moi ; je vais de ce côté. »

A cent pas du port, presque dans la campagne, on rencontre une petite porte verte sur le bord d'un ruisseau. Au fond d'une cour de ferme est une maison qui a l'aspect d'une grange. C'est dans cette maison, — qui recouvre l'ancienne comme un verre couvre une pendule, — qu'existe encore la cabane parfaitement conservée du charpentier impérial. Dans la première pièce, on voit une haute cheminée dans l'ancien goût flamand, que surmonte une plaque gravée qu'a fait poser l'empereur Alexandre ; de l'autre côté, un lit pareil à nos lits bretons ; au milieu, la table de travail de Pierre, chargée d'une quantité d'albums qui reçoivent les autographes et les inspirations poétiques des visiteurs. La seconde pièce contient divers portraits et légendes. Les cloisons de sapin sont entièrement couvertes de signatures et de maximes, comme si les albums n'avaient pas suffi! mais chacun veut prendre une part de l'immortalité du héros. J'ai remarqué cette citation de Gœthe : « Ici je me sens homme! ici j'ose l'être. » C'était un homme en effet que ce grand homme; mais abrégeons. — Mon obligeant inconnu s'était retiré par discrétion, car on permet aux curieux de méditer dans cette maison et de se supposer un instant à la place du czar Pierre. Ouvrier et empereur, les deux bouts de cette échelle se valent en solidité, et il est impossible de réunir plus de noblesse à plus de grandeur. Pierre le Grand, c'est l'Émile de Rousseau idéalisé d'avance.

Je compris, en retrouvant l'inconnu à la porte et lui voyant un air embarrassé, qu'il obligeait *ses amis* à la manière de M. Jourdain; mais il s'y était pris spirituellement. J'offris de lui prêter un florin qu'il accepta sans difficulté.

« Maintenant, monsieur, voulez-vous venir voir Broëk? cela ne coûte que quatre florins. — C'est trop. — Deux florins, et j'y perds. — Je n'y tiens pas. — Alors, monsieur, ce sera un florin... je fais ce sacrifice par amitié. » En effet, ce n'était pas cher; il fallait une voiture pour franchir les deux lieues. On sait déjà par Gozlan que Broëk est un village dont tous les habitants sont immensément riches. Le plus pauvre, n'étant que millionnaire, a accepté les fonctions de gardien des portes et de garde-champêtre à ses moments perdus. La vérité est que les paysans de ce village sont des commerçants et des armateurs retirés, chez lesquels sont venues s'amasser pendant plusieurs générations les richesses des Indes et de la Malaisie. Ces nababs vivent de morue et de pommes de terre au milieu du rire éternel des potiches et des magots. Chaque maison est un musée splendide de porcelaines, de bronzes et de tableaux. Il y a toujours une grande porte, qui ne s'ouvre que pour la naissance, le mariage ou la mort. On entre par une porte plus petite. L'aspect du village offre un carnaval de maisons peintes, de jardinets fleuris et d'arbustes taillés en forme d'animaux. C'est là que l'on rabote, par un sentiment exquis de propreté, les troncs des arbres, qui sont ensuite peints et vernis. Ces détails sont connus ; mais il y a quelque exagération dans ce qu'ont dit certains touristes, que les rues sont frottées comme des parquets. — Le pavé se compose simplement de tuiles vernies, sur lesquelles on répand du sable blanc, dont la disposition forme des dessins. Les voitures n'y passent pas et doivent faire le tour du village. Ce n'est que dans le faubourg que l'on peut rencontrer des auberges, des marchands et des cafés. Les femmes ont conservé, comme à Saardam, les costumes pittoresques de la Nord-Hollande. Les couronnes d'orfévrerie, souvent incrustées de pierres fines, les dentelles somptueuses et les robes miparties de rouge et de noir sont les mêmes qu'à l'époque où une reine d'Angleterre se plaignait d'être éclipsée par les splendeurs d'une cuisinière ou d'une fille de ferme. Il y a au fond beaucoup de clinquant dans tout cela ; mais l'aspect n'en est pas moins éblouissant.

Il ne faut pas mépriser Saardam, où nous rentrons après cette excursion rapide. — J'ai demandé à voir le bourgmestre, et je m'attendais à voir surgir tout à coup l'ombre de Potier. Le bourgmestre était absent, heureusement pour lui et pour moi. — La mairie est située dans une grande rue où l'esprit français a encore pénétré : ce sont deux lignes de magasins splendides, qu'on ne s'attendrait pas à rencontrer tout près d'un vaste canal qui suit parallèlement les jardins situés derrière. Les plates-bandes de tulipes égaient toujours les carrés de verdure découpés par des ruisseaux d'eau verte qui s'argentent ou se dorent aux derniers reflets du soleil couchant. C'est le printemps encore, tandis que Paris doit être en proie à l'été. Les maisons, peintes de toutes les nuances possibles du vert, depuis le vert-pomme jusqu'au vert-bouteille, *se doublent* dans ces eaux paisibles, comme le château du Gascon, — qui s'imagine alors qu'il en possède deux.

Le port de Saardam n'est pas non plus à dédaigner... Déjà la cloche nous appelle, et nous n'avons que le temps d'admirer la sérénité de ces rivages et de ces eaux, où dorment les lourds bateaux à voiles qui de temps en temps se réveillent pour faire le grand voyage des Indes.

V. — Het Rembrants Feest.

O Érasme! — dont je porte humblement le nom traduit du grec, — inspire-moi les termes choisis et nécessaires pour rendre l'impression que m'a causée Amsterdam au retour. Les lumières étincelaient comme les étoiles dorées dont parlent les ballades allemandes. Toi qui as fait l'éloge de la folie, tu comprendras le ravissement que j'ai éprouvé en voyant toute la ville en fête à la veille de l'érection officielle de la statue de Rembrandt. Le gouvernement n'accordait qu'un jour, mais le peuple en voulait au moins trois. On se réjouissait d'avance dans les *gastoffs* et dans les *musicos*. J'ai trouvé à la porte d'un de ces derniers une femme qui représentait très sincèrement l'image de la Folie dont Holbein a orné tes pages savantes. C'était encore, si l'on veut, « Calliope longue et pure, » charmant de ses accords la foule assemblée dans un carrefour. Son violon, poudré au milieu par la colophane, exécutait des airs anciens d'un mauvais goût sublime. En me voyant, cette femme eut l'intuition de ma nationalité, et joua aussitôt *la Marseillaise*. La foule sympathique répétait le chœur en langue flamande. —

Il est naturel du reste qu'on accueille bien les étrangers qui viennent assister à une fête artistique.

Le lendemain, toutes les maisons étaient pavoisées, ainsi que les vaisseaux du port; le canon retentissait pour marquer les pas du temps, — si précieux ce jour-là, — et les guirlandes de fleurs et de ramées s'étendaient le long de la grande rue jusqu'au *Marktplein*.

Il ne faut pas trop s'étonner de voir Rembrandt logé sur le Marché-au-Beurre, puisque nous n'avons pu obtenir pour Molière, à Paris, qu'une encoignure entre deux rues, servant de fontaine, et livrée aux porteurs d'eau de l'Auvergne, qui me rappellent cette belle phrase de M. Villemain dans *Lascaris* : « Les Arabes attachaient leurs chevaux à ces colonnes romaines, — qu'ils ne regardaient pas ! »

Toute la population d'Amsterdam était sur la place du marché lorsque la statue apparut dépouillée des voiles qui la couvraient depuis le 17 mai, époque de son installation. — On entendit sur la place un *huzza* colossal, que couvrit bientôt l'exécution à grand orchestre du chant national : *Wien Neerlands bloed in d'aderen Vloeit* [1]... Il était midi et demi, le roi venait de paraître dans sa loge en costume d'officier de marine. Ce souverain a fort bonne mine sous l'uniforme, et se trouve parfaite-

---

[1] C'est le sang de la Néerlande qui coule dans nos veines, etc.

ment rendu dans un portrait de M. Pieneman, le célèbre peintre historique qui est à la tête aujourd'hui de l'école hollandaise. — Les honneurs de la fête étaient rendus au roi par les membres de la société *Arti et Amicitiæ,* qui avaient eu l'initiative de cette inauguration. Dans les Pays-Bas, où l'écorce monarchique couvre toujours un ancien fruit républicain, le gouvernement n'apparaît qu'à titre honoraire dans les fêtes de l'art, de la littérature ou de l'industrie. Le roi souscrit comme les autres, en raison de ses moyens.

La statue de Rembrandt n'a rien de la crânerie de celle de Rubens à Anvers. Je ne sais pourquoi les grands hommes de Hollande sont toujours représentés la tête penchée en méditant sur leurs œuvres. Érasme a le nez dans son livre; Laurent Coster, à Harlem, songe à tailler des lettres de bois; Rembrandt médite un chef-d'œuvre en croisant sur son ventre ses mains, dont l'une ramène un des coins de son manteau. Son costume de troubadour est varié d'une *trousse* dans le goût du xviie siècle et de souliers à bouffettes qu'on a pu porter en effet vers ce temps-là. — Sur le piédestal, on remarque les lettres R. V. R., Rembrandt van Rhyn, et l'on peut lire encore cette devise : *Hulde van het nageschlacht* (hommage de la postérité). Le statuaire s'appelle Royer, le même qui a modelé la statue de Ruyter.

Trois noms, Ruyter, Vondel et Rembrandt, brillaient partout en or sur les bannières. On m'a traduit les discours prononcés par les autorités. M. Scheltema, savant archiviste, s'est occupé beaucoup de rassembler des documents sur la vie de Rembrandt. Il a rappelé avec bonheur le souvenir d'une fête où, il y a juste deux siècles, le vieux Vondel fut couronné de lauriers par les associations de peintres et de sculpteurs. L'orateur a cherché ensuite à venger le grand artiste de diverses inculpations, qui réellement font du tort à notre pays, dans je ne sais quel article de la biographie Michaud. — Le discours du savant semblait calqué, à l'inverse, sur les arguments de l'inconnu qui a écrit cet article, dont nous ne savons même si nous devons être responsables. « On a accusé Rembrandt, a dit M. Scheltema, d'être avare et *crapuleux (schraapzuigtig)*. » M. Scheltema a peut-être un peu trop vengé Rembrandt du reproche d'avoir fréquenté le bas peuple. Nous possédons à la Bibliothèque nationale une collection de gravures qu'il eût été difficile à l'artiste de réaliser sans se mêler un peu à la basse société. Le beau monde était très beau sans doute du temps de Rembrandt, mais les gens en guenilles n'étaient pas à dédaigner pour un peintre. Ne cherchons pas à faire des poëtes et des artistes des *gentlemen* accomplis et méticuleux. La main qui tient la plume ou le pinceau ne s'accommode des gants paille que quand il le faut absolument, pour toucher parfois d'autres mains ornées de gants paille, — et des esprits de la force de Rembrandt sont ceux qui, comme les dieux, épurent l'air où ils ont passé.

On s'attendait à revoir le roi au grand bal que donnait la société *Arti et Amicitiœ*. Il avait fort bien répondu à une allusion imprudente d'un discours municipal touchant le monument de Waterloo. — Ceci, a-t-il répliqué, *n'est pas un monument sanglant*. — Mais le souverain, un peu fatigué de la journée, avait laissé pour le représenter au bal le prince Henri, qui a seul été salué du chant: *Leve het Waderland!... hoezée!*

En consultant mes souvenirs de cette journée du 27 mai, je suis encore frappé de l'aspect de toute cette ville en fête, des maisons pavoisées et des fenêtres ornées de guirlandes, du sol jonché de fleurs, et de ces milliers de bannières flottant au vent ou portées en pompe par les sociétés et les corporations. Le soir, tout était illuminé, et les rues qui conduisent du marché au musée étaient particulièrement sablées et parées de verdure. Les tableaux du prince de la peinture hollandaise étaient éclairés *a giorno*, et *la Ronde nocturne* surtout était encore admirée avec délices: il aurait fallu peut-être faire venir de La Haye *la Leçon d'anatomie*; — mais le Parc, véritable centre de cette solennité, nous gardait d'autres merveilles et d'autres hommages rendus à Rembrandt. Pourquoi faut-il que le grand artiste n'ait été si unanimement fêté qu'après deux cents ans dans la ville où il a passé presque toute sa vie? Ne pouvant attaquer son talent, on l'a traité d'avare: on a raconté que ses élèves peignaient sur des fragments de cartes découpées des ducats et des florins qu'ils semaient dans son atelier, afin qu'il les fît rire en les ramassant. Ce qui est vrai, c'est que Rembrandt le réaliste employait toutes ses économies à acquérir des armes, des costumes et des curiosités qui lui servaient pour ses tableaux. Ne lui a-t-on pas reproché d'avoir épousé une paysanne et d'avoir feint d'être mort pour profiter de la plus-value d'une vente après décès? — La biographie fondée sur des preuves nouvelles que va publier dans trois mois M. Scheltema rétablira sans doute la vérité des faits. — Il s'est rencontré même un critique qui appréciait le talent d'après une échelle arithmétique, et qui, supposant le nombre 20 comme *étalon* général, accordait à Rembrandt 15 comme composition, 6 comme dessin, 17 comme coloris et 12 comme expression? Ce mathématicien s'appelait de Piles.

Le parc, illuminé de deux mille becs de gaz, a bien vengé l'artiste de ces obscurs blasphémateurs. Au delà des allées d'arbres précieux et des parterres bariolés des dernières bandes de tulipes, on entrait dans une vaste salle dont les peintures latérales avaient été exécutées par les peintres actuels de l'école hollandaise ; — Gérard Dow, Flinck et Eeckout, les élèves de Rembrandt avaient leur part de cette glorification. J'ai remarqué les compositions de MM. Pieneman, Van Hove père et fils, Rochussen, Peduzzi, Israëls, Bosboom, Schwartze, Von de Laar, Calisch, etc. Chaque panneau offrait une scène de la vie artistique du maître, et j'ai trouvé très ingénieuse l'idée de le représenter peignant ses principaux tableaux. — Notamment pour *la Ronde de Nuit*, on voyait le peintre dans son atelier, entouré de ses modèles en costume : les deux fiers compagnons vêtus à la mode espagnole, la jeune bohémienne en robe de soie jaune avec le gibier pendu à sa ceinture, et jusqu'au petit chien qui attend son tour pour poser. — Le *Tobie* de notre musée a aussi sa place dans ces décorations. Il serait trop long de tout décrire. Et d'ailleurs l'attente générale a été détournée bientôt par une ouverture à grand orchestre, suivie d'une représentation allégorique dans le goût flamand, qui avait lieu sur une sorte de théâtre dressé pour la circonstance. Les chambres de rhétorique et de poésie fleurissent toujours dans ce pays, et gardent éternellement les traditions du moyen âge. Nous avons donc vu une scène où les dieux sont mêlés, et qui symbolisait cette pensée que la poésie, la philosophie et les arts devaient s'unir pour fêter le grand homme. Dame

Rhétorique, dame Philosophie et dame Sapience n'auraient pas mieux parlé au quatorzième siècle que ne l'ont fait les acteurs de cette *moralité* déclamant les vers de M. Van Lennep. Les dieux peints et sculptés de la salle accueillaient aussi cette composition mythologique d'un sourire bienveillant. — Ensuite a commencé le bal, et une valse échevelée, où brillaient les blanches épaules et les diamants séculaires des dames de Hollande, a couronné la fête, qui avait commencé par la distribution des lots d'une *tombola* artistique à laquelle tous les peintres du pays s'étaient intéressés par des offrandes. Cette loterie a produit plus de vingt mille florins.

Le *Palais* était magnifiquement pavoisé. On m'avait permis de le visiter avant l'arrivée du roi. Le Palais d'Amsterdam est digne de remplacer une des sept merveilles du monde disparues. Il est bâti sur onze mille pilotis, formés des plus grands mâts de vaisseaux. La *Salle de bal* est la plus grande et la plus belle de l'Europe, — plus grande peut-être que la salle de la Bourse de Paris. Toute la partie supérieure est revêtue de sculptures admirables en marbre blanc. Huit salles également pleines de chefs-d'œuvre entourent cet immense local, et y correspondent de plain-pied. Tous les itinéraires donnent les dimensions et énumèrent les ornements de cette agrégation d'intérieurs superbes. On admire aussi au même étage les appartements royaux décorés encore comme au temps de Louis Bonaparte, — dans le style de l'empire, — et que le roi Guillaume fait aujourd'hui restaurer. Du haut de cet édifice on embrasse parfaitement la vue d'Amsterdam découpée en hémicycle, et l'on compte les bandes d'argent des canaux qui vont se rétrécissant jusqu'au bord. L'Amstel se perd au loin dans les campagnes. Le Rhin aboutit à la mer en traversant les dunes couvertes de moulins, qui avoisinent Leyde aux tours rougeâtres. C'est là qu'est né Rembrandt van Rhyn, — Rembrandt du Rhin.

APPENDICE.

Nous croyons pouvoir ajouter comme annotation aux *Souvenirs de Thuringe*, les passages suivants qui font partie d'un article publié par l'*Illustration* :

« M. Gérard de Nerval est le plus pérégrinateur de nos écrivains. Il y a un mois à peine il était parti pour Berlin lorsqu'il apprit en route que l'on allait donner à Weimar, pour l'inauguration de la statue de Herder, des fêtes qui se rencontraient avec l'anniversaire de la naissance de Gœthe.

« Gérard avait été l'ami de Gœthe, ami presque inconnu, car ils ne s'étaient, je crois, jamais vus. Mais, à l'âge de dix-huit ans, il avait publié une traduction de *Faust*, en prose et en vers.

« Voici ce qu'on a lu depuis dans les *Conversations* de Gœthe, publiées par Eckermann. Ce dernier rend compte de la fin d'un dîner auquel l'illustre poëte allemand l'avait invité :

« Gœthe avait pris en main la dernière traduc-
« tion française de son *Faust*, par Gérard, qu'il
« feuilletait et paraissait lire de temps à autre : de

« singulières idées, disait-il, me passent par la tête
« quand je pense que ce livre se fait valoir dans une
« langue sur laquelle Voltaire a régné il y a cin-
« quante ans.

« Gœthe fit l'éloge de ce travail : Je n'aime plus
« lire le *Faust* en allemand, ajoutait-il, mais dans
« cette traduction française tout agit de nouveau
« avec fraîcheur et vivacité. »

« Gérard ne pouvait manquer de s'arrêter sur sa
route pour rendre hommage au Voltaire allemand,
qui avait daigné mêler son nom aux conversations
de ses dernières années.

« Il est inutile de demander si notre compatriote
fut bien accueilli à Weimar...

« Un matin qu'il s'occupait de visiter les anciennes demeures des grands hommes qui ont séjourné dans cette ville, telles que celles de Lucas
Cranach qui a orné la cathédrale d'un beau tableau;
de Wieland, de Herder et de Schiller, il fit la rencontre d'un inconnu qui lui proposa de lui faire
voir l'intérieur du palais grand-ducal, où resplendit
de toutes parts le culte que la famille de Saxe a
voué aux grands hommes; le voyageur accepta avec
empressement, et examina avec une pieuse curiosité
ces quatre grandes salles consacrées l'une à Wieland,
la seconde à Herder, les deux dernières à Gœthe et
à Schiller.

« De retour à Paris, Gérard publia dans la *Presse*
et dans l'*Artiste* la description des fêtes auxquelles
il avait assisté. A ce sujet, l'inconnu qui lui avait

si gracieusement ouvert le palais grand-ducal vient de lui adresser la lettre suivante :

« Recevez, je vous prie, tous mes remerciments ; si, passionné comme je le suis pour la gloire littéraire de sa patrie, l'on désire qu'elle soit servie par la renommée, rien ne saurait réjouir davantage que la preuve que cette gloire est reconnue et goûtée à l'étranger. Vous m'avez procuré cette joie, monsieur ; aussi ne saurais-je mieux y répondre que par la main même de Gœthe, dont je vous prie d'accepter l'autographe ci-joint, en vous souvenant de Weimar et de celui qui reste à jamais votre très dévoué

« CHARLES-ALEXANDRE,
« Grand-duc héréditaire de Saxe.

« Du château du Belvédère, 30 octobre 1850. »

« Il est assez difficile de rendre en français la traduction fidèle de ce quatrain improvisé. Il a été écrit à propos d'un portrait de la jeune princesse Marie de Prusse, et, s'il était possible de le faire passer littéralement dans notre langue, on pourrait le traduire ainsi :

SUR UN PORTRAIT DE LA PRINCESSE MARIE :

« Aimable et gentille, — Calme et bienveillante ;
« Sont à elle les fidèles — Sûrs comme l'or [1].

« Quelle plus charmante et plus délicate ma-

---

[1] C'est le mot à mot, la grâce du quatrain ne pourrait se rendre qu'avec des périphrases, et faiblement.

nière de prouver sa reconnaissance à un écrivain !

« Ce qui ajoute encore de la grâce et de la valeur à l'envoi du prince héréditaire, c'est le choix spécial de l'autographe. Au moment où Gérard examinait l'intérieur de la maison de Gœthe, il y avait rencontré cette jeune princesse Marie pour qui ont été écrits ces quatre vers. En voyant « cette apparition charmante errer capricieusement parmi les images du passé, « Gérard l'avait comparée à l'image antique de Psyché, représentant la vie sur la pierre des tombeaux. Le prince Charles-Alexandre, en choisissant parmi tous les autographes de Gœthe celui qui se rapportait à la jeune princesse, a-t-il voulu faire discrètement comprendre à l'écrivain qu'une autre personne était de moitié dans l'envoi de ce souvenir de Weimar ?

La royale famille de Saxe-Weimar est une famille à part au milieu des autres souverains allemands. Le culte et l'amour de l'art sont une des traditions des princes de cette souveraineté athénienne dont Gœthe a été pendant longtemps le principal ministre. Cependant, il faut le dire à la louange des princes allemands, beaucoup aiment les lettres, et presque tous bannissent, dans leurs rapports avec les simples particuliers, cette morgue et cette roide attitude qui ont caractérisé nos princes français, à l'époque où la France avait encore des princes. »

NOTES ET ÉCLAIRCISSEMENTS.

Lorsqu'on recueille après tant d'autres quelques impressions éparses, le long de ce vieux Rhin, qui s'en va finir dans la patrie de Rembrandt, on ne peut avoir la prétention soit de dire quelque chose de nouveau, soit de donner un fidèle itinéraire; il y a des livres pour cela. Dans cette vue prise à vol d'oiseau des aspects et des mœurs, on risque aussi de choquer certaines susceptibilités locales. C'est ce qu'indiquent quelques lettres de personnes honorables d'Amsterdam, reçues à la *Revue des Deux-Mondes*, et qui reprochent à l'auteur de n'avoir pas écrit un article sérieux sur Rembrandt, d'avoir traité légèrement les *Chambres de rhétorique* et les concours de poésies, et d'avoir parlé d'un Érasme mécanique qui existerait à Dordrecht. C'est, dit-on, « un *cancan* des gamins de Rotterdam. » Cela prouverait que la statue a pu exister autrefois. L'auteur n'a pas dit qu'il l'eût vue. Il a rapporté ce *cancan*, ainsi que celui du bois de La Haye planté sur pilotis, dont l'ancienne tradition n'a rien d'extraordinaire en raison du peu de stabilité des terrains.

Ensuite, il est impossible d'écrire un article *sérieux* sur Rembrandt, puisque l'on prétend, à Amsterdam, que les nouveaux documents recueillis et non encore communiqués à l'Europe, démontreront les erreurs grossières contenues dans les biographies que nous possédons. Il faut attendre.

Le public sérieux du pays ne s'est certainement pas préoccupé de ces questions de détail, et reconnaîtra sans doute que la légèreté française, si inquiétante quelquefois pour les étrangers, se trouve tempérée ici par des éloges bien sincères, qui doivent être appréciés dans la patrie de Vondel, d'Érasme et de Jean Second.

SUR LES SCÈNES DE LA VIE ALLEMANDE.

En 1839, revenant d'Allemagne, j'avais écrit *Léo Burckart* pour la Porte-Saint-Martin; il fallut en retrancher le tiers pour en rendre la représentation possible. Cette édition les reproduit telles qu'elles ont été composées. — La pièce, reçue par Harel, était en répétition depuis un mois, lorsqu'il fallut, selon l'usage, envoyer deux manuscrits à la censure. C'était une dépense de 60 fr. pour cinq actes et un prologue. Il est vrai qu'on rendait l'un des deux manuscrits. Mais il faut toujours remarquer ici que les écrivains sont imposés en tout plus que les autres producteurs. Exemplaires de livres pour les bibliothèques, exemplaires de manuscrits pour la censure.

Grevés déjà dans la publication de nos travaux par les priviléges d'imprimerie, qui prélèvent sur notre profession une sorte d'impôt représenté par ce qu'on appelle *les étoffes*, c'est-à-dire le tiers du prix de main-d'œuvre, — nous le sommes encore par l'existence des priviléges de théâtre, donnés assez souvent à des gens bien pensants, mais ignorants des choses de théâtre, — lesquels prélèvent encore un bénéfice sur le talent des auteurs et des artistes (je ne parle pas du droit des pauvres dont nous subissons notre part); — nous le sommes encore par suite du cautionnement et du timbre des journaux, qui souvent imposent à l'écrivain un directeur ou un rédacteur en chef entièrement illettré. — Cela est devenu rare aujourd'hui... mais cela s'est vu.

Me voilà donc, ayant éprouvé, comme nous tous, le malheur qui résulte d'une profession qui n'en est pas une, et d'une propriété que, selon le mot d'Alphonse Karr, on a toujours négligé de déclarer *propriété;* me voilà donc forcé, pendant six mois, de solliciter le visa du ministère de l'intérieur.

Il y avait là beaucoup d'anciens gens d'esprit, que cela amusait peut-être de faire promener un écrivain *non sérieux*. M. Véron, dont j'avais fait la connaissance dans un restaurant, me dit un jour : « Vous vous y prenez mal. Je vais vous donner une lettre pour la censure ; » et il me remit un billet où se trouvaient ces mots : « Je vous recommande un jeune auteur qui travaille dans *nos journaux d'opposition constitutionnelle*, et qui vous demande un visa, etc. » M. Véron,— dans le journal duquel j'ai en effet écrit quelques colonnes en l'honneur des grands philosophes du dix-huitième siècle, — ne m'en voudra pas de révéler ce détail, qui lui fait honneur.

De ce jour, toutes les portes s'ouvrirent pour moi, et l'on voulut bien me dire le motif qu'on avait pour arrêter ma pièce et pour me priver, pendant tout un rude hiver, de son produit.

On en jugeait le spectacle dangereux, à cause surtout d'un quatrième acte qui représentait avec trop de réalité, et sous des couleurs trop purement historiques, le tableau d'une *vente de charbonnerie*. — On m'eût loué de rendre les conspirateurs ridicules ; on ne voulait pas supporter l'équitable point de vue que m'avait donné l'étude de Shakespeare et de Gœthe, — si faible que pût être ma tentative.

M. de Montalivet était ministre alors. Je ne pus pénétrer jusqu'à lui. Cependant, c'était sur ses décisions que les bureaux, très polis du reste et très bienveillants pour moi, rejetaient la responsabilité.

Les répétitions étaient suspendues toujours ; — Bocage, appelé par un engagement de province, avait laissé là le rôle, — dans lequel son talent eût été une fortune pour ce pauvre Harel et pour moi. Le printemps, saison peu avantageuse pour le théâtre, commençait à s'avancer. Je parlais de ma déconvenue à un écrivain politique, dans un de ces bureaux de journaux où la ligne qui sépare le premier-Paris du feuilleton est souvent oubliée pour ne laisser subsister que les relations d'hommes qui se voient habituellement.

— Vous êtes bien bon, me dit-il, de vous donner tant de peine. La censure n'existe pas en ce moment.

— J'ai des raisons de penser le contraire.

— Elle existe de fait et non de droit..., comprenez-vous?

— Comment?

— Il y a trois ans, le ministère a obtenu un vote provisoire des chambres pour le rétablissement de la censure, mais sous la condition de présenter une loi définitive au bout de deux ans.

— Hé bien?

— Hé bien, — il y a trois ans de cela.

Sans être un homme *processif*, je sentis qu'il y avait là nécessité de soutenir, non pas mes intérêts, les écrivains y songent rarement, — mais ceux de ma production littéraire.

J'allai trouver M⁰ Lefèvre, le défenseur *agréé* et attitré de l'association des auteurs dramatiques. M⁰ Lefèvre me dit fort poliment : « Vous pouvez avoir raison... Mais notre association évite prudemment de s'engager dans les questions politiques. De plus, mes opinions me font un devoir de m'abstenir. Vous trouverez d'autres agréés qui soutiendront votre affaire avec plaisir. »

J'allai trouver M⁰ Schayé, qui me dit : « Vous avez raison : ils sont dans une position fausse. Nous allons leur envoyer du papier timbré. »

Le lendemain, je reçus une lettre qui m'accordait une audience du ministre de l'intérieur... à cinq heures du soir.

Le ministre me reçut entre deux portes et me dit : « Je n'ai pu encore lire votre manuscrit; je l'emporte à la campagne. Revenez, je vous prie, après demain, à la même heure. »

Je fus obligé de prendre mon tour pour l'audience. J'attendis longtemps, et il était tard lorsque je fus introduit. — Mais que ne ferait pas un auteur pour sauver sa pièce!

Le ministre m'adressa un salut froid et chercha mon manuscrit dans ses papiers. N'ayant alors jamais vu de près un ministre, j'examinai la figure belle mais un peu fatiguée de M. de Montalivet. — Il appartenait à cette école politique qu'affectionnaît le vieux monarque, et que l'on pourrait appeler le parti des hommes gras. Abandonné à ses instincts, Louis-Philippe aurait tout sacrifié pour ces hommes qui lui donnaient une idée flatteuse de la prospérité publique. Comme César, qui n'aimait pas les maigres, il se méfiait des tempéraments nerveux comme celui de M. Thiers, ou bilieux comme M. Guizot. On les lui imposa, — et ils le perdirent.... soit en le voulant, soit sans le vouloir. M. de Montalivet avait retrouvé le manuscrit énorme qui contenait mon avenir dramatique. Il me le tendit par dessus une table, et se privant avec bon sens de ces phrases banales que l'on prodigue trop légèrement aux auteurs, il me dit : « Reprenez votre pièce, faites-la jouer, et si elle cause quelque désordre, on la suspendra. » Je saluai et je sortis.

Si je ne savais pas, par des récits divers, que M. de Montalivet est un homme fort aimable dans les sociétés, je croirais avoir eu une entrevue avec M. de Pontchartrain.

La difficulté était de faire *remonter* la pièce, qui avait perdu une partie de ses acteurs primitifs. Il fallait attendre la fin d'un succès qui se soutenait au théâtre. L'été s'avançait ; Harel me dit : « J'attends un éléphant pour l'automne ; la pièce n'aura donc qu'un nombre limité de représentations. »

On la monta cependant avec les meilleurs acteurs de la troupe: Madame Mélingue, Raucour, Mélingue, Tournan et le bon Moëssard. Ils furent tous pleins de bienveillance et de sympathie pour moi, et surent tirer grand parti d'une pièce un peu excentrique pour le boulevard.

Seulement les répétitions se prolongèrent encore beaucoup. Un directeur n'est pas dans une très bonne position pécuniaire quand il attend *un éléphant*. Au cœur de la belle saison il comptait peu sur les recettes qu'il aurait pu recueillir si l'on eût joué la pièce à l'entrée de l'hiver. Une seule décoration nouvelle était indispensable, celle d'un tableau représentant des ruines éclairées par la lune, à Eisenach, près du château de la Wartburg.

J'avais rêvé cette décoration, — je l'ai vue en nature plus tard en quittant l'électorat de Hesse-Cassel pour me rendre à Leipsick.

Harel disait continuellement : « J'ai commandé le décor à Cicéri. On le posera aux répétitions générales. »

On le posa l'avant-veille de la représentation.

C'était un souterrain, fermé avec des statues de chevaliers, pareil à celui dans lequel on avait joué jadis le *Tribunal secret*, à l'Ambigu.

Peut-être encore était-ce le même qu'on avait racheté et fait repeindre.

Je m'étais mis dans la tête de faire exécuter dans la pièce les chants de Kœrner, rendus admirablement en musique par Weber. — Je les avais entendus ; je les avais répétés en traversant à pied les routes de la Forêt-Noire, avec des étudiants et des compagnons allemands. Celui de la *Chasse de Lutzow* avait été originairement dirigé contre la France ; mais la traduction lui faisait perdre ce caractère, et je n'y voyais plus que le chant de l'indépendance d'un peuple qui lutte contre l'étranger. Celui de l'*Épée* était reproduit dans le chœur du quatrième acte.

J'avais consulté Auguste Morel sur les possibilités d'exécution de ces morceaux. Il voulut bien arranger une partition convenant aux règles du théâtre, et pour laquelle il fallait nécessairement seize choristes.

Nous pensâmes aux ouvriers de Mainzer et à ceux de l'Orphéon. J'étais allé trouver les chefs de chœur dans leurs ateliers et dans leurs pauvres mansardes, et ils m'avaient donné libéralement leur concours moyennant seulement le prix de leurs journées que les répétitions leur faisaient ordinairement perdre. — Ils perdirent un mois.

Harel, un peu gêné pour le payement des figurants ordinaires, les réduisit au nombre qui était indispensable, et les ouvriers se trouvaient forcés relativement de *figurer*, et de faire les évolutions ordinaires des comparses. Ils ne représentaient, du reste, que des étudiants et avaient peu à faire. Toutefois, l'inexpérience nuisait souvent aux effets de la mise en scène.

Ils étaient ravis des deux chants populaires, — qui sont restés dans les concerts orphéonistes.

Le soir de la première représentation j'étais inquiet des accessoires qui, — comme la marée de Vatel, — n'arrivaient pas.....

Si les *accessoires* n'arrivaient pas, c'est qu'en général, il en est ainsi dans tous les théâtres ; — ce n'est qu'au dernier moment qu'on s'occupe des détails. Souvent aussi le directeur ne peut payer d'avance le costumier, le peintre ou le décorateur, — qui ne rendent leur travail ou celui de leurs ouvriers, que moyennant une délégation sur la *recette*, — dont il est impossible, avant le soir même, de prévoir le total.

Le pauvre Harel, — qui était un homme après tout remarquable, — qui avait été directeur du *Nain jaune*, et qui a été couronné par l'Académie, pour un éloge de Voltaire, pliait dans ce moment-là sous le poids des obligations que lui avait créées sa lutte obstinée avec la mauvaise fortune de la Porte-Saint-Martin.

Le privilége était grevé de quinze mille francs qu'il fallait donner annuellement à un directeur encore plus spirituel, qui avait trouvé le moyen de se faire *conférer* deux théâtres : — l'un possédé directement, l'autre, qui n'était qu'un *fief*, dont le produit médiocre faisait sourire le possesseur, et cependant ruinait peu à peu le possédant.

Ceci est déjà de l'ancien régime ; — bornons-nous à constater que si Harel eût eu dans sa caisse les cent cinquante mille francs qu'il a donnés en dix ans à son suzerain, il n'aurait peut-être pas été gêné à l'époque où il attendait l'éléphant.

Harel était forcé souvent d'engager les costumes les plus brillants du théâtre. Alors il ne fallait pas lui parler de pièces *moyen âge* ou *Louis XV*, — encore moins de celles qui pouvaient concerner des époques luxueuses, grecques, bibliques ou orientales.

On lui offrit un jour une pièce de la régence qui promettait un succès par l'effet serré des combinaisons. Harel fit appeler M. Dumas, — costumier, — et lui dit : « Comment sommes-nous en costumes de la régence?

— Monsieur, — bien mal ; — il n'y a plus d'habits!.... Nous avons un peu de gilets et des *trousses* (ce sont les culottes du temps).

— Eh bien ! Dumas, avec des gilets et des trousses, il suffit d'ajouter des habits de serge en couleurs voyantes. L'éclat des gilets suffira, — à la rampe, — pour satisfaire le public.

C'est ainsi que fut montée la *Duchesse de La Vaubalière*, où les gilets de la régence éblouirent longtemps les amateurs instruits qui formaient des queues mirifiques avec des billets à cinquante et à soixante-quinze centimes.

— Ce succès-là m'a ruiné, — me disait plus tard Harel.

Je continuais à m'inquiéter des accessoires. Il s'agissait de seize casquettes d'étudiants et de seize masques — pour la scène du *Saint-Wehmé*, — masques en velours noir, nécessairement, — qui avaient été bien connus par les représentations du *Bravo*; de *Lucrèce Borgia* et d'une foule d'autres drames.

Les casquettes n'arrivèrent qu'au premier entr'acte, mais on me dit : Les masques ne peuvent tarder d'arriver.

On juge mal, dans les coulisses; — c'est le sort des hommes d'État. — Le public écoutait avec un silence merveilleux. Le troisième acte ayant fini, je conçus une inquiétude touchant les seize masques qui devaient servir au quatrième acte.

Je montai jusque dans les combles du théâtre. Quelques figurants revêtissaient des costumes de gardes nobles allemands, bleus avec des torsades jaunes; — d'autres, des costumes de *sicaires* et de *trabans*, — qui les humiliaient beaucoup.

Quant aux *étudiants*, ils s'habillaient sans crainte, étant assurés de leurs casquettes, — et ne songeaient pas qu'il fallait avoir des masques pour la scène de *vente* du quatrième acte.

— Où sont les masques? dis-je.

— Le chef des accessoires ne les a pas encore distribués.

J'allai trouver Harel.

— Les masques?

— Ils vont arriver.

L'entr'acte semblait déjà long au public ; — on avait épuisé les ressources ordinaires d'Harel, qui consistaient, pour faire attendre un lever de rideau tardif, — en une pluie de petits papiers au premier entr'acte; — au second, en une casquette — qui, tombée du paradis, passait de mains en mains sur le parterre ; — au troisième entr'acte, en une scène de loges qui provoquait au parterre ce dialogue obligé : « Il l'embrassera... il ne l'embrassera pas !... »

L'usage était, entre le troisième et le quatrième acte, lorsque l'intervalle se prolongeait trop, de faire aboyer un chien, — ou crier un enfant. Des gamins, payés, s'écriaient alors : « *Assoyez-vous donc sur le moutard!* » Et tout était dit. L'orchestre entonnait, au besoin, la *Parisienne*, — permise alors.

Harel me dit, après dix minutes d'entr'acte : « — Les étudiants ont leurs casquettes... Mais ont-ils bien besoin de masques?

— Comment! pour la scène du tribunal secret!... Vous le demandez?

— C'est que l'on s'est trompé : l'on ne nous a envoyé que des masques d'arlequin... Ils ont cru qu'il s'agissait d'un bal ; — parce que dans les drames modernes il y a toujours un bal au quatrième acte.

— Où sont ces masques? dis-je, en soupirant, à Harel.

— Chez le costumier.

J'entrai là, au milieu des imprécations de tous les ouvriers étudiants qui, sur ma parole, s'étaient engagés à jouer des rôles sérieux.

— Masques d'arlequins!... me disait-on, — cela ne va pas trop avec notre costume.

Mélingue et Raucourt, qui avaient des masques à eux, en velours noir, se prélassaient dans le foyer, sûrs de n'être pas ridicules. Mais les affreux masques des étudiants, avec leurs nez de carlin et leurs moustaches frisées, m'inquiétaient beaucoup. — Raucourt dit : — Il n'y a qu'un moyen, c'est de rogner les moustaches. Le nez est un peu écrasé, mais pour des conspirateurs cela ne fait rien. On dira : — qu'ils n'ont pas eu de nez.

Enfin, pour sauver l'acte, nous nous mîmes tous, madame Mélingue, Raucourt, Mélingue et Tournan, — à couper les barbes des masques d'arlequin, qui, à la rampe, faisaient scintiller leur surface luisante, et ôtaient un peu de sérieux à la scène du Saint-Vehmé.

Quelqu'un me dit : — « Harel vous trahit. » — Je n'ai jamais voulu le croire.

Quant à la décoration dite de Cicéri, elle nous avait forcé de supprimer un tiers de l'acte ; — attendu qu'il était impossible, dans un caveau, de faire les évolutions qu'auraient permises une scène ouverte à plusieurs plans.

Le quatrième acte, réduit à ces proportions, ne justifia pas les craintes qu'avait manifestées la direction des Beaux-Arts.

Heureusement le talent des acteurs *enleva* le cinquième acte, qui présentait des difficultés. Le mot le plus applaudi de la pièce avait été celui-ci, qui était prononcé par un étudiant : « Les rois s'en vont.... je les pousse ! » Le tonnerre d'applaudissements qui suivit ces mots bien simples cependant provoqua cette phrase de Harel : « La pièce sera arrêtée demain.... mais nous aurons eu une belle soirée. » L'effet froid du quatrième acte rajusta les choses. Harel, qui espérait peut-être une persécution, ne l'obtint pas.

Toutefois, il réclama au ministère une indemnité — pour le retard que les exigences de la censure avaient apporté aux représentations et les pertes qu'il avait faites, — faiblement compensées par l'avenir qu'offrait *l'éléphant* attendu par lui.

Au bout de trente soirées d'été, je vis avec intérêt cet animal succéder aux représentations du drame. Les seize ouvriers, — qui coûtaient cher, furent congédiés, — et je résolus d'aller me retremper en Allemagne, aux vignes du Danube, des ennuis que m'avaient causés les vignes du Rhin.

Le Rhin est perfide ; — il a trop de *lorelys* qui chantent le soir dans les ruines des vieux châteaux ! — Quant au Danube, quel bon fleuve ! il me semble aujourd'hui qu'il roule dans ses flots des saucisses (*würstl*) et des gâteaux glacés de sel.

Ceci est un souvenir de Vienne.....

TABLE DES MATIÈRES

CONTENUES DANS CE VOLUME.

SENSATIONS D'UN VOYAGEUR ENTHOUSIASTE.

I. — DU RHIN AU MEIN.

Pages

I. Strasbourg. 3
II. La Forêt-Noire. 15
III. Les voyages à pied. 21
IV. La maison de conversation. 28
V. Lichtenthal. 34
VI. Francfort. 38
VII. Manheim et Heidelberg. 44
VIII. Une visite au bourreau de Manheim. 53

II. — SOUVENIRS DE THURINGE.

I. L'opéra de Faust à Francfort. 59
II. La statue de Gœthe. 69
III. Eisenach. 73
IV. Les fêtes de Weimar. — Le Prométhée. 76
V. Lohengrin. 86
VI. La maison de Gœthe. 90
VII. Schiller, Wieland, le Palais. 95

SCÈNES DE LA VIE ALLEMANDE.

              Pages

Léo Burckart. 103
 Première journée. 107
 Seconde journée. 138
 Troisième journée. 169
 Quatrième journée. 198
 Cinquième journée. 229
 Sixième journée. 253

RHIN ET FLANDRE.

I. Le Rhin. 273
II. De Cologne à Liége. 275
III. Liége. 277
IV. Bruxelles. 285
V. Théâtres et Palais. 290

LES FÊTES DE HOLLANDE.

I. Retour à Bruxelles. 301
II. D'Anvers à Rotterdam. 309
III. La Kermesse de La Haye. 317
IV. Amsterdam et Saardam. 325
V. Het Rembrants feest. 332
Appendice et Notes. 341

ERRATA. Page 273 : au lieu du *Necker*, lisez le *Mein*.

Imp. de GUSTAVE GRATIOT, rue Mazarine, 30.

BIBLIOTHÈQUE DE FANTAISIE
— Art et Littérature —
Nouvelle collection format in-18 anglais

VOLUMES EN VENTE.

ÉMILE SOUVESTRE.
AU COIN DU FEU. Romans des Familles. 1 volume. Prix : 2 fr.

ÉMILE SOUVESTRE.
SOUS LA TONNELLE. Romans des Familles. 1 volume. Prix : 2 fr.

H. DE BALZAC.
LA DERNIÈRE INCARNATION DE VAUTRIN. 1 volume. Prix : 2 fr.

GÉRARD DE NERVAL.
LORELY. Souvenirs d'Allemagne. 1 vol. orné d'une gravure. 3 fr. 50

EUGÈNE GUINOT.
SOIRÉES D'AVRIL. Nouvelles. 1 volume. Prix : 2 fr.

ERNEST LEGOUVÉ.
EDITH DE FALSEN. 5e édit. augmentée de deux Nouvelles. 1 vol. 2 fr.

ARMAND BARTHET.
NOUVELLES. Pierre et Paquette. — Henriette. — Nid d'Hirondelles. — Les Saisons. 1 volume. 2 fr.

JULES DE PRÉMARAY.
PROMENADES SENTIMENTALES DANS LONDRES. 1 vol. Prix : 3 fr.

CHARLES MONSELET.
STATUES ET STATUETTES CONTEMPORAINES. 1 volume. Prix : 2 fr.

ARMAND BASCHET.
HONORÉ DE BALZAC. Essai sur l'Homme et sur l'œuvre, avec notes de CHAMPFLEURY. 1 vol. 2 fr.

Sous Presse :

FRANCIS WEY.
LE BOUQUET DE CERISES. Roman. 1 volume. Prix : 2 fr.

H. DE BALZAC.
LES CONTES DROLATIQUES, colligez es Abbaïes de Touraine.

ÉMILE SOUVESTRE.
AU BORD DU LAC. Romans des Familles. 1 volume. Prix : 2 fr.

ÉMILE SOUVESTRE.
APRÈS LA MOISSON. Romans des Familles. 1 volume. Prix : 2 fr.

XAVIER AUBRYET.
LA FEMME DE 25 ANS. Proverbes et Nouvelles. 1 volume. 2 fr.

H. DE BALZAC.
THÉÂTRE COMPLET. 2 volumes. Prix, chaque volume.

ANGELO DE SORR.
LE VAMPIRE. Roman. 1 volume. Prix : 2 fr.

ARMAND BARTHET.
NOUVELLES NOUVELLES. 1 volume. Prix : 2 fr.

PRINCIPALES PUBLICATIONS THÉÂTRALES

ALEXANDRE DUMAS FILS.
LA DAME AUX CAMÉLIAS, pièce en 5 actes mêlée de chants. Prix : 1 fr.

GEORGE SAND.
LES VACANCES DE PANDOLPHE, comédie en 3 actes (édit. de luxe) 2 fr.

SCRIBE ET LEGOUVÉ.
LES CONTES DE LA REINE DE NAVARRE, comédie en 5 actes. Prix : 1 fr. 25

SCRIBE ET LEGOUVÉ.
BATAILLE DE DAMES OU UN DUEL EN AMOUR, comédie en 3 actes. 1 fr.

Imprimerie de Gustave Gratiot
30, rue Mazarine

www.ingramcontent.com/pod-product-compliance
Lightning Source LLC
Chambersburg PA
CBHW050533170426
43201CB00011B/1404